VENTE

DE LA

GALERIE POURTALÈS

CATALOGUE

DES

OBJETS D'ART

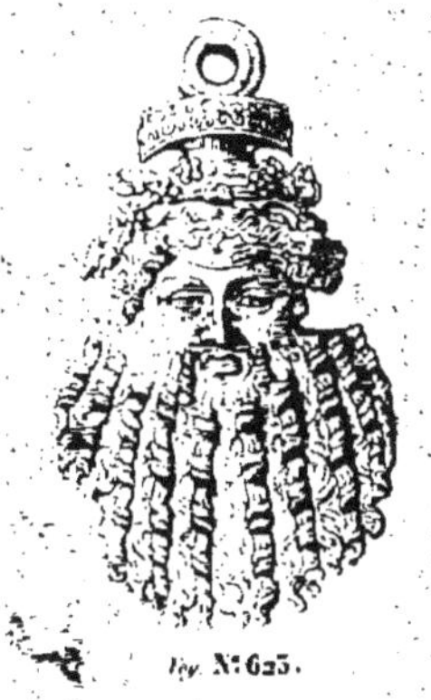

Fig. N° 625.

MDCCCLXV

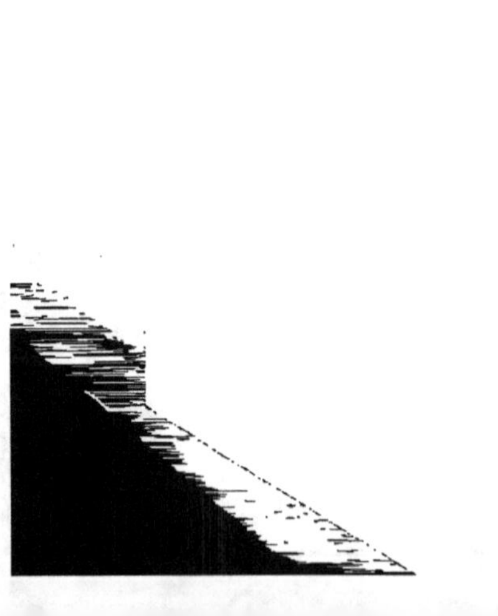

GALERIE POURTALÈS

OBJETS D'ART

PARIS. — IMPRIMERIE DE PILLET FILS AINÉ
RUE DES GRANDS-AUGUSTINS, 5.

CATALOGUE

DES

OBJETS D'ART

ET DE HAUTE CURIOSITÉ

ANTIQUES, DU MOYEN AGE ET DE LA RENAISSANCE

Qui composent les Collections

DE FEU

M. LE COMTE DE POURTALÈS-GORGIER

ET DONT LA VENTE AURA LIEU

En son hôtel, rue Tronchet, n° 7

Le Lundi 6 Février 1865 et jours suivants (1)

A UNE HEURE ET DEMIE PRÉCISE

Commissaires-Priseurs	Me **CHARLES PILLET**, rue de Choiseul, 11, — **EUGÈNE ESCRIBE**, rue Saint-Honoré, 217.
Experts..............	MM. **ROUSSEL**, rue de la Victoire, n° 20, — **MANNHEIM**, rue de la Paix, n° 10.

EXPOSITION GÉNÉRALE

PARTICULIÈRE :

Les Lundi 30 et Mardi 31 Janvier 1865.

PUBLIQUE :

Les Mercredi 1er et Jeudi 2 Février 1865.

---

(1) Voir, pour les jours de Vente et d'Exposition, l'ordre des Vacations, à la p. v.

CONDITIONS DE LA VENTE

Elle sera faite au comptant.

Les adjudicataires payeront cinq pour cent en sus des enchères.

Les expositions publiques et particulières mettant le public à même de se rendre compte de l'état des objets, il ne sera admis aucune réclamation une fois l'adjudication prononcée.

Ce Catalogue se trouve :

Chez MM.

A Paris,	CHARLES PILLET, commissaire-priseur, 11, rue de Choiseul.
—	EUGÈNE ESCRIBE, commissaire-priseur, 217, rue Saint-Honoré.
—	ROUSSEL, expert, 20, rue de la Victoire.
—	MANNHEIM, Experts, 10, rue de la Paix.
—	FERD. LANEUVILLE, expert, 73, rue Neuve des Mathurins.
—	ROLLIN et FEUARDENT, experts, 12, rue Vivienne.
A Londres,	COLNAGHI, 14, Pall-Mall-East.
—	JOHN WEBB, 22, Cork-Street, Burlington-Garden.
—	H. DURLACHER, 113, New-Bond street.
—	ANNOOT, 16, Old-Bond street.
—	F. DAVIS, 101, New-Bond street.
A Bruxelles,	ETIENNE LEROY, 12, place du Grand-Sablon.
A Berlin,	FIOCATI, 21, unter den Linden.
A Vienne,	ARTARIA et Cᵉ.
A Francfort-s.-Mein.	LŒVENSTEIN frères, Zeil.
—	GOLDSCHMIDT, Zeil.
A Saint-Pétersbourg.	NEGRI, père et fils.
A La Haye,	VAN GOGH, marchand d'estampes.

GALERIE POURTALÈS

M. le comte de Pourtalès a fait dresser, en 1841, par M. Dubois, sous-conservateur au musée du Louvre, le catalogue de sa collection. Nous nous sommes servis du travail de M. Dubois en y ajoutant la description des objets acquis par M. le comte de Pourtalès depuis la rédaction dudit catalogue (1841-1855).

(*Note des Experts.*)

ORDRE DES VACATIONS

EXPOSITION GÉNÉRALE :

Particulière : Les lundi 30 et mardi 31 janvier 1865.
Publique : Les mercredi 1er et jeudi 2 février 1865.

De une heure à cinq heures.

PREMIÈRE VENTE

Exposition particulière le Samedi 4 février 1865.
— publique le Dimanche 5 février 1865.

De une heure à cinq heures.

LE LUNDI 6 FÉVRIER

Bronzes antiques	533 à 630

LE MARDI 7 FÉVRIER

Bronzes antiques	633 à 742

LE MERCREDI 8 FÉVRIER

Bronzes antiques	743 à 820
Terres cuites antiques	821 à 849

LE JEUDI 9 FÉVRIER

Terres cuites antiques	850 à 906
Monuments égyptiens	907 à 910
Id.	913 à 1020
Divers antiques	1021 à 1033
Vitrines	2142 et 2143

DEUXIÈME VENTE

Exposition particulière le Samedi 11 février 1865.
— publique le Dimanche 12 février 1865.

De une heure à cinq heures.

LE LUNDI 13 FÉVRIER

Vases grecs en terre peinte	132 à 211
Id.	443 à 462

LE MARDI 14 FÉVRIER

Vases grecs en terre peinte	212 à 291
Id.	463 à 482

LE MERCREDI 15 FÉVRIER

Vases grecs en terre peinte	292 à 371
Id.	483 à 502

LE JEUDI 16 FÉVRIER

Vases grecs en terre peinte	372 à 442
Id.	503 à 532
Vitrines	2140 et 2141

TROISIÈME VENTE

Exposition particulière le Samedi 18 février 1865.
— publique le Dimanche 19 février 1865.

De une heure à cinq heures.

LE LUNDI 20 FÉVRIER

Pierres gravées	1034 à 1129

LE MARDI 21 FÉVRIER

Pierres gravées	1130 à 1214

LE MERCREDI 22 FÉVRIER

Pierres gravées	1215 à 1293

LE JEUDI 23 FÉVRIER

Statuettes en argent	631 et 632
Bijoux antiques	1294 à 1358
Verres antiques	1359 à 1414
Vitrines	2133 et 2134
Id.	2136

QUATRIÈME VENTE

Exposition particulière le Samedi 25 février 1865.
— publique le Dimanche 26 février 1865.

De une heure à cinq heures.

Vente les lundi 27, mardi 28 février et mercredi 1er mars 1865.

(Voir le catalogue spécial des Médailles.)

CINQUIÈME VENTE

Exposition particulière le Samedi 4 mars 1865.
— publique le Dimanche 5 mars 1865.

De une heure à cinq heures.

LE LUNDI 6 MARS

Sculpture en marbre	1418
Id. id.	1426 et 1427
Id. en ivoire	1473 à 1545
Id. en bois	1546 à 1562
Divers (terres cuites)	1976 à 1980
Vitrines	2125 et 2126
Id.	2131

LE MARDI 7 MARS

Bronzes de la renaissance	1563 à 1640
Objets en étain	1967 à 1972
Divers	1974 et 1975
Id.	1981 à 1987

LE MERCREDI 8 MARS

Armes occidentales	1641 à 1662
Id. orientales	1663 à 1675
Objets en fer	1676 à 1683
Terres émaillées de Lucca della Robbia	1684 à 1687
Faïences italiennes	1688 à 1726
Id. de Henri II	1727
Id. de Bernard Palissy	1728 à 1739
Objet en étain	1973
Vitrines	2144 et 2145

LE JEUDI 9 MARS

Grès de Flandres	1740 à 1745
Emaux bysantins	1746 à 1750
Id. de Limoges	1760 à 1783
Verrerie de Venise	1784 à 1810
Vitraux	1811 à 1833
Vitrines	2127 et 2128

SIXIÈME VENTE

Exposition particulière le Samedi 11 mars 1865.
— publique le Dimanche 12 mars 1865.

De une heure à cinq heures.

LE LUNDI 13 MARS

Matières précieuses antiques	2 et 3
Id.	1834 à 1893
Id.	1915 à 1919
Emaux et miniatures	1944 à 1951
Orfèvrerie	1952 à 1966
Vitrines	2132 et 2135

LE MARDI 14 MARS

Matières précieuses	1894 à 1914
Id.	1920 à 1939
Mosaïques	1940 à 1943
Laques	1988 à 2026

LE MERCREDI 15 MARS

Bronzes chinois	2027 à 2038
Id. du Tonkin	2039 à 2043
Porcelaines	2044 à 2068
Terres émaillées	2069 à 2078
Id. de Boccaro	2079 à 2086
Peintures	2087 à 2093
Divers orientaux	2094 à 2124
Vitrines	2129 et 2130
Id.	2139

SEPTIÈME VENTE

Exposition particulière le Samedi 18 mars 1865.
— publique le Dimanche 19 mars 1865

De une heure à cinq heures.

LE LUNDI 20 MARS

Matières précieuses antiques	1
Sculptures antiques en marbre	78
Id.	81 à 131
Monuments égyptiens	911 et 912
Vases, tables, etc., en matières diverses	1431 à 1453
Fûts de colonnes Id. id.	1456 et 1457
Id. id. id. id.	1459 à 1461
Id. id. id. id.	1464
Id. id. id. id.	1466 à 1472
Meubles et vitrines	2137 et 2138
Id.	2149 et 2150

LE MARDI 21 MARS

Sculptures antiques en marbre	4 à 77
Id. id.	79 et 80
Id. de la renaissance	1415 à 1417
Id. id.	1419 à 1425
Id. id.	1428 à 1430
Fûts de colonnes en matières diverses	1454 et 1455
Id. id. id. id.	1458 et 1462
Id. id. id. id.	1463 et 1465
Meubles et vitrines	2146 à 2148

TABLEAUX

(Voir le Catalogue spécial.)

TABLE DES NUMÉROS DU CATALOGUE

AVEC RENVOI AU JOUR OU CHAQUE OBJET DOIT ÊTRE VENDU

Nos du Catalogue.	Jours de vente.		
1	Lundi	20	mars.
2 et 3	Lundi	13	id.
4 à 77	Mardi	21	id.
78	Lundi	20	id.
79 et 80	Mardi	21	id.
81 à 131	Lundi	20	id.
132 à 211	Lundi	13	février.
212 à 291	Mardi	14	id.
292 à 371	Mercredi	15	id.
372 à 442	Jeudi	16	id.
443 à 462	Lundi	13	id.
463 à 482	Mardi	14	id.
483 à 502	Mercredi	15	id.
503 à 532	Jeudi	16	id.
533 à 630	Lundi	6	id.
631 à 632	Jeudi	23	id.
633 à 742	Mardi	7	id.
743 à 849	Mercredi	8	id.
850 à 910	Jeudi	9	id.
911 et 912	Lundi	20	mars.
913 à 1033	Jeudi	9	février.
1034 à 1129	Lundi	20	id.
1130 à 1214	Mardi	21	id.
1215 à 1293	Mercredi	22	id.
1294 à 1414	Jeudi	23	id.
1415 à 1417	Mardi	21	mars.
1418	Lundi	6	id.
1419 à 1425	Mardi	21	id.
1426 à 1427	Lundi	6	id.
1428 à 1430	Mardi	21	id.
1431 à 1453	Lundi	20	id.
1454 et 1455	Mardi	21	id.
1456 et 1457	Lundi	20	id.
1458	Mardi	21	id

Nos du Catalogue.	Jours de vente.		
1459 à 1461	Lundi	20	mars.
1462 à 1464	Mardi	21	id.
1465 à 1472	Lundi	20	id.
1473 à 1562	Lundi	6	id.
1563 à 1640	Mardi	7	id.
1641 à 1739	Mercredi	8	id.
1740 à 1833	Jeudi	9	id.
1834 à 1893	Lundi	13	id.
1894 à 1914	Mardi	14	id.
1915 à 1919	Lundi	13	id.
1920 à 1943	Mardi	14	id.
1944 à 1966	Lundi	13	id.
1967 à 1972	Mardi	7	id.
1973	Mercredi	8	id.
1974 et 1975	Mardi	7	id.
1976 à 1980	Lundi	6	id.
1981 à 1987	Mardi	7	id.
1988 à 2026	Mardi	14	id.
2027 à 2124	Mercredi	15	id.
2125 et 2126	Lundi	6	id.
2127 et 2128	Jeudi	9	id.
2129 et 2130	Mercredi	15	id.
2131	Lundi	6	id.
2132	Lundi	13	id.
2133 et 2134	Jeudi	23	février.
2135	Lundi	13	mars.
2136	Jeudi	23	février.
2137 et 2138	Lundi	20	mars.
2139	Mercredi	15	id.
2140 et 2141	Jeudi	16	février.
2142 et 2143	Jeudi	9	id.
2144 et 2145	Mercredi	8	mars.
2146 à 2148	Mardi	21	id.
2149 et 2150	Lundi	6	id.

ABRÉVIATIONS :

A. Antique.	**Haut. Hauteur.**
F. Forme (1).	**Larg. Largeur.**
I. Intaille.	**Long. Longueur.**
Diam. Diamètre.	

(1) Voir les planches pour la représentation des formes.

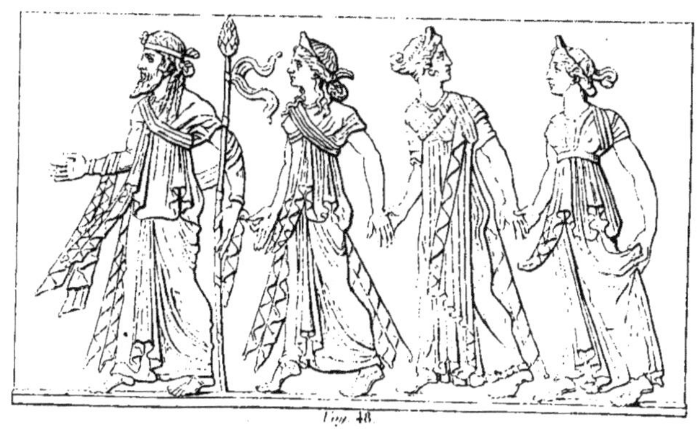

Fig. 48

DESCRIPTION

DES

ANTIQUES

Faisant partie des Collections

DE FEU

M. LE COMTE DE POURTALÈS-GORGIER

MATIÈRES PRÉCIEUSES

1. — Porphyre rouge oriental. — Magnifique vase, dit de Pallas, de forme ovoïde, évidé d'épaisseur, et à deux anses prises dans la masse. Le couvercle est surmonté d'un flacon adhérent qui représente la fiole que l'on plaçait sur les urnes cinéraires pour arroser de parfums les cendres qu'elles renfermaient.

Cette urne est connue sous le nom de Vase de Pallas, affranchi de l'empereur Claude, et provient de la villa Albani. Elle a été illustrée par Winckelmann, Maffei, Ficoroni, Visconti et autres. Voici ce que Winckelmann en dit dans son *Histoire de l'Art,* livre III, ch. 1er, § 23 :

> « Parmi les ouvrages de porphyre les plus précieux par la difficulté du travail, et pour ainsi dire inimitables, sont les vases entièrement évidés et réduits presque à l'épaisseur d'une plume. Leur forme, les cannelures en relief que l'on voit sur le couvercle et sur le pied, prouvent, au premier aspect, que ces ouvrages ont été exécutés au tour. On en a trouvé plusieurs dans des tombeaux antiques. Ils étaient renfermés dans une pierre de travertin, bien scellée, ce qui les a préservés des outrages du temps. Le plus beau est celui de la villa Albani. »

De la villa Albani, ce vase passa à la Malmaison, dans la collection de l'Impératrice Joséphine, puis successivement dans les collections du marquis de Drée et Collot.

Haut., 62 cent. — Il repose sur un fût de colonne en marbre portor.

2. — Sardonyx orientale rubanée. — Coupe ou patère ornée en dedans et en dehors de filets circulaires. — Travail antique. — Diam., 12 cent.

3. — Sardonyx orientale rubanée. — Petit vase piriforme et très-bien évidé, dont le col est bordé d'un filet.

Ce vase, qui doit avoir contenu des parfums, a été découvert dans l'un des tombeaux de Nola. — Haut., 36 millim.

SCULPTURES

4. — Grès. — Statue représentant un Égyptien assis à terre et les mains croisées à plat sur ses genoux; devant lui est debout une petite figure de femme, vue de face, et qui n'offre aucun attribut.

Ce monument appartient à l'époque des Pharaons: l'inscription hiéroglyphique gravée sur sa partie antérieure contient un acte d'adoration au dieu *Phtha-Sokari*.

Cette sculpture, qui est très-bien conservée, faisait partie des sept objets d'antiquité apportés d'Égypte en France par le général Bonaparte [1], et qui furent l'origine de la collection réunie plus tard au château de la Malmaison. — Haut., 68 cent.

5. — Stèle grecque en marbre blanc. — Une femme debout et vêtue de long, donne la main, en signe d'éternel adieu, à un homme assis devant elle. Ce monument funéraire, découvert à Athènes, faisait partie de la magnifique collection formée dans le Levant par M. le comte de Choiseul-Gouffier. — *Voyez* Catalogue Choiseul, n° 134. — Haut., 58 cent.

6. — Partie supérieure d'une stèle en marbre blanc. — Ce marbre contenait une inscription grecque dont il n'existe plus que les douze premières lignes, qui sont elles-mêmes très-mutilées : on y distingue pourtant encore le nom de l'archonte Mithridate [2], qui était aussi prêtre de Drusus, suivi d'une liste d'éphèbes, ou d'autres personnages tout aussi inconnus.

1. Les six autres pièces étaient les suivantes : 1° une très-belle figurine de Cérès en terre cuite, détruite en 1815; — 2° un papyrus funéraire donné par le général au Cabinet des médailles; — 3° une statuette de Scribe en basalte vert, acquise en 1826 par le Musée du Louvre; — 4° une momie de femme, donnée au même Musée par M. le baron Larrey; — 5° un gros scarabée en granit rose, conservé maintenant dans le cabinet de M. Panckoucke; — 6° une figurine en stéatite émaillée, vendue avec les autres pièces qui composaient la collection de feu M. A. Lenoir.

2. Le nom de ce magistrat, qui a vécu sous la domination romaine, n'est encore connu que par cette seule inscription.

M. Bœckh pense que cette inscription a été gravée entre les années 778-776 de Rome[1]. Ce fragment, trouvé à Athènes, appartenait à M. de Choiseul; *Cat.* n° 183. — Haut., 29 cent.

7. — Marbre blanc. — Débris d'un bas-relief représentant une femme qui marche en relevant son *péplus*. Cette figure, imitée du style ancien, peut avoir été employée à la décoration d'un monument chorégique[2]. — Haut., 40 cent.

8. — Marbre blanc. — Buste de Bacchus imberbe et couronné de lierre. — Ce marbre a été découvert à Pouzzoles (anciennement *Puteoli*), ville autrefois habitée par beaucoup de riches Romains, et où l'on a découvert d'autres belles productions de l'art grec. — Coll. de M. le baron Alquier.

9. — Marbre blanc. — Trois fragments de bas-reliefs qui appartenaient à une même frise. On y voit les figures plus ou moins complètes de six éphèbes qui paraissent préluder à des exercices gymnastiques.

Ces sculptures, qui décoraient l'un des édifices d'Athènes, faisaient partie de la collection de M. Fauvel.

10. — Marbre blanc. — *Antéfixe* ornée d'un vase d'où sortent une palmette et deux enroulements terminés par des fleurs.

On donnait le nom d'*antéfixe* (antefixa) aux tuiles plus ou moins décorées qui bordaient la toiture des édifices. — Trouvée à Pompéi. — Coll. Mazois, *Cat.* n° 7.

11. — Marbre blanc. — Tête de femme laurée, surmontant le chapiteau d'une petite colonne ionique. Fragment

1. *Corp. insc.*, v, I, n° 264.

2. Ces monuments étaient érigés par les *chorèges*, ou directeurs des chœurs, qui concouraient pour le prix dans les jeux de musique. La récompense décernée consistait dans un trépied de bronze, ordinairement érigé ensuite sur une colonne, ou sur le sommet d'un édifice plus ou moins décoré, dont les inscriptions rappelaient le nom du *chorège*, celui de sa tribu, ceux du joueur de flûte qui avait réglé la mesure du chant, de l'auteur des paroles, et, enfin, de l'archonte qui était alors en fonctions. La ville d'Athènes renfermait un grand nombre de monuments de ce genre; deux d'entre eux y subsistent encore : ce sont ceux de Lysicrates et de Trasyllus, élevés entre les années 335 et 320 avant l'ère vulgaire.

d'un monument plus considérable et dont la destination nous est inconnue.. — Trouvé à Milo. — Coll. de M. le contre-amiral Halgan.

12. — Bas-relief sculpté sur la partie antérieure d'une urne cinéraire en albâtre gypseux. — Ulysse, entouré de ses compagnons et lié au mât de son vaisseau, écoute trois sirènes assises sur un promontoire, et qui jouent de divers instruments. Ce sujet, figuré sur quelques urnes du même genre[1], se trouve encore sur un petit nombre d'autres monuments[2]. — Coll. de la Malmaison. — Long., 65 cent. Haut., 40 cent.

13. — Granit rose du mont Latmus. — *Labrum* (ou bassin) de forme rectangulaire. Cet objet, qui formait originairement le couvercle d'un sarcophage, a été depuis retourné et creusé pour un autre usage. — Trouvé dans les ruines d'Halicarnasse. — Coll. Choiseul, *Cat.* n° 82. — Long., 1 m. 98 cent. Larg., 91 cent.

14. — Marbre blanc. — *Antéfixe* décorée d'un vase d'où sortent une palmette et d'autres arabesques- — Pompéi. — Coll. Mazois, *Cat.* n° 8.

15. — Marbre blanc. — Buste de femme inconnue. Travail grec.

16. — Marbre blanc. — Tête d'une dame romaine ; fragment d'un buste ou d'une statue.

17. — Marbre blanc. — Partie supérieure d'une petite figure de Méduse, nue et saisie aux cheveux par une main d'assez forte proportion.

Ce fragment doit avoir fait partie d'un groupe représentant Persée prêt à décoller la Gorgone. Le même sujet, exécuté

1. Gori, *Mus. etr.*, I, tab. CXLVII, 1, 2 ; — *Ib.*, II, p. 439. — *Mus. Guarnacci.* — Tischbein, *Odyss.*, pl. VI. — M. Rochette, *Mon. inéd.*, pl. LXI.

2. Winckelmann, *Cat. de Stosch.*, p. 400, n° 357. — Bellori, *Lucerne ant.*, III, n° 11. — *Annales encyclopédiques*, etc., 1817, III, p. 333. — Panofka, *Annali, etc.*, 1829, p. 284. — Le même, *Bulletino, etc.*, 1830, p. 62. — M. Gerhard, *Mon. inéd. de l'Inst. arch.*, I, pl. VIII. — M. de Witte, *Cat. Durand*, n° 1380. — Paciaudi, *Monum. Pelop.*, I, 139. — Une lampe en terre cuite du Cabinet des médailles, et une peinture antique de la collection de feu M. le duc de Blacas, représentent le même sujet.

par Myron, était placé dans la citadelle d'Athènes [1]. On le voit aussi représenté sur des médailles de Sébaste [2] et d'Amisus [3]; sur une pierre gravée publiée par Millin [4]; sur un bas-relief illustré par Guattani [5], et enfin sur l'une des anciennes métopes découvertes à Sélinonte de Sicile [6].

18. — Marbre blanc. — Partie supérieure d'une stèle funéraire surmontée d'un très-beau fleuron.

Ce marbre, qui décorait autrefois la sépulture de *Pythoclès, fils d'Antilochus*, a été découvert à Athènes. — Coll. Choiseul, *Cat.* n° 126.

19. — Fragment d'un bas-relief en marbre blanc. — Apollon, vêtu d'une tunique talaire, marche et chante en s'accompagnant de la grande lyre *barbitos*. Cette sculpture appartient à l'imitation de l'ancien style, et faisait probablement partie d'un monument chorégique. — Coll. de M. Dodwell.

20. — Marbre blanc. — Buste de l'empereur Antonin, surnommé le Pieux (Titus Aurelius Fulvius Antoninus Pius), né à Lanuvium, petite ville du Latium, le 19 septembre de l'an 86 de J.-C. — Successeur d'Adrien en 138. Mort à Lorium, en Étrurie (aujourd'hui Castel-Guido), l'an 161.

21. — Marbre blanc. — Forme d'amphore sans col ni anses, et non évidée. Ce monument, qui simule une urne cinéraire [7], est décoré d'un bas-relief représentant une femme assise, ouvrant une *pyxis* en présence d'une autre femme qui tient un coffret.

Ce marbre, autrefois employé à la décoration d'un tom-

1. Pausanias, l. I, c. 23.
2. Millin, *Gal. myth.*, II, pl. CV, n° 380***.
3. Eckhel, *Numi anecdoti*, I, 174.
4. *Voyage dans le Midi de la France*, atlas, pl. XXXII, n° 3.
5. *Mon. ant. ined.*, 1788, tav. 92.
6. Pisani, *Metope di Selinunte*.
7. Trois monuments de même forme appartiennent au Musée du Louvre (salle des Caryatides, n°s 705, 706, 708). D'autres, dessinés à Athènes par Fourmont, ont été publiés par Caylus (*Rec. d'ant.*, VI, pl. XLIX, L, LI, LVI, LVII). — Les piédouches ajoutés à ceux du Louvre leur ôtent leur caractère particulier.

beau, a été découvert à Marathon. — Coll. Choiseul, *Cat.* n° 121.

22. — Marbre blanc. — Statue cuirassée de l'empereur Auguste (Caius Julius Cæsar Octavius), né à Velitræ (aujourd'hui Velletri), l'an de Rome 691. — Élevé à l'empire en 727. — Mort à Nola, le 19 août de l'an 14 de J.-C.

Le fondateur de l'empire romain est représenté à la force de l'âge et dans le mouvement oratoire d'un homme qui fait une allocution. Le devant de sa cuirasse est orné de l'image du palladium vu de face et placé entre deux Victoires, qui rappellent peut-être les triomphes de Philippes et d'Actium, dont les suites fondèrent sa puissance, et mirent fin aux guerres civiles de sa patrie.

Cette statue, qui appartenait autrefois au cardinal de Richelieu, était alors placée dans le magnifique château que ce ministre possédait en Touraine. De nos jours, elle faisait partie des antiquités réunies à la Malmaison. — Cette figure a été gravée[1].

L'autel qui lui sert de piédestal est orné de têtes de bœufs supportant des guirlandes, et provient de l'île de Délos (aujourd'hui l'île Rhénée). — Haut. de la statue, 2 m. 9 cent. Haut. du pied, 88 cent.

23. — Marbre blanc. — Même forme et même usage que le n° 21. On y a représenté les adieux d'un guerrier debout et d'un vieillard assis. — Trouvé à Marathon. — Coll. Choiseul, *Cat.* n° 116.

24. — Marbre blanc. — Fragment d'une statue de femme vêtue de long, et dont le coude gauche est appuyé sur le simulacre d'une déesse debout sur un autel de forme cylindrique. — Coll. Choiseul, *Cat.* n° 43.

25. — Marbre blanc. — Jambe de femme dont le pied est chaussé d'un cothurne. Ce débris, qui faisait partie d'une statue de Diane, a été découvert dans l'île de Milo.

26. — Marbre blanc. — Autel de forme cylindrique, décoré

1. M. le comte de Clarac, *Mus. de sculpt. ant. et mod.*, pl. DCCCCXIX, n° 2326.

d'une manière semblable à celui décrit sous le n° 22. — Ce marbre, trouvé dans l'île de Santorin (l'ancienne Théra), appartenait à la collection Choiseul, *Cat.* n° 74.

27. — Stèle funéraire grecque en marbre blanc. — Une femme, assise, écarte son voile, et paraît écouter une autre femme placée debout devant elle. — Coll. Choiseul, *Cat.* n° 131. — Haut., 75 cent.

28. — Bas-relief grec en marbre blanc. — Un homme barbu et vêtu de long (peut-être un sacrificateur), debout et la main gauche armée d'un couteau.—Coll. Choiseul, *Cat.* n° 113. — Haut., 32 cent.

29. — Marbre blanc. — Buste de femme inconnue.

30. — Stèle funéraire grecque en marbre blanc. — Un homme barbu, et enveloppé d'une draperie, touche la tête d'un autre personnage qui est nu, et dont la main gauche tient un objet peu reconnaissable ; une figure de petite proportion, placée à la gauche de ce groupe, présente aussi un accessoire qui nous est également inconnu. — Coll. Dufourny, *Cat.* n° 81. — Haut., 54 cent.

31. — Bas-relief en marbre blanc. — Une nymphe nue, faisant flotter un voile, est portée au-dessus des flots près d'un taureau marin. — Long., 39 cent. Haut., 29 cent.

32. — Marbre blanc. — Buste de Bacchus barbu, couronné de lierre, et portant la *nébris* sur l'épaule gauche.

33. — Bas-relief grec en marbre blanc. — Un sphinx assis, la tête tournée à gauche, et coiffé du *polus*. — Coll. Choiseul, *Cat.* n° 107.

34. — Statue en marbre blanc. — Mercure debout, coiffé du pétase et chaussé de talonnières ailées, tient dans ses mains une bourse et le caducée. — Trouvée près de Rome. — Haut., 1 m. 56 cent. — Piédestal en marbre bleu turquin.

35. — Bas-relief en marbre blanc. — Un homme, accompagné d'une femme et d'un enfant, offre le sacrifice d'une truie

à Cérès et à Proserpine. — Ce marbre, trouvé dans les ruines d'Éleusis, et qui faisait partie de la collection Choiseul, a été publié [1]. — Long., 60 cent. Haut., 48 cent.

36. — Bas-relief en marbre blanc. — Deux hommes armés de lances combattant un taureau furieux. — Ce bas-relief, découvert dans l'île de Naxie, appartenait à M. de Choiseul; *Cat.* n° 110. — Long., 74 cent. Haut., 47 cent.

37. — Statue en marbre blanc. — L'Amour essayant son arc. Belle répétition antique d'un ouvrage qui paraît avoir été très-célèbre, et dont les copies, plus ou moins bien exécutées, se retrouvent en sculptures, en médailles et sur les pierres gravées [2].

On a supposé que l'original de ce type, reproduit de tant de manières différentes, devait être la fameuse statue en bronze que Lysippe avait faite pour les Thespiens [3], ou bien, peut-être, celle en marbre, et non moins admirée, qui était l'un des chefs-d'œuvre de Praxitèles [4]; mais ces deux opinions ne reposant, l'une et l'autre, que sur des inductions très-légères, nous nous bornerons à ajouter que parmi toutes ces imitations connues, on distingue particulièrement, avec la figure ici décrite, celles qui sont conservées dans les collections du Capitole [5] et du musée Britannique [6].

Ce marbre a été apporté d'Espagne en France par le prince de Canino. — Haut., 1 m. 47 cent. — Piédestal en marbre blanc veiné.

38. — Bas-relief en marbre blanc. — Parties antérieures de quatre chevaux placés de front, et qui formaient l'attelage d'un quadrige. — Long., 45 cent. Haut., 38 cent.

1. *Cat. Choiseul*, n° 90. — Panofka, *Antiquités du cabinet Pourtalès*, pl. XVIII, p. 82.

2. Parmi ces dernières, qui sont assez nombreuses, on peut citer une cornaline, intaille donnée à madame de Beauharnais par le général Bonaparte, alors commandant l'armée d'Italie (1796). Cette pierre appartient à M. Belleville.

3. Pausanias, l. IX, c. 27. — Visconti, *Mus. Pio Clement.*, VII, p. 93.

4. M. Quatremère de Quincy, *Vénus de Milo*, p. 37.

5. Bottari, *Mus. capitol.*, tab. XXIV.

6. De Clarac, *Mus. de sculpt. ant. et moderne*, pl. DCL (A), n° 1471 (A).

39. — Marbre blanc. — Buste de l'empereur Lucius Verus (Lucius Ceionius Ælius, Commodus Antoninus Verus), né à Rome, le 15 décembre de l'an 130 de J.-C. — Mort à Attinum (aujourd'hui Altino), en 169.

Le voluptueux collègue de l'empereur philosophe Marc-Aurèle est représenté couvert d'une cuirasse en partie cachée sous les plis de son manteau militaire; sur son épaulière visible est sculpté un Titan anguipède.

Ce buste a été découvert à Marathon avec les deux suivants. — Coll. Choiseul, *Cat.* n° 57.

40. — Marbre blanc. — Buste présumé du rhéteur Hérodes Atticus (Tiberius Claudius), qui enseigna l'éloquence grecque aux empereurs Marc-Aurèle et Lucius Verus [1].

Les traits de ce buste sont ceux d'un homme sur le retour de l'âge, et dont la physionomie unit à la fois une haute intelligence et beaucoup de gravité; son menton est couvert d'une barbe épaisse, et sa chevelure se divise en masses bouclées; son vêtement consiste dans une tunique presque entièrement cachée sous les larges plis d'un manteau.

Héritier d'une fortune immense que son père avait due à la découverte d'un trésor, Hérodes, bienfaiteur des Athéniens et de presque tous les peuples grecs d'Europe et d'Asie, naquit à Marathon, et passa une assez longue existence dans la culture des lettres, ou dans l'exercice du consulat et des autres charges importantes qui lui furent confiées. Mais, après avoir perdu sa femme Regilla [2], dégoûté du monde, et prévoyant sa fin prochaine, il retourna mourir aux lieux qui l'avaient vu naître et où il allait être inhumé, quand les jeunes gens d'Athènes, jaloux de conserver les restes d'un protecteur si généreux, allèrent les chercher à Marathon, et les transportèrent, sur leurs épaules, jusqu'au magnifique stade de marbre blanc dont il avait embelli leur ville [3]. Il y fut ensuite

1. Capitolin, *in Antonin.*

2. Les regrets que cette perte causa à Hérodes sont le sujet de deux célèbres inscriptions grecques savamment expliquées par Visconti; les marbres sur lesquels se trouvent ces inscriptions appartiennent à la collection du Louvre (salle du Candélabre, n°s 211 et 211 *bis*).

3. Pausanias, l. I, c. 19.

enseveli en présence du peuple entier, qui témoigna par ses larmes la vivacité de sa douleur et la sincérité de sa reconnaissance [1].

D'après ce qui vient d'être rapporté, ne peut-on pas conclure, avec beaucoup de vraisemblance, que le tombeau qui renfermait à la fois ces trois bustes était bien celui même qui avait été érigé d'après l'ordre d'Hérodes, mais qu'étant resté sans usage par suite de la translation dont il a été parlé, ses affranchis voulurent au moins accomplir, autant qu'ils le pouvaient, la volonté dernière de leur maître, en y déposant son image entre celles des empereurs qui avaient été ses disciples et ses amis [2]?

La découverte de ces bustes, l'une des plus intéressantes faites en Grèce, est due à M. Fauvel, qui l'entreprit aux frais de M. le comte de Choiseul-Gouffier. Ce portrait, encore unique, a été publié [3].

41. — Marbre blanc. — Buste de l'empereur Marc-Aurèle (Marcus Aurelius Antoninus), né à Rome le 26 avril de l'an 121 de J.-C.. — Elevé à l'Empire, le 7 mars 161. — Mort à Sirmium (aujourd'hui Sirmich, en Esclavonie), ou à Vindebona, en Pannonie (Vienne d'Autriche), le 17 mars 180.

L'empereur est armé d'une cuirasse cachée en partie par son manteau militaire. Sur la seule épaulière qui soit visible est sculpté un Titan.

Ce buste, ainsi que les deux qui précèdent, sont évidemment l'ouvrage du même artiste. — Coll. Choiseul, *Cat.* n° 56.

42. — Marbre blanc. — Stèle ornée d'un bas-relief [4].
On y voit représenté un homme assis et barbu, probablement un médecin, qui paraît frotter le corps d'un adolescent placé debout devant lui. Près de cette seconde figure, qui a le ventre

1. Philostrate, n° 15.

2. Burigny a rassemblé dans un mémoire particulier tout ce que l'histoire nous a conservé sur ce personnage. (Voyez *Mémoires de l'Académie des Inscriptions*, XXX, p. 1-28.

3. Mongez, *Iconographie romaine*, IV, pl. LXIV, 5 et 6. — *Antiquités du cabinet Pourtalès*, pl. XXXVII, p. 117. — *Cat. Choiseul*, n° 58.

4. Cet article est extrait d'une Dissertation de Visconti, déjà insérée dans le catalogue de la collection de M. de Choiseul-Gouffier, p. 57-60.

très-enflé, mais dont les extrémités sont fort maigres, se remarque un vase renversé, garni au-dessous d'une bélière, destinée sans doute à le soulever ou bien à le suspendre.

Ce vase est vraisemblablement ce qu'on appelait *clypeus* (bouclier), et quelquefois *clibanus* (fourneau), instrument qu'on employait dans les salles de bain désignées sous le nom de *laconium*, et qu'on élevait ou qu'on abaissait à volonté pour laisser plus ou moins libre le soupirail de l'*hypocaustum*, où le feu brûlait au-dessous du pavé[1].

Sur la partie inférieure du marbre sont gravées trois inscriptions grecques; la première, qui est la plus ancienne, se rapporte au médecin représenté sur le bas-relief; en voici le texte et la traduction :

1.

ΙΑΣΩΝ Ο ΚΑΙ ΔΕΚΜΟΣ ΑΧΑΡΝΕΥΣ ΙΑΤΡΟΣ

Jason, qui se nomme aussi Décimus, du dème d'Acharnes, médecin.

2.

ΔΙΟΝΥΣΙΟΣ ΙΑΣΟΝΟΣ ΑΧΑΡ ΓΟΝΩ ΔΕ ΘΕΟΔΩΡΟΥ ΑΘΜΟΝΕΩΣ.

Dionysius, fils de Jason d'Acharnes, né de Théodore d'Athmone.

3.

ΘΕΟΜΝΗΣΤΟΣ ΔΙΟΝΥΣΙΟΥ ΑΧΑΡ ΚΑΙ ΕΙΡΗΝΗΣ ΤΗΣ ΙΑΣΟΝΟΣ ΑΧΑ.

Théomnestus, fils de Dionysius d'Acharnes, et d'Irène, fille de Jason d'Acharnes.

4.

..ΔΟΣΤΡΑΤΗ ΑΦΡΟΔΕΙΣΙΟΥ ΤΟΥ ΡΑΜΝ Κ ΑΡΙΣΤΙΟΥ ΤΗΣ ΚΑΡΠΟΔΟΤ... ΜΕΔΙΤ...

Philostrate, fille d'Aphrodisius de Rhamnunte et d'Aristium, fille de Carpodotès de Mélitée.

Le K isolé de cette dernière ligne est fort remarquable, en ce qu'il est terminé du bas par un trait recourbé qui indique que c'est un sigle ou *nexus litterarum*, pour ΚΑΙ.

1. On voit un *clypeus* de ce genre sur une peinture antique des thermes de Titus, dont le dessin forme le cul-de-lampe du cinquième livre de Vitruve, dans l'édition de Galiani.

Nous n'avons, par l'histoire littéraire, aucune connaissance du médecin Jason d'Acharnes[1]; il a dû vivre sous la domination romaine, comme on le voit par le nom de *Décimus*, que les Grecs ont changé en *Decmos*.

Le nom d'*Aristium*, neutre, n'est point extraordinaire pour une femme; ces diminutifs de tendresse sont ordinairement au neutre, et les Latins les ont aussi adoptés : telles sont la *Glycerium* de l'Adrienne de Térence, la *Philenium*, la *Planerium*, et beaucoup d'autres noms semblables, qui se trouvent dans les comédies de Plaute.

Ce marbre, découvert à Athènes, et qui appartenait à la collection Choiseul, a été publié[2]. — Haut., 75 cent. Long., 56 cent.

43. — Marbre blanc. — Torse d'un génie ailé; fragment d'une composition dont le sujet est inconnu.

44. — Stèle funéraire en marbre blanc. — Une femme assise sur un siége de forme élevée, garni d'un coussin et d'un marchepied, s'apprête à recevoir des mains d'une suivante une *pyxis* et un miroir. Sous son siége est déposé un autre coffret. Le fronton qui couronne la stèle est orné de deux sirènes, l'une jouant de la double flûte et l'autre pinçant de la lyre.

Ce marbre, apporté d'Athènes, a été publié[3]. — Haut., 80 cent., Long. 45 cent.

45. — Bas-relief égyptien en calcaire. — Un homme et une femme assis en regard sur des siéges, reçoivent les hommages de deux jeunes gens et d'une femme debout devant eux.

1. Un petit pot d'apothicaire, conservé autrefois dans le cabinet de M. Tôchon d'Annecy, présente le nom d'un Jason.

IACONOC
ΛΥΚΙΟΝ
Le lycium de Jason.

Nous savons que le *lycium* était un médicament dont Pline et Dioscoride font mention, et que les médecins anciens étaient souvent apothicaires; mais nous ignorons si ce dernier Jason était d'Acharnes, et s'il est le même que celui dont il est parlé sur notre marbre.

2. *Antiques du cabinet Pourtalès*, pl. XXVI, p. 78, 79. *Cat. Choiseul*, n° 156. — M. Bœckh pense que cette stèle appartient au temps d'Hadrien. (Voyez *Thes. inscript.*, I, n° 66.)

3. *Antiques du cabinet Pourtalès*, pl. XXIV, p. 74-78.

Ce bas-relief, dont le sujet se rapporte au culte des ancêtres, établi anciennement chez les Égyptiens, comme il l'est encore chez les Chinois, appartient à une époque fort ancienne, et présente quelques formes hiéroglyphiques très-rares, ainsi que d'autres détails également utiles à étudier. — Coll. Mimaut, *Cat.* n° 440. — Haut., 45 cent. Larg., 77 cent.

46. — Marbre blanc. — Statue d'un jeune faune vêtu de la *nébris* et couronné de pin; il se retourne en riant vers une petite panthère qu'il saisit par la queue, en la menaçant d'un *pedum* dont sa main est armée.

Cette charmante figure, de travail grec, a été publiée [1]. — — Coll. Crawfurt. — Haut., 1 m. 45 cent. — Piédestal en marbre blanc veiné.

47. — Bas-relief en marbre blanc. — Esculape et Hygie placés sur un lectisterne, près d'une table couverte de fruits et de gâteaux vers lesquels se dirige un serpent. Le dieu, à demi couché, tient de la main droite une patère, et de la gauche une couronne, tandis que sa fille, assise à ses pieds, ouvre une boîte remplie, sans doute, de préparations salutaires.

Sur la gauche, et en dehors de l'édicule qui renferme ces divinités, est sculptée une très-petite figure d'homme, qui doit être celle du donataire de cet *ex-voto*.

Au-dessus du champ était gravée une inscription grecque dont il ne reste plus que le nom d'*Apollonius*, qui était probablement celui du personnage dont il vient d'être question. — Ce marbre, trouvé à Athènes, appartenait à la collection Choiseul; *Cat.* n° 102. — Haut., 41 cent. Larg., 47 cent.

48. — Bas-relief en marbre blanc. — Bacchus barbu, tenant un thyrse, et précédant trois déesses qui marchent à la file en se donnant la main.

Ce bas-relief, dont le style est imité de celui des anciennes écoles, peut avoir décoré un monument chorégique. Il appar-

1. Robillard Péronville et Laurent, *Musée français*, pl. XLVI. — Visconti, *Opere varie, etc.*, IV, tavol., 14. — Le même, *Notice des ant. du Musée Napoléon*, n° 49. — Filhol, *Galerie du Musée Napoléon*, IX, pl. DCVI. — De Clarac, *Mus. de sculpt. ant. et mod.*, pl. DCCXI, n° 1693 (A).

tenait jadis à l'Académie des Inscriptions et Belles-Lettres, d'où il fut porté au Musée des monuments français et puis ensuite au château de la Malmaison. — Haut., 48 cent. Larg., 75 cent.

49. — Bas-relief en marbre blanc. — Têtes en regard de Méduse et de Persée : près de cette dernière est placée la *Harpè*, et, plus bas, le monstre marin dont ce héros délivra Andromède. — Haut., 42 cent. Larg., 47 cent.

50. — Marbre blanc. — Statue représentant Apollon debout et dans l'attitude du repos. Sa main gauche est appuyée sur une lyre, et la droite tient par-dessus sa tête une couronne de laurier. Le dessin de cette figure a été publié[1]. — Haut., 1 m. 63 cent. — Piédestal en marbre bleu turquin.

51. — Calcaire. — Un sphinx couché et tournant sa tête à gauche. Travail égyptien. — Coll. Mimaut, *Cat.* n° 96.

52. — Mosaïque représentant un paysage montueux, traversé par un torrent auquel un lion vient se désaltérer. Plus loin un cerf épouvanté prend la fuite. — Cette mosaïque a été publiée. — Coll. de l'abbé de Tersan, *Cat.* n° 330. — Haut., 42 cent. Larg., 55 cent.

53. — Mosaïque antique. — Amazone se reposant près de son cheval couché. Ce groupe est placé sur un socle à roulettes. — Haut., 94 cent. Long., 75 cent.

54. — Marbre blanc. — Buste d'un homme imberbe et la tête ceinte d'une bandelette. Sa draperie, qui est moderne, se compose de parties exécutées en albâtre oriental et en marbre vert antique.

55. — Basalte noir. — Deux *lingams* indiens. Ces monuments du culte de Wischnou portent des inscriptions qui n'ont point encore été expliquées. — Coll. Van-Hoorn, *Cat.* n° 161. — Haut., 45 cent.

1. De Clarac, *Mus. de sculpt. ant. et mod.*, pl. CCCCLXXIX, n° 919.

56. — Marbre blanc. — Statue de Diane chasseresse, chaussée de sandales, et prenant une flèche dans son carquois : cette figure, qui se voyait autrefois au palais Lanti, à Rome, a été gravée [1]. — Haut., 1 m. 79 cent.

57. — Marbre blanc. — Antéfixe ornée d'une palmette sortant d'un vase.

58. — Marbre blanc. — Montant d'un cratère ou d'un trépied décoré d'arabesques.

59. — Marbre blanc. — Buste de l'empereur Trajan (Marcus Ulpius Crinitus Nervá Traianus), né à Italica (aujourd'hui Séville la Vieja), en Espagne, le 18 septembre 52 de J.-C. — Successeur de Nerva, en 98. — Mort à Sélinunte de Cilicie (aujourd'hui Selenti), le 10 août 117.

Le vainqueur des Daces et des Parthes est représenté armé d'une cuirasse, et couvert du *paludamentum*.

Ce buste provient de la galerie Giustiniani [2].

60. — Statuette en marbre blanc. — Némésis debout et ailée : sa tête est couverte du *polus*, et ses mains tiennent un gouvernail et un pan de sa tunique. A sa droite est placé un griffon posant sa patte sur un globe. — Haut., 72 cent.

61. — Marbre blanc. — Petite tête de faune dont la chevelure est réunie et nouée en arrière : fragment d'une statue.

62. — Haut-relief en marbre blanc. — L'Amour couché et endormi sur une peau de lion, tient sa main droite appuyée sur une massue.

Cette jolie composition, qui rappelle les faiblesses d'Hercule, se trouve répétée, avec quelques variantes, sur d'autres marbres qui ont été publiés [3].

1. De Clarac, *Mus. de sculpt. ant. et mod.*, pl. DLXXVII, n° 1243.

2. *Galeria Giustiniana*, II, tavol. XVII.

3. *Monument. Mathcian.*, I, tab. CV. — Millin, *Voyage en Savoie*, I, p. 204. — *British Museum*, Room X, n° 8. — De Clarac, *Mus. de sculpt. ant. et mod.*, pl. DCXLIV, n° 1474 (A). — Deux figures semblables appartiennent au Musée du Louvre.

63. — Bas-relief sculpté sur le devant d'une urne cinéraire en marbre blanc. — Phèdre assise et plongée dans un violent désespoir, reçoit les secours d'Œnone et d'une autre femme (peut-être Vénus ?) placée près d'elle : l'Amour affligé et dans l'attitude d'un génie funèbre, s'appuie tristement sur les genoux de sa victime.

En face de ce premier groupe, le chaste Hippolyte également assis et détournant la tête, paraît saisi d'horreur de l'aveu qui vient de lui être révélé par une tablette pliée (πίναξ πτυκτός) qu'il tient encore à la main : un chien et deux chasseurs, placés à ses côtés, rappellent les inclinations particulières du fils de Thésée, et servent à compléter ce drame, dont le sujet est assez rarement figuré sur les monuments [1].

Sur les côtés de l'urne sont sculptés deux griffons, animaux fantastiques consacrés à Apollon et à d'autres divinités, et auxquels était confiée la garde des tombeaux. — Long., 42 cent.

64. — Marbre blanc. — Tête de cheval harnaché : beau fragment d'une statue équestre de proportion colossale. — Haut., 70 cent.

65. — Marbre blanc. — Haut relief qui décorait le couvercle d'une urne cinéraire.

On y voit la figure d'un jeune romain, à demi étendu sur une couche très-basse, et la main gauche appuyée sur un oiseau. A ses pieds est placé un animal fort petit et entièrement mutilé. — Long., 83 cent.

66. — Marbre blanc. — Petit sarcophage orné d'un bas-relief représentant douze enfants légèrement vêtus, jouant avec des pommes et d'autres fruits. Ces figures se détachent sur un fond qui contient en outre un portique et trois Termes [2].

1. Houel, *Voy. en Sic.*, III, pl. 238, 239. — *Peint. d'Herculanum*, III, pl. 83. — Zoëga, *Bassi-relievi antichi*, tav. XLIX et L. — Millingen, *Vases grecs, etc.*, pl. XII et XIII. — *Bulletino*, etc., mai 1820, p. 39. — Antiques du Louvre, n° 16.

2. Un petit sarcophage, de la collection de feu M. William Weddel, représente un sujet semblable à celui qui vient d'être décrit. (*Voyez* Dallaway, *les Beaux-Arts en Angleterre*, trad. franç., II, p. 99, n° 22.)

Sur le devant du couvercle sont deux génies soutenant un cartel rempli par l'inscription suivante :

D · M
L· AEMILIO DAPHNO POMP
TINA VIXIT· ANN· IIII· D· VI
IIVLIA DAPHNE· FIL· DVLCISSIMO

Aux dieux Mânes.
A Lucius Émilius Daphnus (de la tribu) Pomptina.
Il a vécu quatre ans six jours.
Julia Daphné, à son fils chéri.

Les deux angles antérieurs de ce couvercle sont ornés de masques humains. Sur les côtés de la caisse se voient deux griffons. — Long., 1 m. 10 cent.

67. — Sarcophage de forme rectangulaire, en marbre blanc. La face principale de ce monument présente le buste lauré d'un jeune poëte qui tient un *volumen*. Sur les côtés de ce buste, des génies ailés soutiennent de belles guirlandes, au-dessus desquels sont des masques bachiques séparés par des thyrses. Sur le plan inférieur, se voient des paniers renversés d'où tombent des fruits becquetés par des oiseaux, emblème gracieux de la vie qui s'échappe, assez fréquemment reproduit sur les tombeaux romains.

Les côtés de ce marbre sont occupés par des griffons.

Le temps a épargné les sarcophages de quelques autres poëtes[1]. Celui-ci a été apporté en France par le receveur général Boutin, ami généreux et éclairé des arts. Ce respectable amateur, qui l'avait acquis à Rome, en embellit sa délicieuse retraite de Tivoli, où ce marbre resta de longues années, et lors même que ce beau lieu devint un établisement consacré à donner des fêtes publiques. — Il a été publié par Millin[2]. — Long., 2 m. 18. Haut., 60 cent.

68. — Statuette en marbre blanc. — Jeune faune debout, portant dans ses bras Bacchus enfant. — Haut., 68 cent.

1. Winckelmann, *Mon. ant. ined.*, nº 189. — *Monum. Matheian.*, III, 49. — *Mus. Capit.*, IV, tab. XXVI. — Rocheggiani, *Costumi, etc.*, tav. LXXXIX.
2. *Mon. ant. ined.*, I, pl. X.

69. — Marbre blanc. — Tête de satyre couronné de pin; fragment d'une petite statue.

70. — Marbre blanc. — Petit buste cuirassé de l'empereur Galba (Servius Sulpicius), né à Rome le 24 décembre de l'an 751 de Rome. — Successeur de Néron, le 9 juin 68 de J.-C. — Tué après un règne de sept mois, le 16 janvier 69, par les prétoriens qui vendent l'empire à Othon.

71. — Marbre blanc. — Urne cinéraire décorée d'un cartel entouré de palmettes, de rosaces et de *feuilles-d'eau*. Sur le cartel est gravée cette inscription :

ATTICVS· AGRIP·
CAESARIS· DISP·
Atticus Agrippa, intendant de l'empereur.

L'absence du nom de l'empereur auquel cet homme fut attaché, peut faire croire que cette urne était autrefois renfermée dans l'une de ces sépultures communes à une seule famille, ou quelquefois même aux serviteurs des princes, et qui reçurent, par allusion à leur distribution intérieure, le nom de *Columbarium* [1]. — Haut., 37 cent. Larg., 44 cent.

72. — Marbre blanc. — Buste cuirassé de l'empereur Hadrien (Nerva Trianus Publius Aelius Hadrianus). Né à Italica selon les uns, et à Rome suivant d'autres, le 24 janvier de l'an 76 de J.-C. — Successeur de Trajan, le 11 août 117. — Mort à Baiæ, en Campanie (aujourd'hui Baya), le 10 juillet 138.

Ce buste provient de la galerie Giustiniani [2].

73. — Marbre blanc. — Buste diadémé d'une déesse (peut-être de Junon).

74. — Marbre blanc. — Buste présumé de l'empereur Commode (Marcus Ælius Aurelius Commodus Antonius), né à Lanuvium, l'an 161 de J.-C. — Successeur de Marc-Aurèle, son père, en 180. — Mort empoisonné et étranglé par Martia, l'une de ses concubines, le 31 décembre 192.

1. Tels sont, particulièrement, celles de la famille Pompéia, et des affranchis de Livie, dont les vues et les inscriptions sont publiées.
2. *Galeria Giustiniana*, II, tav. XIX.

Cette tête, dont la ressemblance avec les autres images du même prince n'est point aussi frappante qu'on pourrait le désirer, est exécutée avec une supériorité de talent très-remarquable. — Coll. Dodwell.

75. — Marbre blanc. — Tête d'une amazone, très-beau fragment d'une statue de travail grec.

La dénomination donnée à cette tête est fondée sur l'identité de caractère et de coiffure qu'elle présente avec les statues d'amazones conservées dans les collections du Vatican[1], du Capitole[2], et du Louvre[3]. — Trouvé à Ostie avec le n° 82.

76. — Statuette en marbre blanc. — Mercure debout et la tête ailée, appuyant son bras gauche sur un cippe chargé d'arabesques, et posant le pied gauche sur une tortue. Ses mains tiennent la bourse et le caducée[4].

Cette figure a été décrite par Visconti[5]. — Coll. Crawfurt. — Haut. 82 cent.

77. — Marbre blanc. — Urne cinéraire ornée de deux griffons en regard, et séparés par un candelabre. Au-dessus est gravée l'inscription suivante :

EVANTHE· LIB· A CVBIC·
EVANTHES· FRATRI
B· M·

A Evantho, affranchi, valet de chambre;
Evanthes, à son frère, bien méritant.

Sur les côtés de l'urne sont sculptés un *préfériculum* et une patère.

78. — Marbre blanc. — Buste d'un Romain avancé en âge, et dont les traits nous sont inconnus.

79. — Marbre blanc. — Buste cuirassé de l'empereur Tibère (Tiberius Claudius Nero), né à Rome le 16 novembre

1. Visconti, *Mus. Pio Clément.*, II, tab. XXXVIII.
2. Bottari, *Mus. Capit.* II, tab. XLVI.
3. Salle du héros combattant, n° 281.
4. Cette figure a été gravée par Millin. (*Galerie mytholog.*, I, pl. LXXXIII, n° 209.)
5. *Description des antiques du Musée Napoléon*, n° 153.

de l'an 712 de Rome. — Successeur d'Auguste, l'an 14 de J.-C. — Mort à Misène, dans la Campanie, étouffé par Caligula, le 16 mars 37. — Coll. Giustiniani.

80. — Marbre blanc. — Buste de Julia Mamea, mère de l'empereur Alexandre Sévère, tuée avec son fils près de Mayence, le 19 mars de l'an 235 de J.-C. — Ce marbre appartenait à la collection de feu M. le cardinal Fesch.

81. — Marbre blanc. — Buste présumé de l'impératrice Crispine (Bruttia Crispina), mariée à Commode en 177 de J.-C. — Reléguée à Caprée pour cause d'adultère, et ensuite mise à mort en 183.

Ce buste, l'un des mieux conservés qui soient connus, représente Crispine dans tout l'éclat de la jeunesse et de la beauté; sa chevelure, légèrement ondée, se réunit en arrière, et forme une masse très-élargie qui lui couvre une partie de la tête; son vêtement, qui consiste dans une *stola*, dont les manches sont attachées par de petits boutons, est presque entièrement caché par une draperie très-fine et parfaitement ajustée.

82. — Marbre blanc. — Buste d'Agrippa (Marcus Vipsanius), né d'une famille obscure l'an de Rome 691. — Contribue puissamment aux victoires de Philippes et d'Actium qui décidèrent de la fortune d'Octave. — Épouse Julie, fille d'Auguste, déjà veuve du jeune Marcellus. — Exerce trois fois le consulat, et meurt, à cinquante et un ans, dans la Campanie, au retour d'une expédition en Pannonie, en 742[1].

Agrippa est ici représenté plus jeune et avec un visage moins sévère que sur ses autres portraits connus. — Trouvé à Ostie.

83. — Marbre blanc. — Buste de Néron enfant.

1. Parmi les nombreux édifices dont Agrippa embellit la ville de Rome, on doit citer particulièrement le fameux Panthéon, changé en église en 607, par le pape Boniface IV; les aqueducs qu'il fit construire pour amener l'eau sur les monts Viminal et Palatin; plus de cent fontaines ornées de trois cents statues de marbre et de quatre cents colonnes en même matière; des thermes décorés de tableaux, etc. Les Athéniens lui érigèrent une statue équestre, dont le piédestal existe encore devant l'aile gauche des Propylées.

84. — Marbre blanc. — Tête d'un enfant romain inconnu.

85. — Marbre blanc. — Tête d'Apollon, fragment d'une statue colossale.

Ce chef-d'œuvre de l'art grec semble allier un souvenir du style austère des vieilles écoles, à la hauteur de pensée et à la pureté d'exécution qui distingue si éminemment les ouvrages de l'immortelle période des Phidias, des Praxitèle, et sans doute aussi de l'auteur, aujourd'hui ignoré, de cette admirable sculpture. On ne saurait trop regretter la perte des autres parties de cette figure, qui a tenu certainement un rang très-distingué parmi les productions les plus célèbres des grands maîtres de l'antiquité.

Ce marbre, qui faisait autrefois le plus bel ornement de la galerie Giustiniani, a été publié [1].

Sur fût en porphyre rouge oriental.

86. — Marbre de Paros. — Tête de jeune femme. Très-beau travail grec.

87. — Marbre blanc. — Hermès *bifrons* de Jupiter Ammon et de Bacchus *Hébon*.

88. — Marbre blanc. — Tête de Publius Scipion, dit l'Ancien, portant à la tête la blessure cruciale qu'il reçut à l'âge de dix-sept ans, lorsqu'il sauva la vie à son père, vaincu par Annibal à la bataille du Tésin [2].

L'authenticité de ce portrait est justifiée par l'inscription antique gravée sur un buste semblable qui appartient à la collection du Capitole [3]. — Trouvé à Arles.

Winckelmann a donné l'indication de sept autres bustes qui représentent également cet illustre capitaine [4].

89. — Marbre blanc. — Tête de Mercure coiffé du pétase.

1. *Gal. Giustin.*, II, tav. XLII. — *Antiq. du cab. Pourtalès*, pl. XIV, p. 51. — Madame de Staël a très-bien remarqué la physionomie rêveuse et souffrante que présente la figure de ce dieu. (*Corinne*, liv. VIII.)

2. Polybe, *Hist.*, c. 2. — Servius, *ad Æn.*, l. x, v. 800.

3. Visconti, *Iconographie romaine*, pl. III, nos 1, 2, 3.

4. *Hist. de l'art.*, l. I, ch. 5.

90. — Marbre blanc. — Hermès *bifrons* semblable à celui déjà décrit sous le n° 87.

91. — Marbre blanc. — Tête d'Apollon, fragment d'une statue de travail grec. Ce débris, qui appartient à une bonne époque de l'art, a été découvert dans les ruines d'Alexandrie d'Égypte. — Coll. Mimaut. *Cat.* n° 507.

92. — Marbre blanc. — Tête de femme portant un diadème orné de roses à six pétales, et dont la chevelure, attachée en arrière, laisse échapper des tresses qui retombaient sur son sein.

Cette tête appartenait à une petite statue de style éginétique. — Coll. Tiolier.

93. — Marbre blanc. — Tête d'Arsinoë, fille de Ptolémée Soter, veuve en premières noces de Lysimaque, roi de Thrace, dont elle fit assassiner le fils. — Remariée à Céraunus son frère, roi de Macédoine, qui fit égorger les enfants qu'elle avait eus de Lysimaque. — Sœur et seconde femme de Ptolémée Philadelphe, roi dÉgypte[1].

Cette tête, dont la ressemblance est établie par les médailles, était ornée de pendants d'oreilles et d'autres accessoires qui n'existent plus. — Apportée d'Alexandrie d'Egypte.

94. — Marbre blanc. — Tête de femme, Minerve peut-être, couverte d'un casque. Trouvée à Égine.

95. — Marbre jaune antique. — Petit hermès représentant Bacchus barbu.

96. — Marbre blanc. — Petit hermès représentant un faune qui rit.

97. — Marbre blanc. — Stèle ornée d'un bas relief où l'on voit une femme assise, présentant un livre à un homme debout. A sa partie supérieure se trouve une palmette. — Haut. 62 cent. Larg. 29 cent.

98. — Marbre blanc. — Tête de femme dont la chevelure est écartée du visage, et qui peut avoir fait partie d'une sta-

1. M. Champollion-Figeac, *Annales des Lagides*, II, p. 3, 18, 20.

tue de Vénus Anadyomène, semblable à celle placée dans le Musée Chiaramonti [1]. — Coll. Dodwell.

99. — Basalte vert. — Petite tête mutilée d'un satyre ; fragment d'une figure très-spirituellement exécutée. — Apportée de Smyrne.

100. — Basalte vert. — Divinité égyptienne assise, portant sur le devant cinq rangs de caractères hiéroglyphiques et trois autres rangs à la partie postérieure. — Haut., 37 cent.

101. — Marbre blanc. — Deux pièces : torse et cuisses d'une statuette représentant un homme nu et debout; fragment d'une petite statue d'Hercule.

102. — Marbre blanc. — Petit buste de femme inconnue.

103. — Marbre blanc. — Partie supérieure d'une statuette représentant un *aurige* (conducteur de chars) couronné de pin [2], le corps serré de bandelettes, et tenant, appuyée contre son épaule gauche, une palme, symbole de la victoire.

Le Musée Borgia possédait les fragments de deux statues de ce genre [3]. Une autre statue, plus entière, et qui tient également une palme, est conservée au Vatican [4]. — Trouvé dans l'île de Milo. — Coll. Gaspari. — Haut., 25 cent.

104. — Marbre blanc. — Jambe gauche d'une statue d'Hercule jeune; l'avant-bras gauche porte la peau du lion. Piédouche en marbre blanc; fût de colonne en stuc.

105. — Marbre blanc. — Buste d'un bacchant couronné de lierre et portant la *pardalide* (peau de panthère) sur l'épaule droite.

106. — Porphyre rouge oriental. — Buste colossal de l'empereur Titus (Flavius Domitianus), né à Rome le 30 décembre 41 de J.-C. — Monté sur le trône le 24 juin 79 [5]. — Mort le 13 septembre 81.

1. Visconti et Guattani, *Mus. Chiaramonti*, tav. XXXVI.

2. Ce cocher avait peut-être remporté le prix aux jeux Isthmiques, où les vainqueurs étaient couronnés de branches de pin.

3. Guattani, *Mon. ant. ined.*, 1788, novembre, tav. II et III.

4. Visconti, *Mus. Pio Clement.*, III, tav. XXXI.

5. Cette année est celle où les villes d'Herculanum, de Pompéi et de Stabia furent ensevelies sous les cendres du Vésuve.

Ce buste, exécuté sur une matière fort dure, est parfaitement bien modelé. — Draperie moderne en marbre blanc.

107. — Porphyre rouge oriental. — Buste de Jules César, avec draperie en albâtre oriental. — Socle en marbre de Flandres.

108. — Porphyre rouge oriental. — Buste de Néron. Travail analogue à celui qui précède. Socle pareil.

109. — Marbre blanc. — Partie d'un pied humain : débris d'une statue.

110. — Marbre blanc. — Pied et partie d'une jambe : fragment d'une statue.

111. — Marbre blanc. — Pied et bas de jambe orné d'une *périscélide*. Ce pied pose sur une semelle sans attaches, et découpée en feston devant chacun des doigts.

112. — Marbre blanc. — Main droite de proportion colossale, et qui tient un objet de forme cylindrique, comme le serait la hampe d'une lance.

113. — Marbre blanc. — Main gauche de femme tenant une branche de fruits. Fragment d'une statue.

114. — Marbre blanc. — Buste du jeune Annius Verus, fils de Marc-Aurèle et de Faustine (Annia), né en l'an 163 de de J.-C. — Décoré du titre de César en 166. — Mort à Préneste (aujourd'hui Palestrina), ville du Latium, en 170. — Ce buste appartenait au cabinet du duc de Modène.

115. — Marbre blanc. — Buste de l'empereur Commode dans sa jeunesse.

116. — Marbre blanc. — Statuette représentant Vénus nue et debout, élevant sa ceinture à la hauteur du visage. — Cette jolie figure a été gravée[1]. — Coll. de la Malmaison. — Haut., 47 cent.

117. — Marbre blanc. — Statuette de Vénus debout, re-

1. De Clarac, *Mus. de sculp. ant. et mod.*, pl. DCXIX. n° 1390 (B).

levant une partie de sa chevelure. A sa gauche est placé un terme ithyphallique. — Ce marbre, autrefois conservé au château de la Malmaison, a été gravé [1]. — Haut., 43 cent.

118. — Marbre blanc. — Tête présumée du jeune Marcellus (Marcus Claudius), fils d'Octavie sœur d'Auguste et de Caïus Claudius Marcellus. — Né vers l'an 44 avant J.-C. — Époux de Julie, fille d'Auguste, en 729 de Rome. — Mort à l'âge de 21 ans [2].

Ce portrait, dont l'authenticité ne peut être rigoureusement constatée, mais qui, du moins, ressemble bien à celui publié sous ce nom dans l'*Iconographie romaine* [3], est d'ailleurs très-remarquable par la vérité de son exécution. — Coll. Beugnot. *Cat.* n° 290.

119. — Marbre blanc. — Tête d'un jeune Romain; portrait inconnu.

120. — Marbre blanc. — Buste d'un jeune homme inconnu ; fragment d'une statue de travail grec.

121. — Marbre pentélique. — Tête de jeune homme vue de profil et portant une chevelure courte et serrée par une espèce de diadème. Cette tête, dirigée de droite à gauche, appartenait à l'un des cavaliers sculptés sur la face sud de la frise extérieure du Parthénon. Ce fragment, apporté d'Athènes, appartenait à M. Fauvel.

122. — Marbre blanc. — Pied de femme de grandeur colossale, et chaussé d'une sandale à semelle très-épaisse. Ce beau fragment, qui semble avoir fait partie d'une statue *polychrome*, a été découvert près des ruines du temple de Minerve *Poliade*, à Athènes. — Coll. Allier de Hauteroche.

1. De Clarac, *Mus. de sculpt. ant. et mod.*, pl. DCXIX, n° 1390 (A).

2. C'est de ce prince qu'il est question dans le célèbre passage du livre VI de l'*Énéide*, dont la lecture, faite par Virgile, causa, dit-on, l'évanouissement d'Octavie. La critique historique, qui a porté le doute sur beaucoup d'autres faits reçus pendant longtemps sans examen, a dû pourtant faire remarquer que les auteurs contemporains d'Auguste gardent tous le silence sur cette anecdote si digne d'être rapportée, et qu'il n'en est même parlé que trois siècles plus tard, sous le règne de Constantin. (*Voyez* Mongez, *Iconographie romaine*, II, p. 40.) — Un buste semblable appartient au Musée du Louvre.

3. *Ibid.*, II, pl. XIX, n°s 6 et 7.

123. — Marbre blanc. — Bas-relief représentant un auteur, ou plutôt un acteur dramatique [1], assis et adressant la parole à une femme debout et placée à sa gauche [2]; à la droite du premier, un enfant joue de la double flûte pour accompagner la répétition scénique que ces personnages font entre eux.

Ce bas-relief, d'un fini extraordinaire, et dont le sujet a été diversement expliqué [3], était passé de la collection Carpegna dans celle du Vatican; plus tard, il a fait partie des objets d'art réunis au château de la Malmaison. — Haut., 45 cent. Larg., 50 cent.

124. — Marbre jaune antique. — Masque de Bacchus barbu, couronné de corymbes.

125. — Marbre blanc. — Tête de femme portant une espèce de coiffe serrée par des cordons. Cette tête, de travail grec, et à laquelle on a donné sans aucun fondement le nom de Sapho [4], est semblable à quelques autres conservées dans les collections du Vatican [5], du Capitole [6] et de sir Worsley [7]. — Ce marbre appartenait à la galerie Giustiniani [8].

126. — Marbre blanc. — Tête de Lucius Vérus, beau portrait exécuté dans la première jeunesse de ce prince.

127. — Marbre blanc. — Buste présumé de l'impératrice Domitia (Domitia Longina). — Enlevée par Domitien au sénateur Lucius Lamia, son premier époux, l'an 70 de J.-C. — — Morte fort âgée sous le règne de Trajan, ou peut-être même sous celui d'Antonin.

Domitia était fille du célèbre Domitius Corbulon; elle souilla sa vie par de honteuses débauches, et fut la complice des meurtriers de Domitien.

1. La tête de cet homme est bien évidemment un portrait.
2. La partie supérieure de cette femme, ainsi que la figure du satyre qui occupe l'angle opposé, sont modernes.
3. Buonarotti, *Med. ant.*, p. 447. — Bellori, *Pict. ant. crypt.*, Rom., tab. xv. — Visconti, *Mus. Pio Clement.*, I, tav. B. — *Antiques du cabinet Pourtalès*, pl. XXXVIII, p. 116.
4. Bellori, *Vet. illustr. imag.*, n° 63.
5. Visconti, *Mus. Pio Clement.*, VI, tav. IV, n° 2.
6. Bottari, *Mus. capit.*, I, tav. LVIII.
7. Dallaway, les *Beaux-Arts en Angleterre*, trad. franç., II, p. 113, n° 22.
8. *Galeria Giustiniana*, II, tav. LII.

Ce buste, dont le visage est modelé avec un art admirable, représente Domitia coiffée en ruche à boucles fort petites, et formant une masse considérable, tandis que le reste de sa chevelure est divisé en nattes réunies et roulées derrière sa tête.

Le Musée du Louvre possède une inscription en l'honneur de cette princesse; elle a été publiée par Visconti[1].

128. — Marbre blanc. — Groupe de trois femmes debout adossées en forme de cariatides.

129. — Albatre oriental. — Patte de lion qui a dû faire partie des soutiens d'un *labrum* ou d'un trépied.

130. — Albâtre gypseux. — Douze pièces : vases à parfums, boîtes et plateaux. Sous le couvercle de l'une des boîtes est tracé à l'encre et en caractères cursifs, le nom propre suivant : ΕΡΑΣΜΙΑ (*aimable*). — Trouvés à Athènes.

131. — Marbre rouge antique. — Petit chapiteau de pilastre orné d'acanthe et d'arabesques fort bien exécutés.

1. *Mon. Gab.*, p. 107.

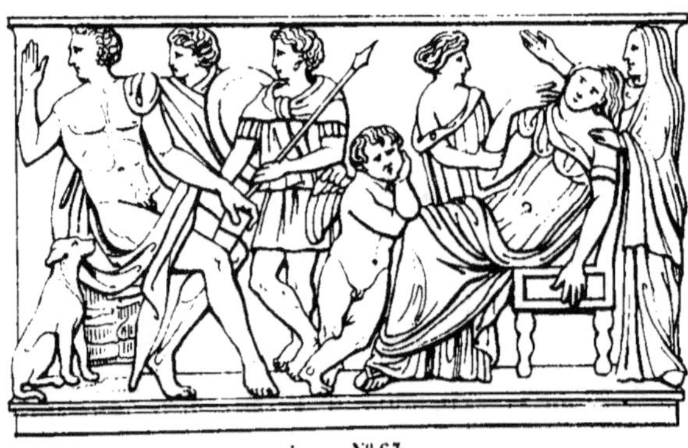

Fig. N° 63.

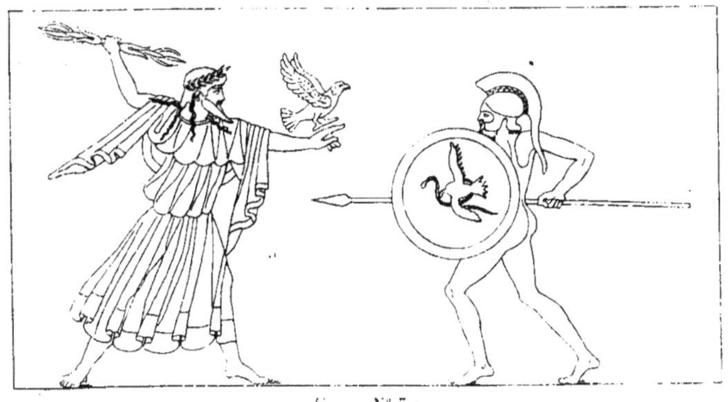

Fig. N° 132.

VASES CRECS EN TERRE PEINTE

132. — Forme 66. Peinture jaune. — Vulci. — Jupiter couronné de myrthe, porte une chevelure séparée en longues tresses, et marchant avec rapidité, lève son bras droit prêt à lancer la foudre. Au-dessus de sa main gauche, qui est dirigée en avant et semble faire une menace, s'élève un épervier prenant son vol, image de la vélocité du dieu, qui, pour faciliter sa poursuite, a déjà relevé sa longue tunique sur sa poitrine et sur ses reins [1].

Revers. — Un guerrier nu et barbu, la tête armée d'un casque (cranos), garni de *Géniastères*, tient sa lance en arrêt et porte au bras gauche un grand bouclier orbiculaire dont l'emblème représente le combat d'un vautour et d'un serpent.

Ce personnage, qui est bien évidemment l'adversaire que Jupiter atteint et combat, peut être le géant Porphyrion, qui, après avoir tenté de faire violence à Junon, et déjà frappé de la foudre, fut enfin achevé par les flèches d'Hercule [2]. — Ce vase faisait partie de la collection de M. le prince de Canino. — Haut., 32 cent.

1. Une draperie flottante recouvre ses deux bras.

2. Apollodore, l. I, c. 6. — Une autre tradition fait tomber ce géant sous les traits d'Apollon.

133. — F. 81. Peinture rouge. — Vulci. — Rhéa présente à Saturne une pierre enveloppée dans son manteau au lieu de son nouveau-né Jupiter. — Haut., 44 cent.

134. — F. 66. Peinture jaune. — Nola. — Jupiter debout, la tête ceinte d'une couronne de myrte, et vêtu de long, tient sa main droite appuyée sur sa hanche, et repose sa main gauche sur un sceptre terminé du haut par une fleur de grenade. En regard du dieu, Hébé, vêtue d'une tunique talaire et d'un *péplus*, remplit la phiale qu'elle va présenter ensuite au maître du monde.

Revers. — Deux éphèbes enveloppés dans leurs manteaux : l'un d'eux, appuyé sur un bâton, regarde son compagnon qui s'éloigne en se tournant vers lui.

La première de ces peintures a été publiée [1]. — Haut., 45 cent.

135. — F. 66. Peinture jaune. — Nola. — Jupiter assis, couronné de laurier et vêtu d'une tunique en partie cachée par une draperie, présente une phiale à Iris ailée, qui exerce ici, comme sur d'autres monuments, les fonctions ordinaires de Ganymède et d'Hébé.

Revers. — Une femme (peut-être Cérès), vêtue d'une tunique talaire et enveloppée d'un *péplus*, marche rapidement, et tient à la main gauche un flambeau allumé. — Haut., 49 cent.

136. — F. 79. Peinture jaune. — Sant' Agata de Goti. — Cérès debout et tenant de sa main droite un grand flambeau allumé, tourne la tête vers Triptolème assis sur un petit char attelé de deux serpents ; en face de ce dernier, Proserpine assise sur un siége peu élevé, tient un sceptre, et porte aussi ses regards sur le fils de Métanire.

Sur un plan plus éloigné, à la gauche de Cérès, une autre déesse, portant des brodequins de chasse comme Diane et tenant un flambeau allumé, amène et conduit par la main un jeune homme, près de la tête duquel est un astre rayonnant. Sur le côté opposé, une déesse dont la chaus-

1. *Antiques du cabinet Pourtalès*, pl. I, p. 23-24. — MM. Lenormant et de Witte, *Élite de Monuments céramographiques*, pl. XX.

sure est encore plus élevée que celle de la précédente, fait un geste oratoire et tient également un flambeau allumé. Cette figure précède un éphèbe qui accourt à demi enveloppé d'une draperie, et Hercule jeune, tournant la tête et la main gauche appuyée sur sa massue. Ce dernier, ainsi que les deux autres initiés, tient une forme de torche ornée de fleurs prolifères dont l'espèce ne peut être bien déterminée.

Sur le haut du champ qui renferme ce sujet, sont peintes six colonnes doriques, dont quatre, couvertes par un même architrave, paraissent appartenir à un édifice tétrastyle. Ces colonnes servent à établir le lieu de la scène, qui ne peut être que l'intérieur du temple d'Éleusis, où se célébraient les redoutables mystères des grandes déesses, et d'où fut enlevé le fragment de la statue de Cérès, vu autrefois par quelques voyageurs [1], et qui appartient aujourd'hui à l'université de Cambridge [2].

Revers. — Un éphèbe couronné de myrte et à demi couché sur un lit de repos garni de coussins et d'une peau de panthère, tient une corne d'abondance surmontée de globules. Devant lui, Bacchus, assis à ses pieds et appuyé sur un thyrse, se retourne et semble prêter beaucoup d'attention à ses paroles, tandis qu'Ariadne s'approche en portant un plateau sur sa main gauche, et dirige sa main droite vers le grand *céras* dont il a été parlé.

En arrière d'Ariadne sont représentés sur des plans différents une femme assise, tenant un pli de sa tunique et portant un plateau. Au-dessous d'elle, s'avance un Silène, le bras gauche couvert d'une *pardalide* et dont la main droite soutient également un plateau.

Le côté droit de cette peinture est occupé par Vulcain, couronné de lierre, tenant une hache élevée contre son épaule gauche, et s'appuyant de la main droite sur l'épaule d'un Silène *dadouque* (porte-flambeau), qui lui prête un secours dont le dieu de Lemnos, assez mal assuré sur ses jambes, paraît avoir un grand besoin.

Au bas du champ, l'Amour ou un génie ailé, tire à lui une

1. Wheler's *Journey into Greece*, p. 427-428. — Spon, *Voyage de Grèce et du Levant*, II, p. 216.

2. Clarke, *Greek marbles of the university of Cambridge*, p. 24.

cordelette saisie par un cygne. Vers le haut, un cep chargé de grappes étend ses pampres, et couvre de son ombre les principaux personnages qui figurent dans cette composition.

Ce vase, qui tient un rang très-distingué parmi le petit nombre de monuments relatifs aux mystères de Cérès et de Bacchus, a été publié [1]. — Haut., 50 cent.

137. — F. 79. Peinture jaune. — Sant' Agata. — Apollon lauré, et la main gauche appuyée sur une branche de laurier, est assis sur l'*omphalos* de Delphes, et tient de la main droite un très-petit rameau vers lequel se retourne un jeune daim assis à ses pieds.

En regard d'Apollon s'avance une femme (Cérès ?) portant de chaque main un flambeau allumé. Elle précède Mercure imberbe, couvert de la chlamyde, le pétase rejeté sur les épaules et chaussé de bottines; sa main gauche tient le caducée, et la droite est élevée dans le mouvement d'un orateur. Derrière Apollon, une ménade thyrsophore porte ses regards vers la scène principale, pendant qu'un Silène, placé près d'elle, fait des gestes qui indiquent une joie peu mesurée.

Sur le haut du champ sont peintes quatre colonnes ioniques qui paraissent indiquer que ce sujet se passe dans un temple, qui doit être celui de Delphes.

Revers. — Trois éphèbes enveloppés de manteaux. Sur le fond un strigile. — Haut., 32 cent.

138. — F. 90. Peinture noire. — Vulci. — Apollon citharède précède une déesse dont la tête est couverte du *polus*, et Neptune armé de son trident. En regard du fils de Latone s'avance une seconde femme suivie de Mercure barbu tenant à la main son caducée.

Entre cette peinture et le col du vase est représenté Hercule presque couché à terre et luttant avec le lion néméen. A droite, Minerve, suivie de Mercure, étend son égide sur le

1. *Antiques du cabinet Pourtalès*, pl. XVI, p. 83-89.

Les trois autres vases, dont les peintures se rapportent aux mystères de Cérès, sont le vase Gualtieri, jadis au Vatican, et maintenant au Musée du Louvre; un vase du Musée de Naples, trouvé à Armentum; et enfin le vase Poniatowski, si bien expliqué par Visconti.

héros vers lequel se dirige Iolas apportant la massue qui doit terminer le combat.

Sur le pourtour inférieur du vase règne une frise représentant des lions et des sangliers en regard. — Haut., 50 cent.

139. — F. 66. Peinture jaune. — Nola. — Apollon delphique, debout et lauré, la partie inférieure du corps enveloppée d'une grande draperie, et la main gauche appuyée sur une branche de laurier. Devant lui, une femme vêtue d'une tunique et de l'*ampéchonium* présente au dieu une cithare garnie de six cordes.

Revers. — Un éphèbe debout. — Haut., 23 cent.

140. — F. 15. Peinture jaune. — Nola. — Apollon lauré, et à demi enveloppé d'une draperie, est assis sur une chaise et chante en s'accompagnant de la lyre. Devant lui est une biche debout et qui l'écoute. En arrière se voit un objet dont le nom et l'usage nous sont également inconnus.

Cette peinture peut représenter également Orphée, Thamyris, ou quelque autre célèbre chanteur de l'antiquité. — Ce vase a été publié [1]. — Haut., 24 cent.

141. — F. 67. Peinture noire. — Vulci. — Minerve, le bras gauche couvert de l'égide, frappe Encelade déjà tombé sur un genou, mais qui combat encore avec sa lance et sous l'abri d'un bouclier dont le pourtour est orné d'une branche de lierre.

Revers. — Le même sujet, où le bouclier du géant vaincu porte pour emblème un trépied. — Haut., 41 cent.

142. — F. 67. Peinture noire. — Vulci. — Minerve combattant deux Pallantides dont l'un est à demi renversé. Sur le bouclier de celui qui est debout se voient trois globules; sur celui de la déesse est peinte une tête de taureau.

Revers. — Bacchus barbu, couronné de lierre et assis sur un pliant, tient un *céras* (corne à boire). Le dieu est placé entre quatre personnages qui ne présentent aucun attribut. — Haut., 33 cent.

1. *Antiques du cabinet Pourtalès*, pl. XXIX, p. 51-52.

143. — F. 39. Peinture noire. — Athènes. — Minerve, avançant son bras gauche couvert de l'égide, s'élance et frappe un des Pallantides, qui tombe, mais qui est défendu par un de ses frères. En arrière de la déesse accourt un troisième adversaire qui vient prendre part au combat. — Haut., 9 cent.

144. — F. 103. Peinture noire. — Athènes. — Minerve combattant un guerrier au milieu de sept personnages qui ne prennent aucune part à l'action.

Revers. — Le même sujet. — Diam., 17 cent. — Haut., 10 cent.

145. — Débris d'une tablette en terre cuite. Peinture jaune. — Athènes. — Sur la gauche d'un plan qui, dans son entier, représentait la façade d'un ædicule orné de deux espèces de pilastres et d'un fronton, se voit la partie supérieure d'une figure de Minerve casquée et portant en avant son bras gauche couvert de l'égide. Au-dessus d'elle, sur l'architrave de l'ædicule, on lit cette inscription :

ΑΘΗΝΑΙΑ ΗΦΑ.....

donnant ainsi le nom de Minerve et les trois premières lettres de celui de Vulcain (ΗΦΑΙΣΤΟΣ), dont la figure, maintenant détruite, faisait face à celle de la déesse, et n'était séparée d'elle que par un personnage qui planait entre leurs têtes, mais dont il ne subsiste plus que l'extrémité d'une aile éployée.

Ce fragment précieux faisait partie d'un tableau représentant la lutte que Minerve soutint contre Vulcain, lorsque ce dieu, épris d'elle et délaissé par Vénus, tenta de lui faire violence[1]. L'aile dont il a déjà été question appartenait à l'Amour, ou plus probablement à *Éris* (la Discorde), dont la présence ici serait même parfaitement convenable.

M. le chevalier Brondsted a savamment expliqué cette peinture[2], qui avait été précédemment décrite par M. Panofka[3]. — Coll. Fauvel. — Haut., 10 cent. Long., 9 cent.

146. — F. 79. Peinture jaune. — Basilicate. — Minerve,

1. Apollodore, l. III, c. 14, § 6.
2. *Voyages et Recherches en Grèce*, IIe livraison, pl. XLII et LXII, p. 295-300.
3. *Annali*, etc., 1829, p. 292.

debout, tient sa lance et appuie sa main gauche sur son bouclier.

Revers. — Une femme, assise sur un siége à dossier, pince un pli de sa tunique et se tourne vers un faune à demi couché sur une peau de lion. Ce même personnage, qui paraît vouloir jouer ici le rôle d'Hercule, porte un carquois suspendu à son côté gauche, et tient entre ses jambes une massue. — Haut., 22 cent.

147. — F. 39. Peinture noire. — Athènes. — Minerve debout sur un socle peu élevé, tenant deux lances, et le bras gauche couvert de l'égide, se retourne vers un guerrier à demi agenouillé et qui s'appuie sur une haste. Du côté opposé, un autre guerrier, dans une attitude semblable à celle de son compagnon, tient deux lances de la main gauche, et dirige la droite en avant de lui. Cette peinture représente peut-être Ulysse et Diomède s'approchant du Palladium, sujet déjà figuré sur d'autres vases peints. — Haut., 20 cent.

148. — F. 71. Peinture jaune. — Nola. — Minerve, debout et diadémée, est vêtue d'une tunique talaire et de l'*ampéchonium* recouvert de l'égide. Sa main droite tient une lance, et la gauche s'appuie sur un bouclier. En face d'elle, la Victoire, également debout, lui présente une bandelette. Entre ces deux figures est peinte une inscription très-peu visible, mais qui peut contenir les lettres suivantes : **ΑΘΗΝΗ** (ou **ΑΕΘΑΟΝ**) **ΑΓΩΝΩΝ** ?

Revers. — Une femme debout et drapée tient une phiale et fait une libation. — La première de ces peintures a été publiée [1]. — Haut., 21 cent.

149. — F. 68. Peinture noire. — Vulci. — Minerve, debout, casquée, couverte de l'égide et vêtue d'une tunique talaire, vibre sa lance de la main droite, et soutient du bras gauche un bouclier argien, dont l'emblème représente une Sirène jouant de la double flûte.

La déesse est placée entre deux colonnes doriques surmon-

1. Panofka, *Mon. de l'inst.*, pl. XXXVII et XXXVIII. — Le même, *Antiques du cabinet Pourtalès*, pl. VI, p. 22. — *Élite de monum. céram.*, pl. LXVIII.

tées de coqs. Près de celle vers laquelle son arme est dirigée, on lit :

ΤΟΝ ΑΘΕΝΕΘΕΝ ΑΘΛΟΝ.
Le prix donné à Athènes.

Revers. — Quatre hommes nus, dont deux éphèbes et deux plus âgés et barbus, s'élancent et parcourent rapidement le stade. — Haut., 65 cent.

Ce vase, l'un des plus grands parmi ceux qui représentent le même sujet, est, en outre, d'une conservation parfaite. — Coll. de M. Beugnot, *Cat.* n° 60.

150. — F. 68. Peinture noire. — Vulci. — Même sujet et même inscription que sur le précédent. L'emblème du bouclier représente un serpent la gueule béante.

Revers. — Quatre éphèbes nus se disputent le prix de la course. — Haut., 44 cent.

151. — F. 90, sans anses. Peinture jaune. — Athènes. — Vénus assise et couronnée de myrte. Près d'elle sont deux Amours, l'un tenant un filet de perles qu'il veut ajouter à la parure de sa mère, et l'autre les jambes prises dans une espèce de cage que la déesse tient à la main. Aux extrémités latérales du champ, deux femmes (peut-être deux Grâces) vêtues de long, apportent des coffrets et des bandelettes. Près de l'une d'elles se reconnaissent encore les contours d'un miroir et d'un éventail (*flabellum*) qui étaient exécutés en applique, et sont entièrement détruits.

Quelques parties de cette jolie composition conservent des traces de dorure. Les Amours sont modelés en relief, ainsi que l'étaient d'autres détails dont il ne subsiste plus qu'une forme générale et peu arrêtée.

Ce vase, qui faisait partie de la collection de M. Fauvel, a été publié[1]. — Haut., 8 cent.

152. — F. de boîte ronde et aplatie, garnie d'un couvercle. — Peinture jaune. — Athènes. — Sur le couvercle, qui est bordé d'*oves*, et entre de magnifiques palmettes, sont peintes

1. *Antiques du cabinet Pourtalès*, pl. XXXIII, p. 105. — Stackelberg, *Tombeaux des Hellènes*, pl. XXX.

deux figures d'une petitesse remarquable et du fini le plus précieux. L'une d'elles représente l'Amour assis et attendant sa mère, qui est vêtue d'une tunique longue et tient à la main un coffret de toilette sur lequel il existe des traces de dorure. Le pourtour extérieur du corps de la boîte est orné d'une branche de myrte. — Ce petit chef-d'œuvre de la céramique grecque, trouvé dans le même tombeau que le vase précédemment décrit, appartenait également à M. Fauvel, et a été publié [1]. — Diam., 10 cent.

153. — F. 103. Peinture jaune. — Athènes. — Au centre, Vénus, assise et vêtue d'une tunique talaire, regarde l'Amour adolescent, agenouillé devant elle, et qui lui touche les jambes. En arrière de cette dernière figure s'élève une colonne ionique. — Extérieur : l'Amour étend les bras vers sa mère, qui est assise et dont le *péplus* est ajusté par l'une des Grâces.

Revers de la peinture précédente. — Vénus, assise, tient un pan de son *péplus* et repousse doucement son fils : sur les côtés, deux Grâces debout et vêtues de tuniques longues. — Cette coupe, qui appartenait à M. Fauvel, a été publiée [2]. — Diam., 22 cent. Haut., 8 cent.

154. — F. 103. Peinture jaune. — Femme sur un char à l'intérieur, et sujets héroïques à l'extérieur. — Diam., 35 cent. Haut., 15 cent.

155. — F. 55. Peinture jaune. — Nola. — L'Amour agenouillé et les mains étendues vers un daim.

156. — F. 55. Peinture jaune. — Athènes. — L'Amour à demi couché sur les genoux, et le coude gauche appuyé à terre, paraît indiquer quelque chose avec la main droite. — Haut., 9 cent.

157. — F. 79. Peinture jaune. — Nola. — Mercure (HPMEΣ), coiffé du pétase, couvert d'une chlamyde et tenant le caducée, est assis sur le rocher de Nysa. Sur ses genoux est placé Bac-

1. *Antiques du cabinet Pourtalès*, pl. XXXIII, p. 103 et 104.
2. Stackelberg, *Tombeaux des Hellènes*, pl. XXXI.

chus enfant (ΔΙΩΝΥΣΩΣ), déjà couronné de pampres, et qui tend les bras à la Nymphe Mænas (ΜΑΙΝΑΣ), à qui son éducation vient d'être confiée. Celle-ci, debout, la main droite appuyée sur un thyrse, sourit avec tendresse au jeune dieu.

En arrière de Mercure est peinte une autre Nymphe qui paraît adresser la parole aux personnages précédents[1]; l'un de ses pieds est élevé sur une pierre, et sa main gauche repose sur une tige de férule. A quelque distance de son visage se lisent les lettres suivantes, qui terminaient son nom.... ΟΥΣ.

Revers. — Trois éphèbes enveloppés dans leurs manteaux.

Ce vase, qui appartient aux plus beaux temps de l'art, a été publié[2]. — Haut., 41 cent.

158. — F. 79. Peinture jaune. — Sant' Agata. — Bacchus imberbe et debout, la tête ceinte du *strophium*, présente une coupe à une femme (Ariadne ou Libera) vêtue d'une tunique longue recouverte de l'*ampéchonium*, et la main droite appuyée sur un thyrse.

Revers. — Deux figures en regard. — Diam., 37 cent.

159. — F. 103. Peinture noire. — Vulci. — Le retour de Vulcain à l'Olympe.

Extérieur. — Bacchus barbu, tenant un canthare et une tige de lierre, regarde et précède Vulcain, la tête nue, vêtu d'une tunique courte et monté sur un mulet. Derrière le dieu de Lemnos, un vieux Satyre ithyphallique, dont la tête est vue de face, touche la croupe de la monture, dont il veut hâter la marche. A sa suite sont peints trois Satyres ithyphalliques et deux Ménades qui dansent. Les personnages qui marchent en avant de Bacchus sont deux Satyres ithyphalliques dont l'un joue de la double flûte, et deux Ménades qui paraissent en proie aux transports de l'ivresse.

Revers. — Bacchus, debout et barbu, tient un canthare et une tige de lierre. Devant lui Ariadne (ou Libera) se présente couverte d'une tunique de pourpre et d'un *péplus* brodé. Der-

1. La partie supérieure de cette figure a été restaurée, et les premières lettres de son nom sont détruites.

2. Millin, *Peintures de vases*, etc., II, pl. XIII. — Le même, *Galerie mythologique*, I, pl. LVII, nº 228. — *Antiques du cabinet Pourtalès*, pl. XXXVII, p. 91-94.

rière Bacchus accourent trois Satyres ithyphalliques et trois Ménades qui sautent et font des gestes lascifs. A la suite d'Ariadne se voient deux Ménades et trois Satyres dont le dernier porte une outre.

Cette coupe, qui est très-remarquable pour la finesse de son dessin et la richesse des couleurs dont elle est ornée, est également d'une conservation parfaite. — Coll. Beugnot, *Cat.* nº 3. — Diam., 28 cent. Haut., 18 cent.

160. — F. 79. Peinture jaune. — Sant' Agata. — Bacchus, monté sur un griffon, est précédé d'un Satyre qui se retourne et lui présente un objet dont la forme est peu reconnaissable. En arrière du dieu est peinte une Ménade qui se retourne également vers lui en tenant de la main gauche un *tympanum*.

Revers. — Trois éphèbes debout et drapés. — Haut., 33 cent.

161. — F. 39. Peinture noire. — Bacchus, debout et barbu, tient un *céras* et un jet de lierre. A ses côtés deux Ménades, vêtues de tuniques et de *pardalides*, font des gestes très-animés. Aux extrémités latérales du champ se voient deux Satyres qui paraissent préluder à la danse.

Entre ce sujet et le col du vase est peint un sphinx assis, levant une patte entre deux hommes debout et drapés. — Haut., 25 cent.

162. — F. 65. Peinture jaune. — Vulci. — Bacchus barbu, debout et vêtu de long, tient un canthare couronné de lierre et un cep chargé de raisins.

Revers. — Un Satyre debout joue de la double flûte et porte, suspendu à son bras gauche, le sac destiné à renfermer cet instrument. — Haut., 56 cent.

163. — F. 39. Peinture noire. — Athènes. — Ariadne montée sur un quadrige, précédée par une femme. A sa gauche, et sur un second plan, Bacchus barbu marche et se retourne vers elle en tenant un canthare à la main. — Coll. Fauvel. — Haut., 17 cent.

164. — F. 39. Peinture noire. — Athènes. — Ariadne monte un quadrige. A sa gauche, Bacchus debout paraît s'entretenir avec une femme qui se tourne vers lui. En avant des che-

vaux, Mercure barbu, se retourne et tient son caducée. — Haut., 20 cent.

165. — F. 39. Peinture noire. — Bacchus barbu, assis sur un pliant et tenant un *céras*, est placé entre deux Ménades qui s'éloignent en tournant la tête vers lui. — Haut., 19 cent.

166. — F. 39. Peinture noire, Bacchus, barbu et vêtu de long, tient un canthare. Devant lui, une femme debout s'appuie sur un thyrse dont le haut se termine en forme de croix.

167. — F. 39. Peinture noire. — Athènes. — Bacchus barbu, à demi couché sur la terre et tenant un *céras*. A ses côtés sont deux Ménades. — Haut., 20 cent.

168. — F. 79. Peinture jaune. — Bacchus marche en tournant la tête. Son bras gauche est enveloppé d'une draperie et soutient un thyrse.

Revers. — Bacchus, assis sur un arabesque et à demi couvert d'une draperie, tient un rameau. — Haut., 25 cent.

169. — F. 71. Peinture jaune. — Nola. — Un Silène, la tête couverte d'un casque (cranos), lève la jambe gauche, sur laquelle il attache une *cnémide*. Devant lui, une femme debout, vêtue d'une tunique longue, porte sur l'avant-bras gauche une *pardalide*, et appuie son bras droit sur une tige de férule.

Cette peinture curieuse a été diversement expliquée. M. Raoul Rochette, qui la publia le premier[1], crut y reconnaître une parodie de l'armement d'Achille; depuis, M. Panofka y vit un Silène, pédagogue de Bacchus, et guerrier vaillant, qui combattit avec courage dans les entreprises militaires de ce dieu[2].

Revers. — Bacchus, barbu et couronné de lierre, tient un canthare qu'il épanche sur un jet de lierre sortant de la hampe d'un thyrse que tient une femme debout devant lui. — Haut., 28 cent.

170. — F. 89. Arrondie à deux anses. Peinture jaune. — Nola. — Un vieux Satyre court après une Ménade qui tient

1. *Mon. inéd.*, Achilléide, p. 85.
2. *Antiques du cabinet Pourtalès*, pl. XIX, p. 98-100.

un thyrse et fuit en tournant la tête de son côté. — Haut., 20 cent.

171. — Rhyton. — Peinture jaune. — *Tête de mulet bridée.* — Sur le col, un Satyre barbu et couvert d'une peau de panthère nouée sur sa poitrine, s'élance à la poursuite d'une femme vêtue d'une tunique talaire et d'un *péplus*. Celle-ci se retourne et semble menacer le Satyre avec un flambeau éteint qu'elle tient à la main. — Coll. Durand, *Cat.* n° 1278. — Haut.. 20 cent.

172. — F. 103. Peinture jaune. — Vulci. — Au centre, un Satyre ithyphallique couronné de myrte, le menton garni d'une grande barbe, la chevelure longue, séparée en tresses, s'agenouille sur un coussin et plonge ses mains dans un cratère. Autour de ce personnage assez peu gracieux, on lit : ΗΟ ΠΑΙΣ ΚΑΛΟΣ (*le beau garçon*). — Coll. du P. de Canino. — Diam., 19 cent. Haut., 7 cent.

173. — Rhyton. Peinture jaune. — *Tête de sanglier.* — Sur le col, une femme vêtue de long s'appuie sur un thyrse, et présente un *céras* à un Silène debout devant elle, qui se repose également sur un thyrse. — Long., 24 cent.

174. — F. 79. Peinture jaune. — Basilicate. — Un Satyre à demi enivré s'appuie sur un thyrse.

Revers. — Deux éphèbes nus et montés sur des chevaux qui marchent de front. — Haut., 20 cent.

175. — F. 14. Peinture noire. — Vulci. — Un vieux Satyre ithyphallique veut enlever une femme en présence de Bacchus, qui tient un *céras*, et d'un autre Satyre tenant une espèce de cordon. — Haut., 23 cent.

176. — F. 58. Peinture jaune. — Nola. — Un Satyre marche et tourne la tête en tenant de la main gauche un petit sac à double fond. Près du sac on lit : ΚΑΛΟΣ (*beau*).

Revers. — Un autre Satyre tient un sac et s'avance en dirigeant son bras droit devant lui. Près de sa tête : ΚΑΛΟΣ (*beau*). — Haut., 12 cent.

177. — F. 113. Peinture noire. — Vulci. — Au centre : le

gorgonium. Extérieur : un Satyre couché sous une vigne tient une couronne ; à ses côtés sont peints deux grands yeux humains.

Revers, — Le même sujet. — Diam., 28 cent. Haut., 8 cent

178. — F. 55. Peinture jaune. — Nola. — Un Satyre, agenouillé et le bras gauche couvert d'une *pardalide*, lance un bâton à une panthère à demi couchée.

179. — F. 55. Peinture jaune. — Nola. — Un Satyre, qui s'appuie à terre, regarde un grand chien qui est en arrêt.

180. — F. 55. Peinture jaune. — Nola. — Un Satyre, étendu sur ses genoux et ses mains, regarde une panthère à demi couchée et qui lève la patte droite.

181. — F. 55. Peinture jaune. — Nola. — Un Satyre, le bras gauche avancé et couvert de la *pardalide*, brandit une massue et court sur un renard pris au piége.

Cette peinture, dans laquelle on a cru retrouver une allusion à la chasse du renard de Telmesse, a été publiée [1].

182. — F. 39. — Un Satyre poursuivant une femme : dessin exécuté au trait gravé sur fond noir, mais dont quelques parties étaient rehaussées de blanc.

Près des figures se distinguent des traces d'inscriptions illisibles. — Coll. du prince de Canino. — Haut., 14 cent.

183. — Coupe à pied sans anses. — Peinture jaune. — Nola. — Une Ménade coiffée du *crédemnon*, et dont la tunique est en partie recouverte d'une *pardalide*, marche et se retourne en tenant de la main droite une lyre à huit cordes, et de la gauche un thyrse. Au-dessus d'elle on lit : ΤΕΡΣΙΧΟΜΗ, mot composé que M. Panofka traduit ainsi : « *celle qui échauffe* (ou anime) *les festins et les réunions joyeuses* » [2]. — Diam., 19 cent. Haut., 75 millim.

184. — F. 66. Peinture jaune. — Nola. — Une Ménade, tenant un thyrse, marche rapidement en tournant la tête en arrière.

1. *Antiques du cabinet Pourtalès*, pl. XXIX, p. 100 et 101.
2. *Ibid.*, pl. XXIX, n° 2, p. 94 et 95.

Revers. — Une femme, debout et vêtue de long, dirige ses bras en avant d'elle. Ce vase, de belle fabrique, a été acquis de la célèbre Angelica Kauffmann. — Haut., 35 cent.

185. — F. 67. Peinture noire. — Vulci. — Une Ménade, tenant des pampres, est assise sur un taureau.
Revers. — Le même sujet. — Haut., 38 cent.

186. — F. 19. Peinture noire. — Vulci. — Une Ménade, couronnée de lierre, et les bras élevés, est assise sur un taureau.
Revers. — Le même sujet. — Coll. du prince de Canino. — Haut., 23 cent.

187. — F. 39. Peinture jaune. — Une femme, debout et drapée, s'appuie sur un thyrse et tourne la tête en présentant une phiale. — Haut., 16 cent.

188. — F. 58. Peinture jaune. — Basilicate. — Un suivant de Bacchus, assis sur une draperie, tient un *tympanum* et s'appuie sur un thyrse.
Revers. — Une femme, vêtue de long et assise sur une roche, pince un pli de sa tunique et tient un flambeau allumé; derrière elle est peinte une bandelette. — Haut., 19 cent.

189. — F. 103. Peinture jaune. — Vulci. — Un homme imberbe, couronné de lierre, et faisant une très-grande enjambée, équilibre sur son avant-bras gauche un vase (forme 110), et tient de la main droite un autre vase (forme 14). Ce personnage, qui est nu, porte seulement une draperie étroite et légère qui passe sur ses épaules. Autour de cette figure on lit : ΕΠΙΚΤΕΤΟΣ ΕΓΡΑΣΦΕΝ (*sic*), *Epictète a peint*. Les découvertes faites récemment dans les tombeaux de l'Etrurie ont fait connaître une vingtaine de coupes et de petits plats décorés par cet habile artiste, dont la patrie et l'époque sont également inconnues. — Cette coupe a été publiée [1]. — Coll. du prince de Canino. — Diam., 19 cent. Haut., 8 cent.

190. — F. 57. Peinture jaune. — Une femme debout et vê-

1. *Antiques du cabinet Pourtalès*, pl. XLI, p. 118-120.

tue de long est appuyée sur un thyrse; devant elle se voit un homme nu dont le bras gauche est couvert d'une draperie.

Revers. — Un éphèbe, nu et debout, tient une couronne, et fait face à un de ses compagnons, qui est enveloppé d'une draperie.

191. — F. 101. Peinture jaune. — Nola — Deux éphèbes couronnés de pampres et à demi agenouillés aux côtés opposés d'un grand cratère, remplissent une coupe et une tasse à l'aide d'une aiguière (forme 15) que l'un d'eux plonge dans cette espèce de bassin. Au-dessus de cette peinture était tracée une inscription devenue illisible [1].

Revers. — Un jeune homme, muni d'une baguette, conduit deux chevaux qu'il va peut-être atteler à un char. — Haut., 10 cent.

192. — F. 66. Peinture jaune. — Nola. — Neptune couronné de laurier [2], le corps nu et les bras chargés d'une draperie flottante, abaisse son trident et poursuit Amymone (ou Alcyone), qui fuit et tourne la tête en pinçant la tunique talaire et l'*ampéchonium* dont elle est vêtue.

Revers. — Un éphèbe, le bras droit appuyé sur un bâton. — Haut., 32 cent.

193. — F. 3. Peinture dite phénicienne. — Athènes, — Nérée, ailé et barbu, porte une chevelure longue et ondoyante, retenue sur le front par un large bandeau. Son corps et ses épaules sont couverts d'un vêtement très-étroit et brodé. La partie inférieure de ce dieu marin est celle d'un serpent replié sur lui-même. Près de sa main gauche, qu'il étend devant lui, sont peints un dauphin qui plonge et un canard qui marche. Le reste du champ est semé de fleurs.

Ce vase, découvert par M. Fauvel, a été publié [3]. — Haut., 26 cent.

1. *Antiques du cabinet Pourtalès*, pl. XXXV.

2. Ce dieu est également lauré sur quelques médailles de Posidonia, de Ténos et de Pylos. Il l'est aussi sur celles des familles Rubria et Servilia, ainsi que sur quelques vases peints, et des pierres gravées.

3. *Antiques du cabinet Pourtalès*, pl. XV, p. 67-69. — Une figure semblable se voit sur un autre vase également trouvé à Athènes, et publié par le baron de Stackelberg. (Voyez *Tombeaux des Hellènes*, pl. XV.)

194. — F. 22. Peinture jaune. — Nola. — La Victoire, vêtue d'une tunique longue et de l'*ampéchonium*, tient à la main une bandelette, et vole vers un trépied qui s'élève sur deux gradins.

Ce vase, extrêmement remarquable par la finesse de son dessin, l'éclat de son émail et la légèreté de la terre dont il est formé, a été publié [1]. — Haut., 19 cent.

195. — F. 79. Peinture jaune. — Sant' Agata de' Goti. — Une femme, la tête nue et vêtue d'une tunique longue, conduit un quadrige; devant elle vole un aigle; à la tête des chevaux s'élève un laurier. Sur le fond est peint un *bucrane*.

Millin, qui a publié cette peinture [2], a présumé qu'elle représentait Iris remplissant sa mission de messagère des dieux. — Haut., 40 cent.

196. — F. 39. Peinture jaune. — Iris? ailée et vêtue de long, tient une aiguière et une phiale. — Haut., 31 cent.

197. — F. 39. Peinture jaune. — Nola. — Iris? ailée tient une fleur et un fruit, et s'approche d'une espèce d'autel ou de candélabre de forme peu ordinaire. — Haut., 19 cent.

198. — F. 79. Peinture jaune. — Sorrento. — Au centre du tableau, une Sirène de taille très-élevée se présente de face, les ailes éployées, et les mains appuyées sur ses flancs. A ses côtés sont peintes deux divinités semblables, mais de plus petites proportions : celle de gauche tient une lyre dont les montants sont ornés de têtes de cygnes; celle de droite joue de la double flûte. Entre ces trois figures se voient deux fleurs à quatre pétales [3].

Ce vase curieux, mais d'un travail assez faible, a été découvert dans un des tombeaux de l'ancienne *Surrentum*, ville de la Campanie, qui avait reçu son nom de l'une des Sirènes [4],

1. *Antiques du cabinet Pourtalès*, pl. VI, p. 30-31.

2. *Peintures de vases*, etc., II, pl. XXXV, p. 66-68.
Cette copie est tout à fait hors du caractère de l'original, et les parties coloriées en blanc sur la gravure ne l'ont jamais été sur le vase.

3. *Antiques du cabinet Pourtalès*, pl. XXIII, p. 73-78. — Ces Sirènes ont le corps humain sur les cuisses et les pattes d'oiseau.

4 Strabon, l. I, p. 22.

et qui, dans les temps modernes, devint le berceau du Tasse. — Haut., 62 cent.

199. — F. 103. Peinture noire. — Vulci. — Une Sirène à tête humaine sur un corps d'oiseau entre quatre petites figures drapées. — Diam., 21 cent. Haut., 13 cent.

200. — F. 41. Peinture jaune. — Basilicate. — Une déesse ailée et vêtue de long, vole en faisant flotter une bandelette. — Haut., 20 cent.

201. — F. 58. Peinture jaune. — Une déesse, ailée et vêtue d'une tunique longue, plane en tenant une guirlande. — R. Une femme qui court en tenant un miroir. — Haut., 19 cent.

202. — F. 94. Couverte noire. Sujets en bas-relief. — Autour de l'*omphalos*, qui occupe le centre de cette phiale, sont représentés quatre quadriges conduits chacun par une Victoire, et précédés par un Amour qui vole au-devant des chevaux en tenant des palmes.

Sur le premier quadrige est Minerve, casquée et portant un bouclier argien. Sur le second, Hercule, couvert de la peau du lion, et tenant sa massue; sur le troisième, Mars, armé de toutes pièces. Sur le dernier est Bacchus imberbe, couvert d'une tunique courte, et tenant un thyrse.

Cette coupe, probablement moulée sur une phiale exécutée en or ou en argent, est à peu près semblable à plusieurs autres qui ont été publiées[1]. — Diam., 20 cent.

203. — F. 91. Peinture jaune. — Basilicate. — Sur le pourtour supérieur sont peints les deux sujets suivants :

Actéon, vêtu d'une chlamyde et chaussé de bottines, est déjà tombé sur le genou gauche, mais se défend encore avec son épée contre trois grands levriers qui l'assaillent ensemble et le couvrent de leurs morsures. A sa gauche, quatre autres chiens de même race semblent s'animer à la vue du sang de leur maître, et se décident plus ou moins vite à prendre leur part de cette horrible curée.

1. De la Chausse, *Roman. mus.*, II, tab. 24. — Gori, *Mus. etrusc.*, tab. VI. — *Cat. Durand*, n° 1364.

La gauche du champ est occupée par la figure de Diane accompagnée d'un chien. La déesse, appuyée sur un javelot, est vêtue d'une tunique courte, recouverte d'une *pardalide* fixée par une ceinture. Son geste indique à cette meute féroce les parties du corps qu'elle doit déchirer. Le reste du champ est occupé par un arbre et des plantes qui établissent bien le lieu agreste où cette scène a dû se passer.

Revers. — Un jeune homme vêtu d'une chlamyde et assis sur un siége de forme cubique, appuie son coude gauche sur une espèce de cippe, et porte son bras droit à sa tête en signe de repos. A son côté est un chien de Laconie, semblable aux précédents. Un bouclier orbiculaire, et dont on ne voit que la partie inférieure, est élevé,et suspendu sur sa tête.

En avant de ce personnage, qui peut représenter encore Actéon (ou bien, peut-être, Endymion), sont peintes quatre figures formant deux sujets séparés, et qui paraissent peu liées avec la figure précédemment décrite. Dans l'un, un éphèbe debout, la tête nue, le corps vêtu d'une chlamyde, et le chapeau rejeté en arrière, tient de la main gauche un javelot appuyé sur son épaule, et, de la droite, présente une épée courte contenue dans son fourreau. Devant lui est assis, sur une roche, un guerrier vêtu d'une chlamyde, la tête couverte d'un casque de forme élevée, et la main droite appuyée sur une lance.

Le second sujet présente une femme vêtue de long, tenant un miroir et un plateau chargé de fruits; en face d'elle, un jeune guerrier, la tête nue, et couvert d'une chlamyde, appuie sa main droite sur deux lances, et la gauche sur un bouclier.

Le pourtour inférieur de ce vase est orné d'une frise circulaire représentant un cortége mystique composé de personnages portant des plateaux, des miroirs, des couronnes de myrthe, etc.

Ces diverses peintures ont été publiées[1]. — Haut., 60 cent.

204. — F. 79. Peinture jaune. — Sant'Agata. — La chasse du sanglier de Calydon.

Sur le devant du tableau, un héros entièrement nu et cas-

1. *Antiques du cabinet Pourtalès*, pl. XXI, p. 33-57. — Le sujet d'Actéon a été gravé autrefois par M. le comte de Laborde. (Voyez *Collection du comte Lamberg*, vignette.)

qué, à demi agenouillé, et le bras gauche couvert d'un grand bouclier, présente de la main droite la pointe d'une épée au sanglier qui s'élance à sa rencontre, quoiqu'il soit attaqué lui-même par un chien.

Sur le second plan sont quatre personnages qui paraissent tout à fait étrangers à la scène précédente : celui du centre regarde en arrière et tient une roche. A sa droite, l'un de ses compagnons, vètu d'une chlamyde semée d'étoiles, et le pétase rejeté en arrière, tient un javelot dont il dirige, on ne sait pourquoi, la pointe sur lui-même. A sa droite se voit un guerrier à mi-corps, le bras chargé d'un bouclier, s'appuyant paisiblement sur sa lance; enfin, un quatrième, qui est nu et tourne le dos, fait un mouvement très-animé, et lance son javelot dans le vide.

Les parties du champ qui ne sont point couvertes par cette composition bizarre sont remplies par des arbres. La couleur brune qui rehausse le sanglier est rarement observée sur les peintures de ce genre.

Revers. — Deux figures en regard et grossièrement exécutées. — Ce vase a été publié [1]. — Haut., 59 cent.

205. — F. 67. Peinture noire. — Vulci. — Hercule, vêtu d'une tunique courte et brodée, une épée suspendue à son côté, et le dos chargé d'un arc et d'un carquois, pose le pied gauche sur le bord d'un grand vase enfoncé en terre, et dans lequel s'est réfugié Eurystée tremblant à la vue du sanglier d'Érymanthe, porté sur les épaules d'Hercule, et que celui-ci paraît vouloir précipiter sur lui.

En avant d'Hercule, une femme debout tourne la tête vers la scène précédente, et fait un geste de surprise et d'effroi. Cette femme pourrait être Antimaque, femme d'Eurysthée [2], ou Admète, sa fille, qui voulut plus tard posséder le baudrier de l'amazone Hippolyte [3]. Derrière Hercule se voit Minerve, la constante protectrice du héros. Elle est casquée, couverte de l'égide, et se retourne en faisant un geste d'admiration. Sur

1. *Antiques du cabinet Pourtalès*, pl. XI, p. 57-58.
2. Apollodore, l. III, c. 9, § 2.
3. *Id.*, l. II, c. 5, § 9.

le champ sont tracées avec peu de soin plusieurs inscriptions. L'une d'elles contient le nom d'Eurystée (ΕΥΡΥΣΘΕΥΣ). Près de la bouche du vase on lit : ΕΙΛΕ (*il l'a pris*). Sur deux autres endroits se trouve répétée cette autre exclamation : ΕΥ ΕΛΕΙΕ ΕΛΕΙ (*qu'il l'ait bien pris*). La forme des lettres placées au-dessus de la femme dont il a été parlé est si mal tracée qu'il est tout à fait impossible d'en tirer aucun sens.

Revers. — Deux guerriers portant des boucliers argiens sont suivis par un archer; devant eux se voit un jeune garçon entièrement nu et qui leur présente un objet vers lequel l'un des guerriers porte la main.

Ce dernier sujet, qui se refuse encore à toute espèce d'explication, se retrouve sur un vase du musée de Vienne[1], ainsi que sur deux autres vases, dont l'un appartient à la collection de M. Panckoucke[2].

Ces peintures ont été publiées [3]. — Haut., 39 cent.

206. — F. 67. Peinture noire. — Vulci. — Hercule, couvert de la peau du lion, combat à l'épée le triple Gérion; aux pieds d'Hercule est déjà tombé le pâtre Eurythion, dont la tête est coiffée du *pileus*, et qui tient encore à la main une épée. Au-dessus de ce dernier se lit le nom d'Hercule (ΗΡΑΚΛΕΣ).

Revers. — Bacchus, barbu et couronné de lierre, tient dans ses mains une tige de la même plante et un *céras*. Quatre Satyres dansent autour du dieu. — Coll. Durand, *Cat.* n° 264. — Haut., 43 cent.

207. — F. 90. Peinture noire. — Vulci. — Hercule, vêtu d'une tunique courte, en partie recouverte par la peau du lion, et l'épée suspendue au côté, étreint le vieux Nérée, dont le corps, couvert d'écailles, forme des replis sinueux. Au-dessous de ce dernier sont quatre dauphins.

En arrière de ce groupe est Neptune debout, à demi enveloppé d'une draperie et appuyé sur son trident. En avant de Nérée se voit Protée, couvert d'une tunique et d'un manteau; sa chevelure est blanche et sa main droite s'appuie sur un bâton.

1. M. le comte de Laborde, *Vases du comte Lamberg*, I, pl. III.
2. *Catalogue*, etc., n° 100.
3. *Antiques du cabinet Pourtalès*, pl. XII, p. 57-58.

Sur chacune des extrémités latérales de ce tableau est une Néréide couverte d'une tunique longue et d'un *péplus*.

Au-dessous de cette scène sont représentés cinq jeunes cavaliers courant dans l'hippodrome.

Au-dessus du sujet principal règne une frise représentant Minerve montée sur un quadrige. A sa gauche, et près des chevaux, s'avance Mercure, qui paraît lui adresser la parole. Au-devant du char se présente Hercule, accompagné d'une femme qui peut être Hébé. Ce cortége, qui est suivi par Bacchus, est terminé par Ariadne, la tête couverte de son *péplus*, et tenant une couronne. — Coll. Durand, *Cat.* n° 302. — Haut., 44 cent.

208. — F. 59. Peinture jaune. — Hercule, imberbe et nu, le carquois suspendu au côté gauche et la massue élevée, tire à lui le trépied dont Apollon saisit un des montants. Ce dernier est nu: son dos est chargé d'un carquois, et une draperie flottante retombe sur ses bras.

En arrière d'Hercule, Minerve, armée d'une lance, étend son bras gauche couvert de l'égide. Latone, qui suit son fils, exprime par son geste l'inquiétude que lui donne l'issue de ce débat. Sur le fond on lit ce mot, qui est répété deux fois : ΚΑΛΟΣ (*beau*).

Revers. — L'Aurore (ΗΟ), ailée, diadémée et vêtue de long, enlève le corps nu de Memnon tombé sous le fer d'Achille. En arrière de ce groupe se voit Mercure *psychopompe*, barbu, tenant son caducée. Sur le côté opposé s'avance rapidement une femme (Iris?) diadémée, qui soulève son voile : ΗΟ ΠΑΙΣ ΚΑΛΟΣ (*le beau garçon*). — Coll. du prince de Canino, *Cat.* n° 70. — Diam., 12 cent. Haut., 7 cent.

209. — F. 79. Peinture jaune. — Armentum. — Hercule, imberbe et lauré, est debout près d'un autel de forme basse, sur lequel s'élève une flamme. Le héros est appuyé sur sa massue; une draperie couvre la partie inférieure de son corps, et sa main droite tient un couteau de sacrificateur. La Victoire, vêtue d'une tunique talaire et le front ceint d'une *stéphané* radiée, conduit à l'autel un taureau dont les cornes sont ornées de guirlandes, et dépose une couronne sur sa tête. Derrière Hercule se voit Hébé debout, vêtue de long et tenant

un vase à anse et une phiale sur laquelle sont des branches de laurier. Sur le haut du champ sont peints deux *bucranes*.

Revers. — Un jeune vainqueur, dont la chlamyde retombe sur le bras gauche, tient une phiale et un strigile, et reçoit une couronne que lui présente la Victoire *apteros* (sans ailes). Entre ces deux figures s'élève une *méta*. Un autre éphèbe, à demi-vêtu d'un manteau, se tient derrière le vainqueur et s'appuie sur un bâton. Sur le haut du champ est peinte une tablette. — Coll. Beugnot, *Cat.* n° 30. — Haut., 13 cent.

210. — F. 69. Peinture jaune. — Canino. — Hercule s'élance, couvert de la peau du lion, le carquois sur le dos, la main gauche armée d'un arc, et la droite d'une massue. Entre ses jambes on lit : HPAX; devant lui, EYI...; et derrière sa tête, XOEI (*rétrograde*).

Revers. — Un jeune homme nu, la tête couverte du bonnet phrygien, et le carquois suspendu au côté, se retourne et décoche une flèche. En avant de cette figure, TOIEY. — Coll. Fossati, *Cat.*, n° 7. — Haut., 47 cent.

211. — F. 90. Peinture noire. — Vulci. — Hercule citharède et couvert de la peau du lion, marche à la suite d'un Satyre ithyphallique qui joue de la double flûte. En arrière d'Hercule, un autre personnage bachique élève la main et semble applaudir au talent musical du héros. Cette marche joyeuse est terminée par Mercure, qui tient à la main un vase à boire (forme 58).

Revers. — Un guerrier portant un bouclier argien, dont l'emblème représente une tête de cheval, lance un javelot à un autre personnage qui riposte par un coup semblable, mais qui n'a pour défense que sa seule chlamyde roulée autour du bras gauche. Près de ce dernier, un homme nu, et la chlamyde également tournée sur le bras gauche, s'éloigne en tenant un bâton. — Haut., 43 cent.

212. — F. 41. Peinture jaune. — Nola. — Un pygmée armé d'un bâton noueux et le bras gauche couvert d'une peau tachetée, combat une grue qui étend ses ailes et paraît redouter fort peu son adversaire.

Cette peinture, dans laquelle on a cru reconnaître un type de l'Hercule *dactyle*, a été publiée [1]. — Haut., 19 cent.

213. — F. 67. Peinture noire. — Vulci. — Thésée, armé d'une épée, perce le Minotaure, qui tient une pierre à la main. Un jeune Athénien et une jeune Athénienne, debout sur les côtés du champ, sont témoins de ce combat.

Revers. — Deux *hoplites* combattent à coups de lance entre deux femmes qui élèvent les bras en signe d'effroi. Sur le bouclier de l'un d'eux est peint un trépied. — Haut., 40 cent.

214. — F. 66, avec des anses cordiformes. Peinture jaune. — Nola. — Thésée (ΘΗΣΕΥΣ), imberbe et nu, la tête couverte d'un casque (aulopis) surmonté d'un grand panache, armé d'une épée suspendue à son côté, et le bras gauche chargé d'un bouclier orbiculaire, enfonce le fer de sa lance dans le corps de l'amazone Hippolyte (ΙΠΠΟΛΥΤΗ), tandis que celle-ci, blessée à la hauteur de la ceinture, et montée sur un cheval qui se cabre, riposte vainement par un coup de lance qui glisse sur le bouclier du héros. Cette reine est coiffée de la mitre scythique; sa tunique, tissue d'une étoffe fine, est courte, semée d'étoiles et bordée du haut et du bas par des espèces de palmettes; sa poitrine est défendue par un pectoral composé de pièces métalliques taillées en losanges, et formant une manière d'échiquier. Ses *anaxyrides* sont ornées de lignes brisées présentant une rayure horizontale, et ses pieds sont contenus dans une chaussure serrée par des cordons.

En arrière d'Hippolyte, mais sur un plan moins reculé, est figurée Dinomaché (ΔΕΙΝΟΜΑΧΗ), l'une de ses compagnes. Celle-ci est à pied, et tirant à elle la corde de son arc, s'apprête à décocher une flèche à Thésée. Son costume ne diffère de celui de la reine que par sa tunique, qui est également courte, mais formée d'une peau épaisse, ne présentant aucun pli, et semée de taches annulaires comme le sont celles de quelques animaux sauvages.

Revers. — Ce côté est occupé par trois figures debout et qui

1. *Antiques du cabinet Pourtalès*, pl. VIII, p. 62 et 63. — Une peinture de vase, publiée par Millin, paraît représenter bien plus certainement ce personnage, qui se retrouve encore sur un fragment de la collection Durand. (Voyez *Peint. de Vases*, etc., I, pl. LXIII, et *Cat. Durand*, n° 278.)

sont également espacées. Celle du milieu représente le jeune Politès (ΠΟΛΙΤΗΣ), le pétase rejeté en arrière, les pieds chaussés de bottines élevées jusqu'à mi-jambes, et le corps, ainsi que le bras gauche, couverts par une chlamyde qui retombe en beaux plis. Son bras droit s'appuie sur une haste mince et sans fer, mais dont les extrémités se terminent en pointe.

Devant Politès est une femme qui lui présente une phiale, et dont le nom (ΔΕΙΝΟΜΑΧΗ) est absolument semblable à celui de la courageuse compagne d'Hippolyte. Son corps est couvert de la tunique talaire et de l'*ampéchonium*. Deux bracelets en forme de serpents ornent ses avant-bras; sa chevelure est en partie contenue dans une coiffure à laquelle, en raison de sa disposition sur la tête, et de sa forme de fronde, les Grecs donnaient le nom d'*opisthosphendoné*.

Sur la gauche du tableau, Phylonoë (ΦΥΛΟΝΟΗ), vêtue de la tunique talaire, appuie légèrement sa main droite sur un *péplus* ramassé et tourné autour de son corps. Sa main gauche, rapprochée du visage, soulève légèrement un pli très-délié de l'étoffe qui couvre son sein, et sa tête, dont les cheveux sont relevés avec goût, est ornée d'une *stéphané* enrichie de palmettes. Cette figure, incorrecte dans quelques-unes de ses parties, offre pourtant un ensemble plein d'élégance et d'une grâce pudique qui ne peut être assez admirée.

Millin [1] et Visconti [2] ont publié ces peintures. Selon le dernier, ce vase était un présent nuptial, où se trouvaient réunies les figures des époux Politès et Phylonoë, ainsi que celle de Dinomaché, mère de cette dernière. — Sous le piédouche est gravé : ΣΗΟΙ.

Ce vase, qui appartient aux plus beaux temps de l'art grec, a été trouvé en 1801, dans l'un des tombeaux de Nola. Il était alors renfermé dans une grande urne en pierre commune garnie d'un couvercle scellé. M. Durand, alors employé à la suite de l'armée d'Italie, en fit l'acquisition dans la même année et le transporta à Paris, où, depuis cette époque, il a toujours

1. *Mon. ant. ined.*, I, pl. XXXVI, p. 335-376. — Le même, *Peint. de vases*, etc., I, pl. X et XI. — Le même, *Galerie mythologique*, II, pl. CXXIX, nº 495.

2. Mémoire inséré dans l'ouvrage de M. Panofka, intitulé : *Antiques du cabinet Pourtalès*, pl. XXXV et XXXVI, p. 1-20.

tenu le rang le plus distingué parmi ce genre de monuments. — Haut., 37 cent.

215. — F. 68. Peinture noire. — Vulci. — Deux amazones à cheval combattent à coups de lance un guerrier grec à demi abattu, et qui paraît devoir bientôt succomber sous leurs coups.

Revers. — Bacchus barbu et vêtu d'une tunique longue semée d'étoiles, tient deux tiges de lierre et un *céras*. La tête du dieu est couronnée de pampres. Devant lui est placée une Ménade qui se retourne et fait des gestes mimiques. Cette dernière est vêtue d'une tunique serrée autour du corps par un serpent. A chaque extrémité latérale du champ est représenté un Satyre qui danse. — Coll. du P. de Canino. — Haut., 54 cent.

216. — F. 76. Peinture noire. — Vulci. — Une déesse sur son char, traîné par quatre chevaux, précédé par Mercure, et à côté duquel est un homme jouant de la lyre. — Haut., 53 cent.

217. — F. 70. Peinture jaune. —Bomarzo. —Pélée portant une chevelure divisée en longues tresses, et la tête ceinte d'une couronne de laurier, étreint dans ses bras Thétis, qui, les mains élevées vers le ciel, essaye en vain de se défendre à l'aide de quelques transformations. La fille de Nérée est vêtue d'une tunique talaire recouverte en partie d'un grand *péplus :* le héros est nu; une draperie légère passe sur ses épaules et retombe sur ses bras. Une petite panthère lui mord la nuque, et un serpent formant des replis sinueux s'avance à ses pieds.

A la gauche du groupe principal est figurée une Néréide vêtue de long et qui fuit en tournant la tête; en regard d'elle se présente Chiron sous la forme humaine, à laquelle est adapté l'arrière d'un cheval. Le futur précepteur d'Achille est couvert d'une grande draperie, et sa main gauche porte, appuyée contre son épaule, une branche d'arbre. Cette figure est peinte en partie sur l'anse du vase.

Sur la droite, une autre néréide s'échappe et tourne la tête. Sa main droite tient un petit dauphin. La gauche, dirigée en avant, touche une colonne ionique derrière laquelle est un antre d'où sort un serpent.

Revers. — Une femme (Amphitrite ?), vue de face et placée debout derrière un autel allumé, élève les bras et paraît faire une invocation; à sa gauche, un homme barbu et enveloppé d'une draperie, tient une espèce de sceptre. Au côté opposé sont deux néréides, dont l'une arrive en soulevant un peu le bas de sa tunique, tandis que l'autre quitte cette cérémonie religieuse, en tournant la tête vers les trois figures qui viennent d'être décrites.

Ce vase tient un rang très-important parmi les objets d'art relatifs à l'enlèvement de Thétis. Nous ignorons, d'ailleurs, si c'est le même qu'on trouva dans la grotte sépulcrale d'un nommé ΠΕΛΕ (Pele), et qui a déjà été cité plusieurs fois [1]. — Coll. Magnoncourt, *Cat.* n° 58. — Haut., 39 cent.

218. — F. 39. Peinture noire. — Nola. — Pelée nu, barbu, et la tête ceinte d'une bandelette, saisit Thétis diadémée et vêtue d'une tunique talaire. Une panthère montée sur le dos du ravisseur lui dévore la nuque, tandis qu'un serpent lui mord le crâne. Sur les côtés du champ, deux néréides effrayées s'éloignent en tournant la tête.

Les traces d'inscription qu'on remarque près des figures peuvent se rapporter aux noms de Thétis et de Pelée.

Cette peinture a été publiée par M. Raoul-Rochette [2]. — Haut., 29 cent.

219. — Forme de canard, garnie d'une anse et d'un goulot. — Vulci. — Les ailes de cet oiseau sont ornées de deux figures modelées en bas-relief; l'une est celle d'un homme à demi couché et qui tient une lyre. Son corps est nu, une draperie jetée sur ses épaules recouvre une partie de ses bras. Sa coiffure est celle d'une femme, et ses pieds sont contenus dans une chaussure qui les enveloppe en entier.

Sur l'autre aile, une femme dont la pose et les détails sont à peu près semblables à ceux de la figure précédente, tient un

1. Fossati, *Bullet.* 1831, p. 6. — Gerhard, *Rapporto Vulcente*, p. 189, note 795. — M. de Witte, *Ann. de l'inst. arch.*, IV, p. 109.

2. *Mon. ined.*, Achilléide, pl. I, n° 1, p. 9.

petit vase de la main gauche, et relève près de sa tête un partie du voile qui couvre ses épaules.

Entre ces figures, sur le devant de l'oiseau, est peinte une femme debout, tenant un vase et un plateau. Le reste de cette forme est couvert de détails de plumage et d'ornements également tracés au pinceau.

Selon M. Panofka [1], les deux principales figures peuvent représenter Pâris et Hélène. — Coll. du P. de Canino. — Haut., 15 cent., long., 24 cent.

220. — F. 83. Peinture jaune. — Basilicate. — Placé derrière un autel carré, Çalchas debout, et la partie inférieure du corps enveloppée d'une draperie, tient un sceptre de la main droite, et de la main gauche un couteau. Près de lui, Iphigénie debout, vêtue d'une tunique talaire et de l'*ampéchonium*, incline un peu la tête en avant, et semble attendre avec une pieuse résignation le coup qui la menace, mais qui sera détourné sur une biche placée à sa droite, et qui s'élance d'elle-même sous le glaive du sacrificateur.

Sur la droite, Diane debout, et portant son costume de chasseresse, tient deux javelots, et regarde la scène dont elle change si heureusement le dénoûment. Au côté opposé, et sur des plans différents, sont figurés une prêtresse qui apporte à l'autel une *scaphé* couverte de fruits et de branches de myrte, Apollon assis, tenant un rameau de laurier, et enfin, en arrière, une femme debout, vêtue de long, et qui paraît très-attentive à l'issue du sacrifice.

Sur le col du vase, deux griffons accourent en sens contraire près d'une palmette.

Revers. — Un éphèbe nu, et assis sur sa chlamyde, tient deux javelots. Au-dessus de sa tête se voit la moitié inférieure d'un bouclier argien. Aux côtés de ce personnage sont deux femmes debout et vêtues de tuniques talaires. L'une d'elles tient un miroir et l'autre une phiale : en arrière de celle-ci, un second éphèbe nu et debout s'appuie sur un bâton.

La première de ces peintures, l'une des plus curieuses parmi celles qui se rattachent aux événements iliaques, a été

1. *Antiques du cabinet Pourtalès*, pl. XXXIX, p. 105-106.

très-bien expliquée par M. Raoul-Rochette[1]. — Coll. Beugnot, *Cat.* n° 49. — Haut., 70 cent.

221. — F. 65. Peinture noire. — Vulci. — Deux guerriers barbus, la tête nue et ceinte de bandelettes, sont assis sur des cubes, aux deux côtés d'un autre cube sur lequel sont rangés des globules (ou des dés) que l'un d'eux touche de la main droite, et avec l'attention d'un joueur qui calcule les chances plus ou moins favorables que peut amener le déplacement d'une pièce.

Ces personnages, qui appartiennent évidemment à un ordre supérieur, sont couverts de petits manteaux richement brodés qui couvrent une partie de leurs cuirasses. La partie inférieure de leurs tuniques (la seule qui soit visible) est également enrichie d'ornements. Leurs cnémides sont décorées de palmettes. Chacun d'eux tient une lance, et leurs boucliers, posés à terre derrière leurs siéges, servent d'appui à leurs casques. Sur l'un des boucliers est peint un trépied. Près des figures sont quatre inscriptions mal tracées et qui paraissent illisibles.

Ce sujet, assez fréquemment répété sur les vases en terre peinte, représente Palamède et Thersite[2], ou d'autres héros de l'armée grecque[3], jouant au jeu inventé par le fils de Nauplius pendant le siége de Troie.

Revers. — Bacchus debout, couronné de lierre, et tenant un *céras*, est placé en regard de Mercure coiffé du pétase et le caducée à la main. En arrière de Bacchus, Libera, debout et vêtue d'une tunique talaire, écarte le voile qui couvre sa tête, et tient une tige de lierre à la main. — Coll. Durand, *Cat.* n° 399. — Haut., 33 cent.

222. — F. 66. Peinture noire. — Athènes. — Deux guerriers sont assis en regard sur les côtés d'une espèce de soubassement derrière lequel on voit Minerve debout. Près d'eux sont placés leurs boucliers.

1. *Mon. ined.*, pl. XXVI (B), p. 127.

2. Pausanias, liv. X, c. 31.

3. Un vase peint, conservé dans le cabinet du Pape régnant, représente Achille et Ajax jouant à ce même jeu. Les noms de ces héros sont placés près de leurs figures. (Voyez *Mon. ant. ined. de l'institut archéolog.*, 1834, tav. 22.)

Cette peinture contient le même sujet que le précédent. La figure de Minerve, qui s'y trouve ajoutée, se voit également sur plusieurs des vases où cette scène de joueurs est représentée. — Coll. Fauvel. — Haut., 13 cent.

223. — F. 101. Peinture jaune. — Nola. — Intérieur. Thétis, assise sur un dauphin, porte à Achille le casque et le bouclier forgés par Vulcain.

Extérieur. — Une femme vêtue d'une tunique entre deux éphèbes debout. La première de ces peintures a été publiée par M. Panofka [1]. — Diam., 24 cent. Haut., 9 cent.

224. — F. 39. Peinture jaune. — Athènes. — Au centre du tableau, un guerrier, couvert de son armure, se sépare d'une femme vers laquelle il tourne la tête, et qui reçoit ses adieux. Près de lui un archer précède une femme qui tient la lance du héros. Sur le côté gauche, un autre guerrier appuyé sur sa lance, et dont le bouclier est blasonné d'un scorpion, s'entretient avec une femme debout. Le côté droit est occupé par un troisième guerrier qui attache sa dernière cnémide. Derrière lui est une épée suspendue à la paroi d'un mur, ainsi qu'un bouclier posé à terre, et dont l'orbe est entouré d'une branche de lierre.

Selon M. Panofka [2], cette peinture peut représenter l'armement des fils de Priam. — Coll. Fauvel. — Haut., 15 cent.

225. — F. 102. Peinture noire. — Vulci. — Extérieur. — Achille et Memnon, également nus, la tête enfoncée dans leurs casques, et couverts de boucliers argiens, se livrent un combat à coups de lance sur le cadavre d'Antiloque étendu à terre et couvert de blessures. Sur le bouclier du roi éthiopien est peint un oiseau qui prend son vol. Derrière ces héros sont leurs mères (Thétis et l'Aurore), qui assistent à la lutte sanglante de leurs fils. A la suite de ces personnages accourent un guerrier à pied et deux cavaliers couverts de casaques, figurant de chaque côté les armées opposées au milieu des-

1. *Antiques du cabinet Pourtalès*, pl. XLI, p. 69.

2. *Antiques du cabinet Pourtalès*, pl. VIII, p. 107 et 108. — Stackelberg, *Tombeaux des Hellènes*, pl. X.

quelles se passe l'action. Aux extrémités latérales, deux oiseaux memnonides fuient à tire d'aile.

Revers. — Cinq cavaliers couverts de casaques et sans armes défensives courent à la file, en vibrant leurs javelots sur un même nombre de guerriers nus, à pied, et qui dirigent leurs lances sur les assaillants. Sur leurs boucliers sont placés les emblèmes suivants : une roue, le devant d'un lion, un astre rayonnant, une tête de panthère et un trépied. — Coll. Durand, *Cat.* n° 391. — Diam., 29 cent. Haut., 19 cent.

226. — F. 82. Peinture jaune. — Grande-Grèce. — Les Priamides.

Polyxène, poursuivie par Ajax, est agenouillée aux pieds d'une image de Minerve qu'elle presse de ses bras. Derrière elle, Cassandre, fuyant aussi le fils d'Oïlée, qui la saisit par la chevelure, implore également le secours de la chaste Minerve, et, par un mouvement plein de tendresse, étend une main sur la tête de sa jeune sœur, qu'elle semble vouloir dérober à la brutalité du vainqueur. A la gauche, une troisième Priamide (Médésicaste?) fuit épouvantée et tourne la tête en étendant les bras.

Ajax est imberbe, casqué et cuirassé; sa main gauche est armée d'une lance et soutient un bouclier argien blasonné d'un serpent. Sur le bouclier de Minerve est figuré un cheval en course.

Revers. — Un éphèbe vêtu d'une tunique courte, le chapeau rejeté derrière la tête, et tenant deux javelots, présente une phiale à la Victoire debout, la tête ceinte d'une *stéphané*, une aiguière (forme 15) dans la main droite, et appuyant sa main gauche sur un bouclier posé à terre. En arrière de l'éphèbe, un homme barbu, lauré et vêtu d'une tunique longue recouverte d'une grande draperie, s'appuie sur un bâton. Ce personnage est suivi d'une femme, la tête ornée d'une *stéphané*, vêtue de long, et la main gauche appuyée sur un sceptre.

M. Raoul-Rochette, qui a savamment expliqué les peintures de ce vase[1], a reconnu, dans celle-ci, un vainqueur aux jeux pythiens, le prêtre, la prêtresse de Delphes et la Victoire. — Coll. Durand, *Cat.* n° 410. — Haut., 53 cent.

1. *Mon. ined.*, Odyssée, pl. LX.

227. — F. 67. Peinture noire. — Vulci. — Ajax saisit Cassandre agenouillée en suppliante aux pieds de la statue de Minerve, et qui tourne des regards effrayés vers lui. La déesse porte un bouclier orbiculaire blasonné d'un trépied. Sur les côtés, deux hommes nus s'éloignent de cette scène de violence et de profanation.

Revers. — Thésée prêt à frapper le Minotaure, déjà tombé sur un genou, et qui tient une pierre à la main. Trois jeunes Athéniens sont témoins de ce combat. — Coll. Durand, *Cat.* nº 468. — Haut., 43 cent.

228. —F. 67. Peinture noire. — Vulci. — Une femme vêtue de long et à demi couchée entre deux roches qui se courbent au-dessus d'elle, lève le bras droit. Près d'elle sont deux plantes dont l'espèce ne peut être bien déterminée. — Revers. — Le même sujet.

Selon M. Panofka[1], cette figure pourrait représenter Circé. — Haut., 15 cent.

229. — F. 69. Peinture jaune. — Basilicate. — Electre, debout et vêtue d'une tunique longue, tient de la main gauche une guirlande de myrte qu'elle va suspendre à l'un des acrotères du tombeau d'Agamemnon. Ce monument consiste dans une espèce d'ædicule orné de deux colonnes ioniques surmontées d'un fronton. Au centre de l'édifice qui s'élève sur un soubassement, et dont l'intérieur offre une perspective bien entendue, est peint un candelabre.

Revers. — Deux hommes en regard et drapés. — Haut., 47 cent.

230. — F. 39. Fond blanc. Trait de couleur bistrée et détails pourpres. — Athènes. — Assise sur le socle d'un cippe funéraire entouré d'une bandelette, Electre, vêtue d'une tunique longue et les mains réunies devant son genou gauche, écoute le récit que lui fait Oreste. Ce dernier est debout et couvert d'une chlamyde. Un pétase couvre sa tête, et sa main droite s'appuie sur deux javelots.

En arrière d'Electre, Chrysothémis debout, vêtue d'une

1. *Antiques du cabinet Pourtalès*, pl. VIII, p. 110.

tunique talaire et de l'*ampéchonium*, porte sur ses mains une corbeille couverte de bandelettes et de deux petites branches de myrte. Ce vase, très-remarquable parmi le petit nombre de ceux exécutés dans le même genre, a été publié [1]. — Coll. de la Malmaison. — Haut., 46 cent.

231. — F. 41. Peinture jaune. — Basilicate. — Electre, vêtue de long et voilée, est assise sur l'un des degrés qui forment la base d'une colonne ionique élevée sur la tombe d'Agamemnon. Sa main droite est appuyée sur ses genoux. La gauche est enveloppée par son voile. A ses pieds se voit un vase (forme 90).

Devant elle, Chrysothémis, couverte d'une double tunique et debout, lui présente un coffret sur lequel pose une tourterelle qui déploie ses ailes, et tient un petit seau destiné aux ablutions funéraires. En arrière d'Electre, qui paraît abîmée dans sa douleur, est peint Oreste debout, portant la chlamyde et la tête couverte du *pileus*. Le fils d'Agamemnon appuie son bras gauche sur une petite colonne ionique et tient une lance. Sa main droite, élevée à la hauteur de son visage, tient un rameau. — Haut., 64 cent.

232. — F. 39. Trait de couleur bistrée sur fond blanc. Détails rouges. — Athènes. — Au centre est peint un monument funéraire entouré d'une bandelette et surmonté d'un arabesque qui repose sur des feuilles d'acanthe. Sur la gauche, un éphèbe (Oreste?), la tête nue, vêtu d'une tunique et d'une chlamyde, tient deux javelots et paraît s'entretenir avec une femme (Electre?) assise et couverte d'une tunique longue et de l'*ampéchonium*. Au-dessus d'elle est suspendue une bandelette. — Coll. Fauvel. — Haut., 40 cent.

233. — F. 85. Peinture jaune. — Nola. — Oreste matricide va subir son jugement. Le coupable, nu et barbu, est conduit par Mars et par Mercure devant l'aréopage, représenté par une femme assise sur un siége à dossier, et en par-

1. M. Raoul-Rochette, *Mon. ined.*, Orestéide, pl. XXXI (A), p. 156-157. — Il en existe deux gravures plus anciennes; l'une d'elles a été publiée par Dubois-Maisonneuve; la seconde devait faire partie d'un recueil des antiques du cabinet de la Malmaison.

tie enveloppé d'un grand *péplus* qui recouvre sa tunique [1]. A la gauche de Mercure se présente Minerve casquée, sans égide, et appuyant sa main gauche sur une roue ailée.

Revers. — Oreste, après avoir frappé Néoptolème, qui tombe soutenu par Thanatos (la Mort), s'élance à demi agenouillé sur l'autel d'Apollon. Son corps est nu; sa chevelure et sa barbe sont en désordre; sa main droite tient encore son épée, dont le fourreau est dans sa main gauche. Son regard farouche est dirigé du côté de sa victime, et déjà un serpent envoyé par les Furies l'enlace dans ses replis et vient l'attaquer à l'épaule gauche.

Sur la droite, où s'élève le laurier sacré, s'avance le peuple de Delphes, personnifié par un homme lauré, couvert d'une grande draperie, tenant un sceptre de la main gauche, et de la droite une grosse pierre qu'il va lancer à l'impie dont le crime a souillé la pureté de son territoire.

Ce vase, de très-belle fabrique, et dont les peintures sont dignes du plus haut intérêt, a été l'objet des recherches érudites de MM. Raoul-Rochette [2] et Panofka [3]. — Haut., 24 cent.

234. — F. 51. Peinture jaune. — Basilicate. — Un génie androgyne et soutenu par de grandes ailes, plane au-dessus d'une ciste et d'un éventail renversé. Ses mains tiennent un miroir et un plateau. Des tiges de myrte sortent de la terre, et le fond est orné de bandelettes et de fleurs. — Haut., 215 mill.

235. — F. 41. Peinture jaune. — Basilicate. — Le même génie assis sur une roche et tenant un miroir. — Haut., 18 cent.

236. — F. 58. Peinture jaune. — Basilicate. — Le génie ailé, le pied droit posé sur une roche, tient une couronne et un plateau chargé d'une fleur et de trois globules.

1. On a remarqué, avec raison, que cette personnification de l'aéropage n'est pas plus extraordinaire que celle du sénat (βουλή) sur quelques médailles grecques.

2. *Mon. inéd.*, Orestéide, pl. XL, p. 205-208. — Selon ce savant, la première de ces compositions représente Iphigénie, devant laquelle Thoas et Mercure amènent son frère Oreste, protégé par Minerve.

3. Lettre à M. Welcker, insérée dans le *Rheinische Museum*, H. III. — Le même, *Antiques du cabinet Pourtalès*, pl. VII, p. 37-42.

Revers. — Une femme assise sur une roche tient un miroir et une couronne. — Haut., 11 cent.

237. — F. 58. Peinture jaune. — Basilicate. — Le génie ailé, accroupi, tient un miroir et une grappe de raisin. Sur sa cuisse droite est posée une *sphera*.

Revers. — Le même sujet. — Haut., 8 cent.

238. — F. 25. Peinture jaune. — Basilicate. — Le génie ailé, assis sur une roche, tient un fruit et un coffret. Au-dessus de ce dernier est peinte une feuille de lierre. — Haut., 9 cent.

239. — F. 41. Peinture blanche. — Basilicate. — Le génie androgyne plane en tenant un *alabastron* et une couronne de myrte dans laquelle est passée une bandelette. Sur le fond, un *alabastron* et une fleur. — Coll. Durand, *Cat.* n° 532. — Haut., 18 cent.

240. — F. 14. Peinture jaune. — Basilicate. — Le même génie, assis sur une roche, tient un seau et un plateau. Le fond est orné de deux bandelettes et d'une fleur à six pétales. — Haut., 22 cent.

241. — F. 16. — Peinture jaune. — Basilicate. — Le génie, assis sur une roche et les jambes croisées, tient un éventail et une grappe de raisin. Devant lui, une femme vêtue de long tient une fleur et un plateau avec lequel elle semble faire une libation. Trois bandelettes décorent le fond.

L'anse de ce vase est ornée de trois petites têtes humaines qui se détachent en relief. — Haut., 28 cent.

242. — F. 15. Peinture jaune. — Basilicate. — Une femme assise présente une coupe de la main droite, et de la gauche tient un seau. Devant elle plane le génie androgyne, tenant une couronne et une guirlande de fleurs. Sur le fond, une feuille de lierre, une bandelette et un égicrane. L'anse de ce vase est également ornée de trois têtes en relief. — Haut., 26 cent.

243. Rhyton. — Peinture jaune. — Basilicate. — *Tête de*

bœuf. Sur le col, le génie, planant près de terre, tient un éventail et un seau. — Haut., 20 cent.

244. — Rhyton. Peinture jaune. — Basilicate. — *Tête de bélier*. Sur le col, le génie, assis sur une roche, tient sur sa main droite un grand coffret. — Haut., 19 cent.

245. — Rhyton. Peinture jaune. — Basilicate. — *Tête de chien*. Sur le col, le génie, assis sur une roche, tient sur sa main droite un coffret surmonté de globules. — Haut., 19 cent.

246. — F. 79. Peinture jaune. — Basilicate. — Une femme debout, et qui tient une bandelette de la main gauche, étend le bras droit vers un autel rustique chargé de quatre globules.

Revers. — Le génie androgyne, assis sur un tertre, tourne la tête et semble adresser la parole à la figure précédente. — Haut., 17 cent.

247. — Peinture rouge sur fond noir. — Basilicate. — Boîte de forme ronde et à couvercle. Au pourtour, quatre têtes de femmes. Sur le couvercle, un oiseau. — Haut., 8 cent.

248. — F. 15. Peinture jaune. — Basilicate. — A la gauche d'un hermès de Priape en partie effacé, une femme assise tient un miroir et un coffret. Sur le côté opposé, le génie androgyne, debout, présente une couronne et une grappe de raisin. Le haut de ce vase est décoré de deux masques humains et d'un ornement en relief. — Haut., 32 cent.

249. — F. 76. Peinture jaune. — Basilicate. — Une femme nue, portant une chaussure et parée d'un collier de perles, ainsi que d'une *stéphané*, plonge le bras droit dans un bassin, et de l'autre main tient un oiseau. Au milieu du bassin, le génie, debout et les ailes éployées, tient une couronne. A sa droite un jeune Faune plonge également un bras dans le bassin et se tourne en tenant un miroir.

Revers. — Un éphèbe assis devant une femme debout et qui tient un éventail. — Coll. Durand, *Cat.* n° 448. — Haut., 32 cent.

250. — F. 71. Peinture jaune. — Basilicate. — Une femme nue verse le contenu d'un petit vase dans un bassin ; devant elle deux femmes vêtues de long; au-dessus un génie ailé tenant une couronne. — Haut., 37 cent.

251. — F. 71. Peinture jaune. — Basilicate. — Le génie ailé vole vers une femme assise sur une roche et dont la main droite soutient un plateau. Devant elle est un homme nu dont les bras sont chargés d'une draperie légère. Sur le fond, une bandelette, trois fleurs et des globules.

Revers. — Une femme qui marche rapidement en tournant la tête, précède un homme portant un plateau. Sur le fond, une bandelette. — Haut., 34 cent.

252. — F. 71. Peinture jaune. — Basilicate. — Une femme assise sur un siége à dossier tient un miroir. Devant elle, un homme nu, mais dont le bras gauche est chargé d'une draperie, lui présente un coupe surmontée de globules et une couronne de myrte. Entre ces personnages est peinte une bandelette. Sur le haut du champ plane le génie androgyne, tenant une bandelette. Sur le fond, un cercle, une *sphera*, une tige de fleur et une guirlande.

Revers. — Une femme assise sur une roche tient un miroir. Devant elle, un homme dont le bras gauche est enveloppé d'une draperie lui présente un plateau. Sur le fond, deux bandelettes, une fleur et un rameau. — Haut., 35 cent.

253. — F. 27. Peinture jaune. — Basilicate. — Le génie, assis sur l'extrémité supérieure d'une colonne ionique, tient sur sa main droite un *calathus* surmonté de neuf globules, et de la gauche un *tympanum*. Deux tiges de laurier sortent de la terre, et deux bandelettes décorent le fond. — Coll. Durand, *Cat.* n° 523. — Haut., 33 cent.

254. — F. 89. Ovale à trois anses. — Basilicate. — Le génie ailé, assis sur un amas de pierres, tient un éventail. Devant lui, une femme tient un *tympanum* suspendu, et s'appuie sur une tige d'arbuste. Sur le fond, un égicrane et une fleur. — Haut., 32 cent.

255. — F. 12. Peinture jaune. — Basilicate. — Sur le couvercle. Le génie androgyne apporte un coffret et un miroir à une femme assise et qui tient une *pyxis* entr'ouverte. Près de celle-ci sont peints un cygne et une coupe. En arrière, un éphèbe nu et couronné de myrte est assis sur sa chlamyde et tient un seau et une corbeille surmontée d'une grenade. A la suite de ce personnage, une femme vêtue de long tourne la tête vers lui en tenant un éventail et une *sphera*. Sur cette partie du champ se voit un vase à trois anses. La panse du vase, dont le couvercle vient d'être décrit, est ornée de deux bustes représentant le génie ailé. — Coll. Durand, *Cat.* n° 526. — Haut., 27 cent.

256. — F. 69. Peinture jaune. — Basilicate. — Le génie, debout, tient une grappe et présente une couronne à une femme assise et qui pose la main gauche sur une *sphera*.

Revers. — Tête du même génie vue de profil. — Haut., 43 cent.

257. — F. 11. Peinture jaune. — Basilicate. — Une femme vêtue de long et debout sur le socle d'un grand bassin tient une couronne de myrte, et se couvre d'une ombrelle. A sa gauche, et tourné vers elle, un homme nu et le bras gauche enveloppé d'une draperie, s'appuie sur un bâton, et lui présente un plateau et une *sphera*. Derrière lui, une femme nue et un peu voilée par une draperie légère tient un éventail. Sur le haut, le génie, qui vole en plongeant, apporte une couronne de myrte. Entre le bassin et l'homme dont il a été parlé, est peint un cygne.

Revers. — Un Satyre, tenant une *ferula* et une grappe de raisin, court derrière une Ménade qui se retourne vers lui en tenant une phiale et un seau. Au-dessus d'eux vole le génie androgyne tenant une phiale et un *tympanum*. Dans le champ, une bandelette. — Coll. Durand, *Cat.* n° 510. — Haut., 29 cent.

258. — F. 15. Peinture jaune. — Basilicate. — La tête du génie androgyne vue de profil. — Haut., 24 cent.

259. — F. 98. Très-aplatie. — Peinture jaune. — Basilicate.

— Extérieur. Deux femmes vêtues de long lèvent une grande table au-dessus de laquelle est peinte une *sphera*, et au-dessus un cygne. Sur l'un des côtés, une femme assise près d'une bandelette suspendue, et pinçant un pli de sa tunique, tient un miroir. De l'autre côté, une femme debout tient un éventail et un coffret.

Revers. — Une femme appuyée sur un cippe, précède une autre femme qui tient un plateau, et regarde une de leurs compagnes, qui paraît livrée à une assez grande agitation. En arrière de cette dernière, une autre spectatrice de cette scène reste debout et paraît observer la fin de cette scène.

Sur le haut des anses, qui sont doubles et accouplées, sont peints un griffon en arrêt et deux chevaux dont l'un s'échappe et traîne sa bride. — Diam., 40 cent.

260. — Forme de grande coupe sans anses, garnie d'un piédouche et d'un couvercle. — Peinture jaune. — Basilicate. — Sur le couvercle est peinte une frise circulaire contenant les personnages suivants :

Une femme assise et à demi nue, tient un miroir et un petit seau. Derrière elle, est un égipan qui lui apporte une coupe. En regard de ces figures et au delà d'un cippe, est une femme coiffée de la tiare phrygienne apportant une corbeille et une couronne, et qui précède un cygne déployant ses ailes. Plus loin, l'Amour ou le génie ailé croise ses jambes et tient une coupe; la dernière représente une femme assise sur un siége sans dossier, la main gauche appuyée sur un petit tronc d'arbre, et tenant une couronne; vers son visage vole un oiseau. qui peut être une colombe. — Cette peinture a été publiée [1]. — Haut., 15 cent.

261. — F. 48. Peinture jaune. — Basilicate. — Une femme assise sur deux pierres et vêtue de long tient une coupe. — Coll. Durand, *Cat.* n° 500. — Haut., 15 cent.

262. — F. 71. Peinture jaune. — Nola. — Un éphèbe debout, enveloppé d'une draperie et la tête ceinte d'une couronne de myrte, reçoit une bandelette des mains d'un génie ailé qui s'élève à peine au-dessus du sol.

1. *Antiques du cabinet Pourtalès*, pl. XXXII, p. 102-103.

Revers. — Un éphèbe enveloppé d'une draperie est debout près d'une espèce de *meta*. — Haut., 17 cent.

263. — F. 71. Peinture jaune. — Nola. — Une femme vêtue d'une tunique talaire et d'un *péplus* noué autour des reins tient un vase de la main gauche et arrose avec la main droite quatre phallus qui poussent de la terre, et vers le bas desquels on aperçoit des feuilles. La jeune femme semble les contempler avec plaisir. Dans le champ sont suspendus une bandelette et un Lécythus.

Revers. — Un éphèbe drapé suit la femme et la surprend à son occupation. — Haut., 175 mill.

264. — F. 79. Peinture jaune. — Grande-Grèce. — Trois éphèbes nus et les bras chargés de draperies légères marchent à la file. Celui qui ouvre la marche retourne la tête et tient un flambeau allumé ; le second tient une lyre et un *plectrum ;* le troisième joue de la double flûte.

Revers. — Trois éphèbes debout. Celui du centre est appuyé sur un bâton. — Haut., 17 cent.

265. — F. 41. Peinture jaune. — Basilicate. — Un jeune homme à demi nu et assis tient un bâton. Au-dessus de lui vole un génie qui vient déposer une couronne sur sa tête.

En regard de ce personnage, une femme vêtue de long et enveloppée d'un grand *péplus* lui adresse la parole, et le bras gauche appuyé sur un cippe, tient un miroir. Derrière elle, une autre femme debout tire légèrement un pli de sa tunique et tient une couronne. — Haut., 26 cent.

266. — F. 15. Peinture jaune. — Basilicate. — Une femme assise tient un miroir et un *tympanum*. Devant elle, une autre femme porte de la main droite une ciste surmontée de globules et un *tympanum*, et de la gauche un fruit. En arrière de la première, une troisième femme se tient debout, enveloppée d'un grand *péplus*. — Haut., 29 cent.

267. — F. 15. Peinture jaune. — Basilicate. — Une femme assise sur une roche présente un plateau chargé d'offrandes et tient un petit seau. Devant elle, un Terme ithyphallique à barbe blanche et la tête chargée d'une espèce de *modius* sur-

monté de globules. De la terre sortent un arbuste et deux tiges de plantes. Une bandelette décore le fond. — Coll. Durand, *Cat.* n° 472. — Haut., 22 cent.

268. — F. 70. A une anse et le goulot en trèfle. — Peinture jaune. — Basilicate. — Une femme assise et qui tourne la tête, tient sur la main gauche un plateau. — Haut., 16 cent.

269. — F. 85. Peinture jaune. — Basilicate. — Une femme vêtue de long, court en avançant le bras droit et porte sur la gauche un coffret. Devant elle est un oiseau.

Revers. — Un homme assis, tourne la tête. Sa main gauche s'appuie sur une espèce de thyrse; sa main droite est placée sous une bandelette. Près de lui s'élève une tige de laurier.

270. — F. 22. Peinture jaune. — Basilicate. — Une femme assise et relevant son *péplus* de la main gauche présente de la droite un plateau sur lequel est placé un rameau de myrte. Devant elle, une femme dont le pied gauche est élevé tient un coffret ouvert et un *tympanum*. En arrière de la première, une autre femme assise sur une roche, et dans un sens contraire à celle qu'elle avoisine, tourne la tête vers cette dernière. Ses mains tiennent une ciste, ainsi qu'une couronne ornée d'une bandelette. Le fond est orné de bandelettes, de fleurs, de feuilles de lierre, de grappes, etc. — Haut., 15 cent.

271. — F. 41. Peinture jaune. — Un jeune homme nu et couronné de myrte épanche une phiale qu'il tient de la main droite. Sa main gauche tenait un rameau dont il ne reste plus que de faibles vestiges. — Haut., 12 cent.

272. — F. 83. Peinture jaune. — Basilicate. — Une femme assise sur une roche et appuyée sur une espèce de thyrse, de forme particulière, tient sur sa main gauche une corbeille d'où sortent quatre rameaux. Devant elle, est un jeune homme couronné de myrte, et le bras gauche enveloppé d'une draperie.

Sur le devant du col, un Satyre tenant un seau et une branche d'arbre s'éloigne d'un Satyre *dadouque*. Entre eux sont placés une tige de laurier et une fleur à quatre pétales.

Revers. — Une femme nue, le bras gauche enveloppé d'une

peau de lion et appuyée sur une massue, présente une branche d'arbuste à une autre femme debout et vêtue d'une double tunique. Celle-ci tient un plateau et repose sa main gauche sur une branche.

Sur les côtés du col. — Deux génies ailés : l'un qui plane, épanche une phiale sur le foyer d'un autel; l'autre, le pied gauche élevé sur une petite roche, offre en oblation un rameau. — Haut., 60 cent.

273. — F. 39. Peinture noire. — Athènes. — Une figure drapée, entre deux personnages ailés qui en précèdent deux autres enveloppés de draperies; ce vase a été publié [1]. — Coll. Fauvel. — Haut., 13 cent.

274. — F. 15. — Peinture jaune. — Un homme nu et vu de dos, le bras gauche appuyé sur une lance, s'approche d'un autel orné de bandelettes en tenant un rameau. — De l'autre côté, une femme apporte des offrandes sur un plateau, et tient de l'autre main un vase (forme 15). — Haut., 35 cent.

275. — F. 71. Peinture jaune. — Nola. — Un éphèbe nu et portant une longue baguette sur l'épaule gauche regarde une femme enveloppée d'un voile et couronnée de myrte, déposant un objet de forme ronde et de couleur rouge sur un cippe cannelé.

Revers. — Une femme debout, vêtue de long, enveloppée d'un voile et la chevelure retenue par des bandelettes. — Haut., 18 cent.

276. — F. 79. Peinture jaune. — Basilicate. — Marche de quatre initiés accompagnés d'une tibicine, et dont deux tiennent à la main des flambeaux allumés. Ces divers personnages sont couronnés de bandelettes. Sur le fond sont des bandelettes et des tiges d'arbustes.

Revers. — Une femme ailée, en regard d'un homme enveloppé d'une grande draperie. — Haut., 33 cent.

277. — F. 58. Peinture jaune. — Basilicate. — Une femme debout et vêtue de long tourne la tête et tient une grappe et une ciste.

1. Stackelberg, *Tombeaux des Hellènes*, pl. XVI.

Revers. — Un homme nu marche en portant un plateau chargé de globules, et en tenant une tige de fleurs. Sur le fond, une tige de laurier, une fleur et une feuille de lierre. — Haut., 11 cent.

278. — F. 85. Peinture jaune. — Basilicate. — Une espèce de Satyre assis sur un tertre tient un plateau couvert de feuiles de lierre et une grappe de raisin. Près de lui se voient un éventail et un seau.

Revers. — Une femme assise à terre tient de la main droite une corbeille remplie d'un objet enveloppé d'où sortent deux tiges de myrte, et de la gauche un fruit de forme ronde. Sur le champ une bandelette et un alabastrite. Les attaches supérieures des anses de ce vase sont décorées de masques en relief. — Haut., 19 cent.

279. — F. 100. Peinture jaune. — Basilicate. — Le corps du vase est orné d'une branche de laurier. Sur le couvercle, une femme assise sur une roche tourne la tête en tenant un miroir de la main droite et en prenant de l'autre main un petit seau déposé à terre. Devant elle, un homme assis en sens contraire tourne la tête vers cette femme en tenant un plateau et une couronne. Sur le champ, un *tympanum*, une bandelette et quatre fleurs. — Haut., 22 cent.

280. — F. 103. Avec les anses surélevées. — Peinture jaune. — Basilicate. — Sur le fond, une femme assise sur des roches présente un coffret et un *tympanum* à un éphèbe qui lui offre un éventail, et dont le bras gauche, enveloppé d'une draperie, est appuyé sur un bâton. Ces figures sont contenues dans un encadrement composé de flots et d'une branche de laurier.

Extérieur. — Une femme assise à terre tient une couronne et un coffret. Derrière elle, un *tympanum*.

Revers. — Un homme assis sur une draperie tient sur la main droite une boîte, et de la gauche une bandelette. — Diam., 30 cent.

281. — F. 38. Sans anses. Peinture jaune. — Basilicate. — Un homme nu et assis sur une draperie, tient de la main droite une branche fleurie ornée d'une bandelette, et de la gauche

une grappe de raisin. Ce personnage est placé entre deux femmes vêtues de long et qui tiennent un miroir, une couronne dans laquelle est passée une bandelette et d'autres attributs. — Haut., 25 cent.

282. — F. 15. Peinture jaune. — Nola. — Une femme vêtue de long, tourne la tête et marche en tenant un vase à parfums et une bandelette. — Haut., 21 cent.

283. — Rhyton. Peinture jaune. — Basilicate. — *Tête de bouquin.* — Sur le col, une femme assise tenant un miroir et un plateau chargé de fruits. — Haut., 17 cent.

284. — F. 15. Peinture jaune. — Basilicate. — Une femme assise tient un miroir. Devant elle une autre femme, debout, et tenant une grappe, lui présente un coffret. — Haut., 33 cent.

285. — F. 39. Peinture jaune. — Athènes. — Une femme nue et agenouillée porte une chevelure longue dont les tresses couvrent une partie de ses épaules et de son dos. Ses mains, qui sont unies s'élèvent avec un mouvement d'adoration jusqu'à la hauteur de son sein. Derrière elle est un tronc d'arbre entouré de lierre et sur lequel est déposée une draperie. En regard de son visage se voit un objet qui peut être la bouche d'une fontaine. — Ce vase, qui appartenait à M. Fauvel, a été publié [1]. — Haut., 21 cent.

286. — F. 39. Trait de couleur bistrée sur fond blanc. — Athènes. — A la gauche d'un cippe funéraire élevé sur un grand socle et couronné d'un beau fleuron, un jeune homme appuyé sur un javelot, et portant une épée suspendue à son côté [2], précède un homme barbu, en partie couvert d'une grande draperie, et qui repose sa main gauche sur un bâton. En regard de ces personnages, de l'autre côté du cippe, est placé un éphèbe, enveloppé d'une grande draperie, et qui, le pied droit posé sur l'un des degrés du monument, s'ap-

1. Stackelberg, *Tombeaux des Hellènes*, pl. XXXVI. — *Antiques du cabinet Pourtalès*, pl. XXIX, p. 97.

2. Ce personnage est, en outre, vêtu d'une tunique courte recouverte d'une peau de panthère. Une draperie légère retombe sur ses bras.

prête à y déposer la couronne qu'il tient à la main. Derrière lui se voit une dernière figure représentant également un homme jeune, le pétase rejeté sur les épaules, vêtu d'une chlamyde et s'appuyant sur deux javelots. Devant sa tête voltige un petit spectre ailé, l'une des formes matérielles de l'âme, qui se retrouve ainsi représentée sur deux autres vases peints [1].

Ce vase, dont le dessin est très-beau, a été publié [2]. Coll. Fauvel. — Haut., 39 cent.

287. — F. 39. Trait de couleur brune sur fond blanc. Détails rouges et violacés. — Athènes. — Près d'un cippe funéraire élevé sur un double socle, entouré de trois bandelettes et orné d'un fleuron, un éphèbe nu et le pied gauche posé sur une espèce de petit tumulus, adresse la parole à une femme debout et qui tient dans ses mains une grande bandelette, destinée sans doute à achever la décoration du tombeau.

Ce vase, qui a souffert dans quelques-unes de ses parties, est également d'un très-beau dessin. — Coll. du baron Gros. — *Cat.* n° 325. — Haut., 32 cent.

238. — F. 83. Peinture jaune. — Basilicate. — Un homme assis sous un ædicule orné de deux colonnes ioniques, élève à la hauteur de son visage un cygne. A sa droite, mais un peu en arrière, est peint un petit chien assis. Sur les côtés extérieurs du monument sont représentés un homme tenant un miroir et appuyé sur un bâton, ainsi qu'une femme qui porte un éventail et une grappe de raisin. Sur la partie saillante du soubassement de l'ædicule est placé un vase à parfums. Une bandelette suspendue décore le fond.

Sur le col, une tête couverte du pétase, et qui repose sur le centre d'un arabesque.

Revers. — Monument funéraire, élevé sur un large piédestal, entouré d'une bandelette et dominé par une coupe à deux anses. A sa droite, une femme vêtue de long tient une cou-

1. Stackelberg, *Tombeaux des Hellènes*, pl. XLVII et XLVIII.
Ces deux vases si curieux par l'importance de leurs sujets et la variété de leurs couleurs, ont été en partie détruits dans leur transport en France, et appartiennent aujourd'hui à la collection du Louvre.

2. *Antiques du cabinet Pourtalès*, pl. XXV, p. 70 et 71.

ronne et un éventail. Au côté opposé, un homme porte un miroir et un *tympanum*. — Haut., 54 cent.

289. — F. 83. Peinture jaune. — Basilicate. — Au centre d'un ædicule dont la porte est décorée de deux colonnes ioniques, une femme assise sur un pliant tient sur sa main droite un coffret. A la gauche, et hors de l'ædicule, une autre femme, debout et appuyée sur un cippe, tient un miroir, ainsi qu'un coffret garni d'une anse et dont la forme est elle-même celle d'un petit édifice. Sur le côté opposé, un homme debout tient une palme ornée de bandelettes et une guirlande de fleurs.

Sur le col. Une tête nue, vue de face, est placée au milieu d'un enroulement d'où s'échappent quelques fleurs.

Revers. — Au centre, un ædicule rempli par une tige de fleurs prolifères. En dehors, sur la gauche, une femme debout tient un seau et des bandelettes. A la droite, une autre femme appuie son bras gauche sur un cippe, et tient une palme et une bandelette. — Haut., 57 cent.

290. — F. 83. Peinture jaune. — Basilicate. — Monument funéraire exhaussé sur un soubassement décoré d'une palmette. Sur ses côtés sont figurés quatre personnnages qui viennent y déposer des couronnes, des raisins, un coffret, etc. — Haut., 73 cent.

291. — F. 39. Trait de couleur bistrée sur fond blanc. — Athènes. — Un homme nu dirige ses bras vers un monument funéraire de forme conique. Ce tombeau est entouré de bandelettes, et s'élève sur un socle composé de deux degrés. — Coll. Fauvel. — Haut., 25 cent.

292. — F. 39. Fond blanc. — Athènes. — Il ne reste plus de cette peinture qu'une draperie et quelques traces d'une stèle funéraire, exécutées d'un ton rouge pâle et sans contour extérieur. — Coll. Fauvel. — Haut., 25 cent.

293. — F. 71. Peinture jaune. — Nola. — Un éphèbe nu, debout et couronné de laurier (ou d'olivier), tient de la main droite une torche contenue dans une espèce de chandelier, et s'approche d'une *méta*, près de laquelle est placé un autre ado-

lescent, également nu et couronné, et qui paraît lui adresser la parole. Sur le haut du champ on lit : ΔΙΦΙΛΟΣ (*Diphilus*).

Revers. — Deux éphèbes nus et dont l'un est couronné comme les précédents : l'un s'appuie sur deux bâtons longs et minces, en tournant la tête vers son compagnon, qui s'avance et tient un strigile. Sur le haut est répété le nom inscrit sur l'autre face. La première de ces peintures paraît se rattacher à ces courses aux flambeaux qui avaient lieu dans les fêtes consacrées à Prométhée, et peut-être dans d'autres cérémonies religieuses.

Ce vase, décrit par M. Brondsted [1], a été depuis expliqué par M. Panofka [2]. — Haut., 185 mill.

294. — F. 67. Peinture noire. — Vulci. — Deux éphèbes armés de cestes s'exercent au pugilat. Derrière l'un d'eux est placé un de leurs compagnons portant le vase à l'huile et une éponge. Plus loin se voit un joueur de flûte suivi du pédotribe, qui semble adresser des instructions utiles aux combattants.

A la suite de cette dernière figure sont peintes les scènes suivantes : Un homme barbu adresse la parole à un jeune acrobate. — Deux éphèbes nus, et dont l'un tient un disque, s'entretiennent avec un guerrier casqué et les jambes couvertes de *cnémides*. — Quatre chars, accompagnés d'un chien, dépassent une *méta*. En regard des chars, trois couples de Satyres ithyphalliques sont suivis de deux couples de femmes portant de hautes coiffures garnies de voiles, et dont deux portent des rameaux. — Quatre crotalisques nus, devant deux hommes qui semblent régler la mesure de leur concert.

Sur la courbe supérieure du vase. — Une femme qui danse. Près d'elle des oiseaux à terre. Sur le col. Trois femmes levant le bras droit. Revers, à peu près semblable. — Haut., 47 cent.

1. *Voyages dans la Grèce*, t. I, p. 287. — Cet antiquaire si distingué s'est trompé lorsque, sur la foi d'une gravure infidèle, il a cité comme appartenant à ce genre de monuments le vase de Pergame, aujourd'hui conservé au Louvre. La frise circulaire qui décore ce vase représente des cavaliers, dont quelques-uns sont munis de fouets, et n'offre aucune trace des flambeaux que croyait y voir l'ingénieur Foucherot, lorsqu'il fit le dessin publié par le comte de Choiseul-Gouffier. (*Voyage en Grèce*, t. II, p. 285-287.)

2. *Antiques du cabinet Pourtalès*, pl. V, p. 28-30.

295. — F. 16. Peinture noire. — Athènes. — Deux hommes nus et d'un aspect grotesque, lèvent leurs mains à la hauteur de leurs visages, et paraissent prêts à lutter ensemble. Sur les côtés sont deux témoins, ou peut-être les inspecteurs des jeux. Cette peinture est publiée [1]. — Coll. Fauvel. — Haut., 14 cent.

296. — F. 103. Peinture jaune. — Vulci. — Centre. Un éphèbe debout, le bras gauche caché dans son manteau, tient de la main droite une espèce de boîte garnie d'une anse. Près de lui est suspendu un strigile.

Revers. — Six figures diverses. Diam., 23 cent. Haut., 75 mill.

297. — F. 15. Peinture jaune. — Vulci. — Un éphèbe debout, tenant un strigile, au milieu de deux autres jeunes gens enveloppés de manteaux. — Haut., 17 cent.

298. — F. 103. Peinture jaune. Vulci. — Un éphèbe nu, la jambe gauche et les bras avancés, tient un strigile, et regarde un objet inconnu. Derrière lui est déposé un paquet de vêtements. — Diam., 23 cent. Haut., 9 cent.

299. — F. 66. Peinture jaune. — Nola. — Une femme vêtue de long, et assise sur un tabouret, est abritée sous une ombrelle que tient une suivante placée debout derrière elle. En regard de la première s'avancent deux autres femmes, l'une apportant un miroir, et l'autre un coffret à bijoux.

Revers. — Quatre éphèbes enveloppés dans des manteaux.

Sur le col du vase. — Un Satyre danse, en tenant un seau; devant lui, trois Ménades thyrsophores exécutent une danse. Deux d'entre elles portent la *pardalide*, L'une de ces dernières tient un flambeau.

Revers du col. — Un homme dont le corps est nu, mais dont les bras supportent une draperie légère, est coiffé du *pileus*, et s'avance rapidement en étendant devant lui le bras gauche, tandis que sa main droite est armée d'une épée. Ce personnage se dirige vers deux femmes placées aux côtés d'un

1. *Antiques du cabinet Pourtalès*, pl. VIII, p. 113.

autel, et qui paraissent fort agitées. Au-dessus de l'autel est peint un rameau. — Haut., 43 cent.

300. — F. 39. Peinture jaune. — Nola. — Une femme nue, portant deux cordons croisés sur sa poitrine, plonge sa main droite dans un *labrum*. — Haut., 14 cent.

301. — F. 71. Peinture jaune. — Nola. — Deux femmes en regard et vêtues de long. L'une d'elles présente à l'autre un vase à parfums. La seconde tient un linge déplié. Entre elles est peinte une caille.

Revers. — Une femme debout porte la main droite en avant. — Haut., 15 cent.

302. — F. 103. Peinture jaune. — Vulci. — Centre. Une femme debout et vêtue de long dirige sa main droite vers un *labrum*, et tourne la tête du côté d'une colonne sur laquelle s'appuie l'extrémité d'une architrave.

Extérieur. — Six femmes nues achèvent de prendre un bain. Deux d'entre elles se lavent les bras dans des bassins de forme semblable au précédent. Une troisième reçoit des vêtements qui lui sont présentés par l'une de ses compagnes, et la cinquième apporte un paquet de linge à la dernière, qui est chaussée de bottes pour se garantir de l'humidité. Sur le fond est accroché un panier, ainsi que d'autres accessoires dont le nom et l'usage nous sont inconnus. — Coll. du prince de Canino. — Diam., 23 cent. Haut., 10 cent.

303. — F. 71. Peinture jaune. — Nola. — Une femme assise sur un siége sans dossier, et vêtue d'une tunique longue enveloppée d'un *péplus*, tient ouvert devant elle un coffret, vers lequel une autre femme dirige sa main. Derrière celle-ci, est déposée à terre une corbeille de forme élevée.

Revers. — Un éphèbe, debout et enveloppé d'une draperie, tient sur sa main droite un objet de forme ronde. — Coll. Durand, *Cat.* n° 778.—Haut., 21 cent.

304. — F. 89. Peinture jaune. — Nola. — Une femme assise sur un siége à dossier, tient sur ses mains un coffret à bijoux. Devant elle, une suivante lui présente un vase à parfums. — Haut., 17 cent.

305. — Peinture jaune. — Nola. — Coupe profonde à deux anses. Un éphèbe nu et le pied droit levé, tient un miroir qu'il présente à un de ses compagnons. Celui-ci part et se retourne. En arrière du premier, un autre jeune homme regarde un vase à parfums.

Revers. — Trois éphèbes debout; celui qui occupe le centre tient son pied droit élevé. — Diam., 15 cent. Haut., 8 cent.

306. — F. 71. Peinture jaune. — Nola. — Une femme à demi agenouillée, et dont la chevelure est contenue par des bandelettes, paraît disposer une *chaîne* sur l'extrémité d'un métier à tisser. Cet instrument, qui est de forme basse, est soutenu par quatre pieds en forme de pattes de lion.

En regard de ce premier personnage, vers l'autre bout du métier, est une seconde femme qui étend le bras droit vers sa compagne, et semble lui adresser avec animation des éloges ou des avis. Au-dessus de ces figures, un génie qui plane, apporte un collier à l'habile ouvrière qui, sans doute, a mérité ce prix par sa dextérité.

Selon M. Panofka[1], ces trois personnages, d'une exécution charmante, mais qui ne présentent aucune espèce d'attribut, peuvent offrir un sens mystique et représenter Cérès, Proserpine et Iacchus formant la triade des mystères. — Haut., 20 cent.

307. — F. 71. Peinture jaune. — Nola. — Une femme, vêtue de long et assise sur un siége à dossier, tient et considère avec attention un petit métier sur lequel est montée une tapisserie dont le modèle est suspendu au-dessus de son ouvrage. En regard de cette femme, une suivante, debout, lui présente d'autres modèles, dont les dessins diffèrent de celui qu'elle exécute.

Plusieurs autres vases publiés offrent des sujets à peu près semblables. D'après l'opinion de M. Panofka[2], la peinture que nous décrivons, loin de rappeler seulement et avec beaucoup de grâce une scène empruntée à la vie domestique, représenterait Ménippe et Métioché, filles d'Orion, auxquelles Minerve

1. *Antiques du cabinet Pourtalès*, pl. XXXIII, p. 111-112.
2. *Antiques du cabinet Pourtalès*, pl. XXXIV, p. 110-111.

avait enseigné l'art de tisser, et qui, s'étant donné la mort pour accomplir le sens d'un oracle, furent ensuite placées parmi les astres. — Haut., 27 cent.

308. — F. 66. Peinture jaune. — Vulci. — Un guerrier debout, armé de toutes pièces. Au bas de son bouclier, qui est de forme orbiculaire et blasonné d'un coq, se trouve suspendu un appendice brodé, destiné à la défense des jambes.

Revers. — Un homme barbu, couronné de myrte, appuyé sur un bâton. — Haut., 58 cent.

309. — F. 69. Peinture noire. — Vulci. — Un éphèbe nu et monté à cheval, précède un hoplite dont le bouclier est orné d'un trépied, et qui s'éloigne en tournant la tête.

Revers. — Un jeune cavalier nu, et conduisant un autre cheval, tient une longue baguette à la main. Devant lui, chemine un homme nu et barbu, qui se tourne et lui adresse la parole. La marche est fermée par un homme imberbe enveloppé d'une draperie, et qui lève le bras droit en s'appuyant du bras gauche sur un bâton. — Haut., 48 cent.

310. — F. 103. Peinture jaune. — Vulci. — Au centre, un Satyre couronné de pampres, va frapper un mulet avec un *céras* qu'il tient à la main. Sur le fond se distinguent les traces de quelques lettres mal formées.

Extérieur. — Un cavalier, la tête couverte de la tiare phrygienne, et vêtu d'une chlamyde, dirige sa lance sur un guerrier grec tombé sur ses genoux, et qui oppose son bouclier aux coups de son adversaire. En arrière de ce dernier accourt l'un de ses compagnons qui lui prête l'abri de son bouclier, et vibre sa lance sur le cavalier phrygien. A sa suite sont peints un autre guerrier, qui paraît également porter secours au blessé, et dont le bouclier porte pour devise un homme sonnant de la trompette; enfin, un dernier personnage porte un bouclier lunaire, et paraît vouloir arrêter un cheval. Sur la gauche et en arrière du Phrygien, dont la figure domine sur toute l'action, est représenté un cavalier nu, la tête couverte d'un casque (*cranos*), et qui lance un javelot. Sur le fond, on lit : ΚΑΛΟΣ (*beau*). — Coll. du prince de Canino.

Revers. — *Spintrienne.* — Diam., 31 cent. Haut., 115 mill.

311. — F. 103. Peinture noire. — Vulci. — Au centre, tête de Gorgone.

Extérieur. — Sur chaque face, une tête de lion entre deux grands yeux. — Haut., 12 cent. Diam., 32 cent.

312. — F. 102. Peinture noire. —Vulci. — Combat de deux guerriers. — Diam., 21 cent. Haut., 14 cent.

313. — F. d'ampoule à une anse. — Fabrique dite phénicienne. — Un guerrier, fléchissant le genou gauche, vibre sa lance sur un cavalier sans armes, et qui conduit un cheval en laisse. Sur la gauche, deux chevaux. Fond semé de fleurs. — Haut., 10 cent.

314. — Même forme et même fabrique que le précédent. — Trois guerriers portant des boucliers argiens. — Haut., 6 cent.

315. — F. 67. Peinture noire. — Vulci. — Deux guerriers armés chacun de deux lances, marchant à la gauche de leurs chevaux.

Revers. — Deux guerriers marchant le casque abaissé sur le visage, entre deux figures vêtues de long et appuyées sur des bâtons. — Haut., 27 cent.

316. — F. 68. Peinture noire. — Vulci. — Un guerrier suivi d'une femme enveloppée d'un *péplus,* paraît écouter un homme barbu, enveloppé d'une draperie mi-partie rouge et noire, et ornée de fleurs. Ce dernier précède un autre homme nu et barbu, portant une petite draperie sur le bras gauche.

Revers. — Un jeune cavalier, vêtu d'une casaque rouge, et tenant une lance, entre deux hommes barbus dont le vêtement est rayé de rouge et de noir, et qui sont appuyés sur des lances. Derrière le cavalier est un faucon prenant son vol. — Coll. Durand, *Cat.* n° 839. — Haut., 32 cent.

317. — F. de tête de Satyre garnie d'une anse. — Peinture jaune. — Nola. — Sur le col, un guerrier casqué et vêtu d'une chlamyde, porte un coup de lance à un autre guerrier qui n'est point en défense, et dont le bouclier est blasonné d'un serpent. — Coll. Magnoncourt, *Cat.* n° 102. — Haut., 22 cent.

318. — F. 66. Peinture jaune. — Nola. — Un jeune guer-

rier, la tête ceinte d'un bandeau et le corps armé d'une cuirasse couverte d'écailles, tient un casque qu'il regarde avec attention. Devant lui, une femme vêtue d'une tunique longue et dont la coiffure est ornée d'étoiles, s'appuie de la main droite sur une lance, et porte au bras gauche un bouclier blasonné d'un astre rayonnant.

Revers. — Un éphèbe debout, le bras droit sorti d'une longue draperie dont il est enveloppé. — Haut., 25 cent.

319. — F. 39. Peinture noire. — Athènes. — Deux guerriers en regard et qui s'appuient sur des lances. L'un d'eux tient son bouclier abaissé. A chacune des extrémités latérales du champ, un archer tenant un arc et une haste, s'éloigne en tournant la tête. Ce vase a été gravé[1]. — Coll. Fauvel. — Haut., 25 cent.

320. — F. 39. Peinture noire. — Nola. — Un guerrier couvert de ses armes, marche rapidement entre quatre figures vêtues de long et qui tiennent des lances. — Haut., 22 cent.

321. — F. 81. Peinture jaune. — Sicile. — Une femme vêtue de long, et qui marche avec rapidité, porte en équilibre sur sa tête une ciste d'assez grande proportion, et tient dans ses mains un vase et une couronne. Cette figure est précédée d'un homme couronné de myrte, vêtu d'une petite tunique rayée, et qui tourne la tête vers elle en tenant deux lances.

En arrière, un homme portant une tunique semblable à celle du précédent, est coiffé d'un *pileus* de haute forme et orné de globules. Ce personnage tient une branche d'arbre garnie de son feuillage et deux javelots dont les pointes sont abaissées.

Revers. — Trois éphèbes enveloppés de *tribons*. Deux d'entre eux sont appuyés sur des bâtons; le troisième les regarde et leur présente une phiale. — Haut., 32 cent.

322. — F. 15. Peinture jaune. — Vulci. — Une femme (Sapho?), la tête ceinte d'une large bandelette, est vêtue d'une tunique longue brodée d'étoiles, et tient une lyre et un *plectrum*. — Coll. Mognoncourt, *Cat.*, n° 64. — Haut., 21 cent.

1. Stackelberg, *Tombeaux des Hellènes*, pl. XI.

323. — F. 103. Peinture jaune. — Vulci. — Un joueur de flûte, le corps nu, et placé en regard d'un autel allumé. Son épaule gauche est chargée d'une petite draperie, et son dos, qu'il appuie sur un bâton, est chargé d'un objet auquel il serait difficile de donner un nom. — Légende effacée. — Diam., 21 cent. Haut., 9 cent.

324. — F. 59. A une anse. — Peinture noire. — Vulci. — Un citharœde assis et tournant la tête ; sur les côtés sont deux grands yeux placés sous des ceps chargés de raisins. Plus loin se voient deux sphinx assis, et qui tournent la tête en arrière. — Coll. du prince de Canino. — Haut. 12 cent.

325. — F. 71. Peinture jaune. — Nola. — Une joueuse de flûte précédée d'une jeune fille nue portant des cheveux courts et tenant des crotales.

Revers. — Un tibicine devant un jeune homme qui tient des crotales et paraît se livrer à une grande joie. — Coll. Durand, *Cat.* n° 757. — Haut., 27 cent.

326. — F. 103. Peinture jaune. — Vulci. — Un joueur de flûte assis sur un siége à dossier. Devant lui est suspendu le sac destiné à renfermer son instrument. — Diam., 23 cent. Haut., 85 mill.

327. — F. 15. Peinture jaune. — Basilicate. — Une femme qui danse et tient un *tympanum*. — Haut., 20 cent.

328. — F. 79. Peinture jaune rehaussée de rouge, de vert et de blanc. — Grande-Grèce. — Scène comique représentée par deux acteurs couverts de masques hideux, couronnés de fleurs et portant le costume ordinaire des anciens histrions.

L'un d'eux, remplissant probablement le rôle d'un hardi débauché, monte sur une échelle en tenant une bandelette de la main gauche, et présentant de la droite une pomme[1] à une femme placée de profil à une fenêtre, et qui paraît aussi peu touchée de la beauté de ce présent, qu'elle est insensible aux tendres discours de son admirateur. Au pied de l'échelle est

1. Ce fruit était consacré à Vénus, et faisait souvent partie des présents que les amants offraient à leurs maîtresses.

un valet, haussé sur la pointe des pieds, portant une torche allumée ainsi qu'un petit seau, et qui paraît prendre un grand intérêt au succès de cette visite nocture.

Sur les parois du mur, qui avoisinent la fenêtre, sont suspendues des couronnes de lierre.

Revers. — Deux figures en regard et dont l'une tient une bandelette.

Ce vase, qui tient un rang distingué parmi les monuments dont les sujets se rattachent à l'ancienne comédie, a été publié [1]. — Haut., 30 cent,

329. — F. 14. Peinture jaune. — Un acteur comique debout, la jambe gauche croisée sur la droite, et appuyé sur un *pedum* noueux. Son vêtement consiste dans une espèce de tunique courte et bordée de franges; son bras gauche est enveloppé d'une petite draperie également ornée de franges et à laquelle est suspendue une houppe; ses pieds sont contenus dans des sandales attacheés par des cordons. A sa droite est peint un objet de forme circulaire, garni de deux attaches, et qui peut représenter une coupe. A sa gauche s'élève, sur un piédestal de forme carrée, une petite statue d'Hercule jeune et appuyé sur sa massue.

Ce personnage, qui nous paraît occupé à réciter un monologue, est couvert d'un masque assez mal dessiné, mais qui d'ailleurs n'a rien de repoussant. Son front est chauve; les deux masses de cheveux qui couvrent ses tempes, sa moustache et la barbe courte placée sous sa lèvre inférieure, sont blancs. Au-dessus de sa tête, on lit en caractères osques, et dans une direction rétrograde, le nom suivant : ΑΙΤΝΑΣ (*Santia*).

M. Panofka, qui a publié cette peinture [2], croyait y retrouver une personnification dramatique et symbolique de l'Etna. — Haut., 27 cent.

330. — F. 103. Peinture noire. — Vulci. — Au centre, le *gorgonium*. — Extérieur. Un homme, vêtu d'un petit manteau et tenant une haste à la main, monte un animal fantastique,

1. *Antiques du cabinet Pourtalès*, pl. x, p. 63 et 64.
2. *Ibid.*, pl. ix, p. 64-67.

dont le devant est celui d'un cheval, tandis que l'arrière est emprunté du coq.

Revers. — Le même sujet.

Cette peinture curieuse nous paraît offrir la forme véritable de l'*hippalectryon* (cheval-coq), dont la figure, qui décorait quelquefois les navires, servit aussi de type aux comparaisons satiriques d'Aristophane. — Diam., 21 cent. — Haut., 9 cent.

331. — F. 99. Peinture superposée et de tons variés. — Un personnage comique et d'une laideur remarquable, saute en faisant des gestes mimiques. — Haut., 12 cent.

332. — 98. Peinture blanche sur fond noir. — Son pourtour est décoré de branches de lierre, de chevrons brisés et de rangs de perles. Sur sa face principale est représenté un masque scénique suspendu à une branche de lierre. — Haut., 18 cent.

333. — F. 66. Peinture jaune. — Nola. — Scène d'hospitalité. Un éphèbe, couvert d'une chlamyde, le pétase rejeté derrière les épaules et chaussé de bottines, s'appuie sur deux lances. Devant lui, une femme vêtue de long, et qui tient un vase (forme 15), lui présente une coupe. Cette femme précède un homme barbu, enveloppé d'une draperie, et qui tient un sceptre.

Sous le piédouche de ce vase, est gravé, **MAKPA IIII** (*quatre vases longs?*), espèce de note commémorative tracée par le potier, pour se rappeler à lui-même le nombre et le prix de quelques vases qu'il avait à fabriquer, mais qui n'a d'ailleurs aucun rapport avec celui que nous venons de décrire [1]. — Haut., 35 cent.

334. — F. 82. Peinture jaune. — Sicile. — Une jeune femme debout et les cheveux courts, est vêtue d'une double tunique, sa parure consiste en boucles d'oreilles, ainsi qu'en un collier. Son bras droit est élevé à la hauteur de son visage, et sa main gauche abaissée tient un objet qui nous est inconnu, mais dont

1. Cette observation est extraite d'une note faite sur cette inscription et sur une autre du même genre, par M. Letronne, et qui est insérée dans le *Journal des Savants* (juillet 1840, p. 430).

la forme rappelle celle de l'éventail moderne. A ses pieds est assis un chien de très-petite espèce, dont le regard est dirigé sur elle.

Vis-à-vis de cette femme est peint un éphèbe, le pétase sur les épaules et la tête couronnée de laurier. Ce personnage, qui s'appuie sur deux javelots, est couvert d'une chlamyde qui retombe en enveloppe sur son bras gauche. Sur le haut du champ, entre sa tête et celle de la figure qui précède, est peint l'hémisphère inférieur du soleil, dardant ses rayons.

Sur le côté opposé à ces personnages, se voit un second éphèbe, le pétase sur la tête, le bras gauche enveloppé dans sa chlamyde et s'appuyant sur un javelot dont la hampe est garnie d'une boucle.

Sur la lèvre du vase et peint en noir. — Un lion entre deux sangliers.

Revers. — Trois éphèbes debout, enveloppés dans des manteaux. L'un d'eux est appuyé sur un bâton. — Haut., 60 centimètres.

335. — F. 67. Peinture jaune. — Basilicate. — Un homme imberbe, la tête couverte d'un bonnet en forme de *pileus*, et portant un manteau attaché sur sa poitrine, a les pieds enfoncés dans le sol qui le supporte, et s'appuie de la main gauche sur une houe. Son bras élevé exprime la surprise qu'il éprouve à l'apparition d'une femme à demi-sortie de terre et qui tend ses bras vers lui. En arrière de ce personnage, un homme barbu et appuyé sur un bâton tourne la tête et regarde une espèce de larve, de forme canopique, qui s'élève au-dessus d'une pierre posée de champ.

Dans cette peinture curieuse, mais dont l'exécution est très-médiocre, M. Raoul-Rochette [1] pensait retrouver Ulysse venant de creuser une fosse à l'entrée des enfers. D'après son explication, l'homme barbu serait une personnification du *démos* (peuple) du lieu, et l'espèce de larve, l'ombre d'Anticlée, mère du roi d'Ithaque.

Selon M. Panofka [2], ce sujet, loin de se rattacher aux aventures du fils de Laërte, représenterait simplement un fossoyeur

1. *Mon. ined.*, Odysséide, pl. LXIV, p. 69 et 70.
2. *Antiques du cabinet Pourtalès*, pl. XXII, p. 72 et 73.

supplié par la terre qui lui demande de ne plus troubler son repos, et l'homme barbu serait un père regardant le vase funéraire qui décore le tombeau de sa fille. — Haut., 31 cent.

336. — F. 4, garnie de deux anses. Peinture jaune. — Deux hommes barbus, couronnés de myrte et chaussés de bottes à collets, marchent à la file, et n'ont pour tout vêtement qu'une draperie légère qui retombe sur leurs bras. Le premier baisse la tête et tient une coupe et un vase (forme 58); le second joue de la double flûte. Sur le fond, on lit: **ΝΙΧΑΡΧΟΝ** (*sic*) **ΚΑΡΤΑ ΔΙΚΑΙΟΣ** (*Nicarchon est certainement juste*).

Revers. — Deux personnages, à peu près ajustés comme les précédents, mais qui sont chauves et couronnés de pampres; le premier pince de la lyre; le second détourne la tête et tient une coupe et un bâton noueux. La marche est ouverte par un adolescent qui danse. Sur le fond, **ΧΑΙΡΕ, ΧΑΙΡΕ, ΧΥΔΙΑΣ** (*salut, salut Cydias*). — Coll. Magnoncourt, *Cat.* n° 81. — Haut., 33 cent.

337. — F. 2. Peinture noire sur fond blanc. — Athènes. — Un homme à demi-vêtu et appuyé sur un bâton présente un lièvre à une femme debout et enveloppée d'un grand *péplus*.

Revers. — Un homme barbu et appuyé sur un bâton adresse la parole à un éphèbe debout et couvert d'une draperie. Sur le fond sont tracées des légendes dont les lettres mal formées ne présentent aucun sens. — Coll. Fauvel. — Haut., 17 cent.

338. — F. 26. Peinture noire. — Athènes. — Trois hommes, dont l'un est barbu, sont montés sur un bige traîné par deux mulets. L'un d'eux, muni d'une longue baguette, tient les guides et occupe la gauche d'un personnage enveloppé dans son manteau. Le troisième, assis dans un sens contraire et à la suite de ses compagnons, semble passer ses cuisses et ses jambes à travers une ouverture pratiquée à l'arrière de ce char de campagne, qui devait être tressé en osier. Ce vase a été publié [1]. — Coll. de M. le contre-amiral Halgan. — Haut., 14 centimètres.

1. *Antiques du cabinet Pourtalès*, pl. VIII, p. 114.

339. — F. 103. Peinture jaune. — Vulci. — Centre. Un homme barbu et à demi-couvert d'une draperie est appyé sur un *pedum*, et regarde un éphèbe enveloppé d'un tribon. Sur le haut : **ΗΟ ΠΑΙΣ ΚΑΛΟΣ** (*le beau garçon*).

Extérieur. — Un éphèbe, assis sur un siége sans dossier, est saisi par un homme qui s'appuie sur un bâton. En arrière de celui-ci, se voit une colonne ionique, et plus loin, une femme qui étend un bras devant elle. A la suite de l'éphèbe, une femme debout s'entretient avec un homme barbu qui tient un bâton en forme de *tau*.

Revers. — Un éphèbe, assis sur un siége à dossier et enveloppé du tribon, écoute un autre jeune homme appuyé sur un *tau*. Derrière ce dernier, un homme barbu se repose sur un bâton, près d'une femme assise, qui tient une espèce de nœud dans sa main gauche. En avant d'elle, se voit un vase à parfums. — Coll. Fossati. — Diam., 32 cent. — Haut., 15 cent.

340. — F. 3. Peinture violacée. — Fabrique dite *Phénicienne*. — Les sujets figurés sur ce vase occupent quatre rangs disposés de la manière suivante :

Premier rang. — Buste de femme portant une longue chevelure, entre deux lions et deux canards.

Deuxième. — Deux personnages de forme étrange se donnent la main. En arrière d'eux, dix-sept figures du même genre se tiennent également la main, et forment ainsi une zone qui entoure cette partie du vase.

Troisième. — Une sirène (ou harpie) entre deux lions. — Un lion entre un cerf qui broute et un taureau.

Quatrième. — Un lion entre un bélier qui broute et un âne? qui paît. — Deux lions, un canard et un quadrupède, qui peut être une brebis. — Haut., 41 cent.

341. — F. 68. Peinture noire. — Fabrique étrusque. — Les sujets dont il est décoré sont partagés ainsi qu'il suit :

Premier rang. — Un homme de forme grotesque et ithyphallique, tient un céras. Devant lui, un personnage vêtu d'une espèce de corset rouge danse près d'un sphinx assis.

Au revers de ce premier tableau. — Le même grotesque tient un céras et lève la jambe gauche. Près de lui, deux sirènes et deux coqs.

Deuxième. — Figure semblable à la première de celles qui viennent d'être décrites. A sa gauche, un homme vêtu d'un corset rouge orné d'étoiles, tient un céras, et précède un autre compagnon qui lève la jambe et tient aussi un céras. En arrière est un Sphinx assis.

Le centre du vase est décoré de palmettes de forme particulière et qui l'entourent en entier. Au-dessous sont peints des panthères et des béliers. — Haut., 40 cent.

342. — F. 103. Peinture jaune. — Vulci. — Centre. Un éphèbe nu à demi couché sur un lit très-bas, tient une lyre et une coupe. Sur le haut du champ : ΕΛΠΙΝΙΚΟΣ ΚΑΛΟΣ (*le bel Elpinice*). — Coll. du prince de Canino. — Diam., 20 cent. Haut., 7 cent.

343. — F. 79. Peinture jaune. — Vulci. — Deux jeunes cavaliers marchant à la suite l'un de l'autre et couronnés de lierre. Le premier se tourne vers son compagnon qui paraît lui indiquer de la main un objet qui n'est pas figuré sur le vase.

Revers. — Trois éphèbes enveloppés dans des manteaux. — Haut. 34 cent.

344. — F. 58. Peinture jaune. — Nola. — Un homme barbu et d'une physionomie socratique est assis et enveloppé d'une draperie. Devant ce personnage, qui tient un *pedum* élevé à la hauteur de son visage, est dessiné un cube. Derrière son siége se voit un arbre.

Revers. — Un homme de figure semblable au précédent et enveloppé d'un manteau, s'appuie sur un *pedum*. Derrière lui un siége rustique et une espèce de bourse appendue. — Haut., 15 cent.

345. — F. 56. Peinture jaune. — Nola. — Une femme assise sur un siége à dossier ; devant elle un éphèbe debout enveloppé d'une draperie, lui présente un jeune oiseau. — Haut., 24 cent.

346. — F. 101. Peinture jaune. — Vulci. — Centre. — Un éphèbe nu et appuyé sur une baguette devant un cippe cannelé.

347. — F. 103. Peinture jaune. — Vulci. — Centre. Un éphèbe nu appuyé sur un bâton très-mince, place l'une de ses mains sur son côté droit. A ses pieds est une espèce de pioche, et sur le fond se voit appendu un paquet noué sur lequel on lit : **ΚΑΛΟΣ** (*beau*). Plus loin, sont également suspendus deux autres objets auxquels nous ne pouvons donner aucun nom. Sur le fond, **HO ΠΑΙΣ** (*l'enfant*).

Extérieur. — Deux éphèbes nus munis de longues baguettes, près d'un homme imberbe enveloppé d'une draperie. Ce dernier, qui s'incline, tient deux baguettes et une espèce de jalon avec lequel il paraît limiter une aire destinée à lancer le disque. Sur le sol se voient trois baguettes, un disque et une pioche.

Revers. — Sujet analogue au précédent. Trois éphèbes nus. L'un d'eux tient un jalon et un disque. Sur le sol, une pioche et quatre baguettes. Sur le fond : **HO ΠΑΙΣ ΚΑΔΟΣ** (*le beau garçon*). — Diam., 22 cent.

348. — F. 71. Peinture jaune. — Nola. — Un éphèbe nu à cheval.

Revers. — Un homme imberbe enveloppé d'une draperie s'appuie sur un bâton. — Haut., 24 cent.

349. — F. 90 surbaissée. Peinture jaune. — Vulci. — Près d'une colonne ionique qui borde la gauche du champ, un éphèbe nu la tête ceinte d'une bandelette, étend les bras, et semble couvrir un de ses compagnons qui s'incline et tient dans ses mains deux objets de forme courbe, qui paraissent être des poids. Près de ce dernier est un autre éphèbe, couronné de myrte, vêtu d'une ample draperie et qui, marchant dans un sens opposé, tourne la tête et le touche d'une longue baguette qu'il tient à la main. Au-devant de ce personnage s'avance un guerrier casqué, portant une cnémide sur la main droite et dont le bouclier est blasonné d'un hoplite qui s'élance. Sur le champ sont tracées plusieurs inscriptions dont il paraît difficile de tirer aucun sens. — Haut., 33 cent.

350. — F. 68. Peinture noire. — Vulci. — Un homme barbu, enveloppé d'un manteau et assis sur un pliant, tourne la tête vers un hoplite qui s'avance accompagné d'un chien et précé-

dant un homme barbu, vêtu de long, suivi d'un autre guerrier. En regard du premier personnage décrit, un homme barbu tient élevé un objet de couleur rouge et dont la forme ressemble à celle d'un couperet. Derrière lui est peint un guerrier dont le bouclier est orné d'un serpent.

Revers. — Un guerrier grec (peut-être Cénée), la tête couverte d'un casque orné de longues plumes, résiste à deux Centaures dont l'un est armé d'un quartier de roche qu'il élève et va lancer sur lui. Sur la gauche, un troisième Centaure tourne le dos à la scène et ne prend aucune part au combat. — Haut., 41 cent.

351. — F. 66. Peinture jaune. — Basilicate. — Une femme enveloppée d'un *péplus,* regarde avec attention dans l'intérieur d'un *labrum* placé devant elle.

Cette peinture peut avoir rapport à une sorte de devination par l'eau, genre de superstition accrédité chez quelques peuples anciens, comme il l'est encore sur plusieurs points de l'Europe.

Revers. — Un personnage de forme très-ramassée est assis sur un siége à dossier. Devant lui, un homme barbu et couvert d'une draperie regarde le haut du champ. — Haut., 26 cent.

352. — F. 14. Peinture jaune. — Nola. — Une femme debout, vêtue d'une tunique talaire et enveloppée d'un *péplus,* tourne la tête en tenant un coffret et un autre objet assez peu reconnaissable. Devant elle est un vase à parfums. — Haut., 18 cent.

353. — F. 15. Peinture jaune. — Nola. — Une femme vêtue de long, debout près d'un siége garni d'un coussin, tient une alabastrite [1] et tourne la tête vers une suivante qui lui présente une bandelette brodée. — Coll. Durand, *Cat.* n° 782. — Haut., 28 cent.

354. — F. 27. Peinture jaune. — Nola. — Sur le col une femme debout, vêtue de long, tourne la tête et tient une fleur de grenade et un miroir. Près d'elle est placé un siége à

1. Ou bien peut-être un morceau d'étoffe.

coussin, sous lequel se voit un *calathus*. — Coll. Durand, *Cat.* n° 784. — Haut., 30 cent.

355. — F. 41. Peinture jaune. — Nola. — Une femme debout, vêtue d'une double tunique, tourne la tête en étendant le bras droit. A sa gauche, un coffret posé à terre. — Haut., 9 cent.

356. — F. 25. Peinture jaune. — Basilicate. — Une femme assise tient un éventail et un fruit. — Haut., 9 cent.

357. — Forme de petit support. Peinture noire. — Vulci. — Un cavalier entre deux oiseaux qui volent. — Diam., 6 cent. Haut., 4 cent.

358. — Forme ronde à une anse. Peinture jaune. — Basilicate. — Un homme nu, le bras gauche couvert d'une draperie, court à la suite d'une femme qui porte sur sa main droite une colombe et de la gauche une couronne. En avant d'elle un *calathus* posé à terre. — Haut., 13 cent.

359. — F. 66 déprimée. — Peinture jaune. — Basilicate. — Une femme debout et la tête nue pince un pli de sa tunique. — Sur le goulot, tête de femme vue de profil.

Revers. — Un éphèbe enveloppé d'une draperie. — Haut., 29 cent.

360. — F. 39. Peinture blanche. — Athènes. — Deux figures nues. L'une d'elle étend les bras et paraît vouloir prêter secours à l'autre qui tombe en arrière. — Ce genre de peinture est rare, et M. Fauvel ne connaissait que ce seul exemple, parmi les vases découverts à Athènes. — Haut., 10 cent.

361. — F. 21. Peinture jaune superposée. — Basilicate. — Sur chacun des trois vases réunis, et dont les couvercles sont ornés de feuilles de lierre, se voient deux figures drapées, tenant des bâtons et des strigiles. — Coll. Durand, *Cat.*, n° 735.

362. — F. 58. Peinture jaune. — Basilicate. — Un homme enveloppé dans un manteau.

Revers. — Un oiseau déployant ses ailes. — Haut., 17 cent.

363. — F. 41. Peinture jaune. — Athènes. — Un enfant, assis à terre étend les bras devant lui. — Coll. Fauvel. — Haut., 9 cent.

364. — F. 14. Peinture jaune. — Athènes. — Un enfant nu, couché sur ses genoux et ses mains, regarde un vase (forme 14) posé sur le bord d'un petit socle. Sur la tête de cet enfant est un oiseau. — Coll. Fauvel. — Haut., 7 cent.

365. — F. 14. Peinture jaune. — Athènes. — Un enfant agenouillé tend les bras vers un oiseau posé à terre. Derrière lui, un vase (forme 14). — Coll. Fauvel. — Haut., 7 cent.

366. — F. 14. Peinture jaune. — Athènes. — Un enfant assis à terre, regarde un vase (forme 14), placé sur un socle. — Coll. Fauvel. — Haut., 9 cent.

367. — F. 39. Peinture jaune. — Athènes. — Un enfant à demi couché sur les genoux, et appuyé sur la main gauche, avance la main droite pour saisir un oiseau. — Coll. Fauvel. — Haut., 8 cent.

368. — Forme d'Éthiopien, nu, agenouillé et les mains posées à terre. Couverte brune. — Athènes. — Ce vase, de forme curieuse, est garni d'une anse et d'un goulot. — Il a été publié [1]. — Haut., 8 cent. Long. 9 cent.

369. — Forme de tête humaine à double visage, l'un de femme et l'autre d'Éthiopien. Cette forme est couronnée de myrte, et surmontée d'un goulot en trèfle garni d'une anse. — Haut., 16 cent.

370. — Forme de tête de femme, couronnée de lierre, ornée de méandre, et garnie d'un goulot en trèfle auquel est attachée une anse. — Ce vase a été publié [2]. — Haut., 20 cent.

371. — Forme de tête de femme couronnée de myrte. Goulot en trèfle garni d'une anse. — Nola. — Haut., 18 cent.

372. — Forme semblable. — Nola. — Couronnée de lierre. — Haut., 13 cent.

1. *Antiques du cabinet Pourtalès*, pl. XXX, p. 115.
2. *Ibid.*, pl. II, p. 95-96.

373. — Forme semblable. Couronnée de lierre. — Nola. — Haut., 16 cent.

374. — Forme semblable. Le col en *modius*. — Nola. — Haut., 14 cent.

375. — Forme de tête de Silène surmontée d'un goulot en trèfle. Cette tête, qui est très-bien modelée, porte le strophium. — Nola. — Haut., 20 cent.

376. — Forme de tête d'Hercule jeune, coiffé de la peau du lion. — Sur le col, qui s'élargit du haut, est peint un Satyre assis, tenant une fleur et une couronne. — Haut., 165 milli.

377. — F. 102. Peinture jaune. — Vulci. — Sur le fond, quatre têtes de femmes vues de profil, ceintes de *stéphanés* et ornées de pendants d'oreilles. Ces têtes, dont les sommets sont dirigés vers le milieu de la coupe, occupent le centre d'un encadrement circulaire. — Coll. du prince de Canino. — Diam., 21 cent. Haut., 12 cent.

378. — F. 76, garnie d'un goulot percé de trous, d'un couvercle et de deux anses surélevées. — Peinture jaune. — Basilicate. — Une tête de femme vue de profil.

Revers. — Le même sujet. — Haut., 17 cent.

379. — F. 76, à deux anses surélevées, et qui portait un couvercle. — Peinture jaune. — Basilicate. — Tête de femme ornée d'un collier et vue de profil. — Haut., 10 cent.

380. — F. 41. Peinture jaune. — Basilicate. — Sur le devant, tête de femme vue de profil. — Haut., 125 mill.

381. — Rhyton. Peinture jaune. — *Tête de griffon.* — Nola. — Sur le col, tête de femme vue de profil et coiffée d'un bonnet. — Long., 18 cent.

382. — F. 41, surbaissée. Peinture jaune. — Basilicate. — Tête de femme vue de profil. — Haut., 10 cent.

383. — F. 44. Peinture jaune. — Basilicate. — Tête de femme vue de profil. — Haut., 21 cent.

384. — F. 15. Peinture jaune. — Basilicate. — Deux têtes de femmes placées en regard. — Haut., 13 cent.

385. — F. 58 à collet élargi, garni de deux anses surélevées. Peinture jaune. — Basilicate. — Tête de femme vue de profil. Sur le côté opposé, le même sujet. — Hauteur., 10 cent.

386. — F. 103. Peinture jaune. — Vulci. — Un éphèbe et une joueuse de flûte. Sur le fond : HO ΠΑΙΣ ΚΑΛΟΣ (*le beau garçon*), — Coll. du prince de Canino. — Diam., 22 cent. Haut., 9 cent.

387. — F. 81. Peinture jaune. — Sicile. — Deux hommes nus et ithyphalliques, l'un imberbe et l'autre barbu, s'approchent de deux femmes nues qui marchent avec rapidité. L'un de ces poursuivants est chaussé de bottes, et tous deux ont la tête ceinte de bandelettes; les femmes sont coiffées de bonnets serrés d'où s'échappent des corymbes, et sont ornées de colliers. L'une d'elles tient une coupe, et l'autre un vase (forme 58) et une espèce de *pardalide*.

Revers. — Deux hommes ithyphalliques, l'un armé d'un bâton noueux et l'autre tenant une outre, veulent arrêter une femme nue qui porte un vase (forme 58) sur la main gauche.

Sur le haut du vase sont peints des chiens et des chèvres. — Coll. Durand, *Cat.* n° 661. — Haut., 41 cent.

388. — F. 103. Peinture jaune. — Vulci. — Un éphèbe à demi agenouillé et la tête ceinte d'une bandelette, s'apprête à boire dans un vase dont le goulot offre une forme peu ordinaire. Sa cuisse droite est entourée d'un cercle composé de losanges accolés.

Derrière ce personnage on voit l'extrémité d'un lit ou d'un siége. Sur le haut du champ : HO ΠΑΙΣ ΚΑΛΟΣ (*le beau garçon*). Coll. du prince de Canino. — Diam., 19 cent. Haut., 8 cent.

389. — Forme de petit plat. Peinture jaune. — Vulci. — Un Satyre ithyphallique et couronné de lierre tourne la tête et tient deux flûtes. Autour de cette figure on lit : **ΕΠΙΚΤΕΤΟΣ ΕΓΡΑΦΣΕΝ** (*sic*) (*Épictète a peint*).

Cet ouvrage égale en beauté celui du même artiste, déjà

décrit sous le n° 189. — Coll. du prince de Canino. — Haut., 18 cent.

390. — F. 90. Peinture jaune. — Vulci. — Deux éphèbes couronnés de pampres, et deux courtisanes. Derrière le premier on lit, ΕΛΙΑ (rétrograde); derrière le second, ΚΛΕΟΚΡΑΤΕ (*Cléocrate*). — Coll. du prince de Canino. — Haut., 38 cent.

391. — F. 102. Peinture jaune. — Nola. — Trois éphèbes et trois femmes nues groupés ensemble. Leurs vêtements sont suspendus ou déposés à terre.

Revers. — Un homme et une femme enveloppés sous une même draperie. Sur chacun des côtés, un éphèbe nu et qui danse (*spintrienne*). — Coll. Beugnot, *Cat.* n° 11. — Diam., 15 cent. Haut., 9 cent.

392. — F. 85. Peinture jaune. — Vulci. — Danse de trois éphèbes et de deux femmes. Ces personnages sont nus et couronnés de myrte. Une chlamyde et une corbeille sont suspendues sur le fond.

Revers. — Les mêmes figures couchées sur un lit, près duquel sont déposées deux paires de bottes, et un vase (forme 97) sur un trépied. Des inscriptions qui ne présentent aucun sens sont tracées près des figures. Autour du piédouche, on lit : ΝΙΚΟΣΘΕΝΕΣ ΕΠΟΙΕΣΕΝ (*Nicosthènes a fait*). Ce nom, qui est celui d'un simple potier, et non celui de l'artiste qui a peint ces sujets, se retrouve sur plusieurs coupes, parmi lesquelles il s'en trouve qui ne sont décorées d'aucune peinture (*spintrienne*). — Coll. Beugnot. *Cat.* n° 12. — Haut. 24 cent. Diam, 20 cent.

393. — F. 103. Peinture jaune. — Vulci. — Un homme nu et barbu, et une jeune femme également nue qui appuie son bras gauche sur un coussin. Au-dessus, un panier suspendu, et le mot ΚΑΛΟΣ (*beau*), répété trois fois (*spintrienne*). — Coll. du prince de Canino. — Diam., 23 cent. Haut., 8 cent.

394. — Forme de petit plat. Peinture. — Vulci. — Un éphèbe et une jeune femme nus et couronnés de myrte (*spintrienne*). — Cette peinture offre toute la finesse d'exécution des ouvrages d'Épictète. — Coll. du prince de Canino. — Haut., 18 cent.

395. — Forme de petit support. — Vulci. — Un homme noir et une femme blanche (*spintrienne*). — Coll. du prince de Canino. — Diam., 7 cent.

396. — F. 103. Peinture jaune. — Vulci. — Au centre un homme barbu, assis près d'un adolescent qui tient à la main un filet contenant des objets de forme ronde. Sur le champ sont placés un *lecythus*, un *pedum*, un strigile et une peau de faon : ΚΑΛΟΣ (*beau*) (*spintrienne*). — Coll. Durand, *Cat.* n° 666. — Diam., 21 cent. Haut., 75 mill.

397. — F. 68. Peinture noire. — Vulci. — Six hommes nus. L'un d'entre eux porte un coq, et l'autre un jeune cerf, deux autres tiennent des couronnes. Sur le fond sont suspendus un lièvre et un renard.

Revers. — Sept hommes nus, dont trois éphèbes et les autres barbus. Deux de ces personnages portent des coqs (*spintrienne*). — Coll. Durand, *Cat.* n° 665. — Haut., 35 cent.

398. — F. 31. Peinture noire. — Vulci. — Un Satyre et une biche. Sur les côtés, deux grands yeux et deux Sphinx assis. *Spintrienne*. — Coll. Durand, *Cat.* n° 150. — Haut., 15 cent.

399. — F. 55. Peinture jaune. — Nola. — Un homme à tête et à queue de bouc est couché à terre en s'appuyant sur les genoux et les mains.

De l'autre côté, une femme dans la même attitude, et portant la tête et la queue d'une chèvre.

400. — F. 102. Peinture noire. — Vulci. — Au centre, Pégase au galop, entre trois fleurs. Les points d'attache des anses sont ornés de plumes, et le bas de la coupe est décoré de cercles et d'ornements exécutés en rouge et en blanc.—Diam., 19 cent. Haut., 12 cent.

401. — F. 3. Manière dite *Phénicienne*. — Une Sirène (ou Harpie) debout et les ailes ouvertes. — Haut., 14 cent.

402. — F. 55. Peinture jaune.— Nola. — D'un côté un lion, de l'autre un taureau.

403. — Forme de petite passoire; le centre percé de trous. — Nola. — Son goulot est formé par une tête de lion modelée

en relief, tandis que le corps de l'animal est continué en peinture. Sur le reste du champ, un lion accourant près d'une panthère couchée.—Ce mélange de parties peintes et de parties modelées est fort rare.

404. — F. 55. Peinture jaune. — Nola. — D'un côté un lion qui s'élance, de l'autre une panthère qui fuit.

405. — Forme ronde aplatie à bords rentrants, et garnie d'une anse. — Style archaïque, et peinture noire rehaussée de rouge. — Quatre lions entre quatre unicornes. Cette coupe a été publiée[1].

406. — Forme semblable à la précédente, même style, et garnie d'une anse. — Trois lions, trois Sirènes, deux quadrupèdes paissant, et un oiseau. — Diam., 19 cent.

407. — Forme d'amphore à une anse. Peinture noire. — Un unicorne se mettant en défense contre un lion qui précède un lièvre et un sanglier. — Haut., 65 mill.

408. — F. 36. Peinture violacée. — Manière dite *Phénicienne*. — Un lion assis de profil, tournant sa tête qui est vue de face. Le fond semé de fleurs. — Haut., 6 cent.

409. — F. 3. Peinture violacée. — Même fabrique que les précédents. — Un cygne entre deux lions assis en regard. — Haut., 15 cent.

410. — F. 43. Même couleur et même fabrique que les précédents. — Deux lions près de deux cerfs paissant; en arrière un canard. Fond semé de fleurs. — Haut., 19 cent.

411. — F. 63. Peinture brune. — Fabrique archaïque. — Couvercle. Une Sirène (ou Harpie) entre deux lions, un canard, un taureau, un lion, un bouc. Sur la panse, deux boucs paissant, trois lions et un oiseau. Fond semé de fleurs. — Haut., 17 cent.

412. — F. 55. Peinture jaune. — Nola. — Un taureau paissant. — De l'autre côté le même sujet.

1. *Antiques du cabinet Pourtalès*, pl. XXX, p. 121-122.

413. — F. 55. Peinture jaune.—Nola.—Une panthère couchée, un daim qui s'élance.

414. — Forme de calice élevé sur un piédouche et garni de deux petites oreillettes, entouré du haut par une guirlande de lierre d'où tombent deux tiges de la même plante. Entre elles est peinte, en jaune et en blanc, une panthère s'élançant sur un oiseau qui tombe.— Haut., 30 cent.

415. — F. 102. Peinture noire. — Nola. — Extérieur. Un chien forçant un lièvre. Au-dessous est peinte une assez longue inscription, dont les caractères, très-finement tracés, sont mal formés et la plupart illisibles. — Diam., 21 cent. Haut., 15 cent.

416. — F. 50, avec le haut percé de trous. Peinture jaune. — Un levrier courant.

417. — Forme de pince de crabe, garnie d'une anse et d'un goulot. Peinture jaune. — Nola. — Un daim en regard d'un chien. — Ce vase, de forme curieuse, a été publié [1]. — Long., 15 cent.

418. — Forme d'amphore à une anse. Peinture noire. — Sur le haut de sa panse, qui est couverte d'écailles gravées, est un lièvre entre un piége et deux chiens. Sur son anse est peint le mot suivant : ΑΓΛΟΥΝ (*simple*). — Haut., 10 cent.

419. — F. 41. Peinture jaune. — Nola. — Une biche? — Haut., 8 cent.

420. — Forme annulaire garnie d'une anse. — Fabrique dite *Phénicienne*. — Trois boucs paissant. — Haut., 65 mill.

421. — Forme de petit couvercle. Peinture jaune. — Basilicate. — Un lièvre courant sur un terrain ponctué. — Diam., 5 cent.

422. — F. 3. Fabrique dite *Phénicienne*. — Un cygne entre deux ornements. — Fond semé de fleurs. — Haut., 26 cent.

1. *Antiques du cabinet Pourtalès*, pl. XXX, p. 122-123.

423. — F. 3. Fabrique dite *Phénicienne*. — Oiseau fantastique à tête de lion. — Haut., 15 cent.

424. — F. 103. Peinture noire. — Vulci. — Extérieur : un cygne et l'inscription suivante : ΤΛΕΣΟΝ ΗΟ ΝΕΑΡΧΟ ΕΠΟΙΕΣΕΝ (*Tléson, fils de Néarque, a fait*). Le nom de ce potier se trouve répété plusieurs fois sur des vases peints et non peints découverts dans des fouilles modernes de l'Etrurie.

Revers. — Le même sujet et la même inscription. — Ce vase est publié[1]. — Diam., 23 cent. Haut., 15 cent.

425. — F. 14, allongée. Peinture blanche. — Basilicate. — Un cygne entre deux arabesques. — Haut., 12 cent.

426. — Forme de colombe, garnie d'un goulot et d'une anse, et peinte en blanc. — Coll. Beugnot, *Cat.* n° 100. — Haut., 17 cent. Long., 21.

427. — F. 40, aplatie. — Peinture jaune. — Basilicate. — Une colombe étendant ses ailes. — Haut., 18 cent.

428. — Peinture jaune. — Nola. — Une chouette entre deux branches de laurier.

Revers. — Le même sujet. — Haut., 8 cent.

429. — F. 3. Manière dite *Phénicienne*.—Une chouette entre deux Sphinx dont les têtes sont couvertes du *polus*. — Haut., 8 cent.

430. — F. 14. Peinture blanche sur fond noir. — Une pie regardant un Terme ithyphallique. — Haut., 13 cent.

431. — Forme de canard couché sur le ventre, garnie d'une anse et d'un goulot. — Détails noirs et blancs. — Long., 11 cent.

432. Forme de canard couché sur le ventre, également garnie d'une anse et d'un goulot.—Tête et col blancs. Fond jaune, avec détails de plumage et palmettes en noir. — Long., 11 cent.

433. — F. 80, garnie d'anses détachées. — Orné de cercles

1. *Antiques du cabinet Pourtalès*, pl. XLI, p. 121.

et de lignes en noir. Dans quatre encadrements superieurs sont peints des canards dont deux sont accompagnés d'un astre rayonnant. — Haut., 15 cent.

434. — F. 95. Peinture jaune. — Basilicate. — Une raie et deux autres poissons. L'épaisseur de ce plat est ornée de flots. — Diam., 20 cent.

435. — F. 95. Peinture jaune. — Basilicate. — Un poulpe et trois poissons. — Sur l'épaisseur sont également peints des flots. — Diam., 24 cent.

436. — Forme de jambe humaine surmontée au-dessus du genou par un goulot garni d'un collet. Le pied est chaussé d'une sandale noire attachée par des cordons; des fleurs sont peintes sur ses gémeaux et sa rotule. Le collet est enrichi d'une bordure de méandres et d'autres ornements exécutés en brun et en rouge, sur un fond couleur de chair qui règne sur toutes les parties de ce vase.

Cet objet, dont la forme est encore unique dans les collections qui nous sont connues, a été acquis du prince de Canino. — Haut., 29 cent.

437. — F. 19. Peinture jaune. — Nola. — Entouré, vers le haut de sa panse, par une branche de laurier, sa lèvre bordée d'oves. — Haut., 22 cent.

438. — Forme de tasse profonde garnie de deux anses. Fond noir. — Ses deux faces opposées sont ornées de plumes disposées en écailles et qui sont contenues du haut et du bas par une bordure de laurier. — Haut., 18 cent.

439. — Forme semblable à la précédente. Même décoration où la bordure de laurier n'existe pas. — Haut., 10 cent.

440. — Rhyton. *Tête de veau.* — Sur le col, branche de lierre peinte en blanc. L'orifice orné d'oves. — Haut., 17 cent.

441. — Rhyton. *Tête de jeune daim.* — Fond noir. — Le col orné de deux rangs de globules noirs alternés parallèlement sur un champ de couleur jaune. — Haut., 19 cent.

442. — Rhyton. — Sicile. — *Tête de griffon.* — Fond noir, crête rouge, et les yeux coloriés en jaune et en brun. — Coll. Beugnot, *Cat.* n° 88. — Haut. 13 cent.

443. — Forme ovoïde garnie d'une anse au-dessus de son orifice, et décorée de cercles jaunes sur fond noir. — Haut., 22 cent.

444. — F. 66. Couverte noire entourée d'un bandeau composé de méandres et d'autres ornements. — Haut., 25 cent.

445. — Nola. — Vase en forme de truie. — Long., 12 cent.

446. — F. 57. Fond noir entouré d'oves et de feuilles de lierre. En avant et en arrière, une fleur entre deux branches de lierre qui descendent de la bordure supérieure. — Haut., 25 cent.

447. — F. 1. — Décoré d'un réseau noir, de globules et de quelques autres ornements. — Haut., 12 cent.

448. — F. 70, sans anses. — Fond noir, arabesque, rang d'oves et perles en blanc. — Haut., 13 cent.

449. — F. 49. Fond noir. — Bordure d'oves et de grappes, en rouge, en jaune et en blanc. — Haut., 17 cent.

450. — F. 38, avec le goulot du 49. — Fond noir. Myrte, grappes et globules, en rouge et en blanc. — Haut., 19 cent.

451. — F. 28. Le devant garni de deux appendices figurant des bouts de sein. Fond jaune et bandes noires. — Haut., 16 cent.

452. — F. 79. Fond noir. — Nola. — Le haut entouré d'oves, et les attaches des anses ornées de palmettes. — Haut., 26 cent.

453. — F. 100. Fond noir. — Le bouton orné de *flots*.

454. — F. 41. Fond noir orné de côtes feintes blanches et noires. — Haut., 9 cent.

455. — Forme de petite coupe à une anse. Fond noir. — Le bord orné d'oves et de globules peints en diverses couleurs.

456.—F. 88, très-élevée et garnie de deux anses. Fond noir. Sur ses deux faces principales est peint un *bucrane* orné de bandelettes, et placé entre deux couronnes de laurier.—Haut., 19 cent.

457.—F. 88, rétrécie, garnie de deux anses. Fond rougeâtre et guirlande de lierre.—Haut., 11 cent.

458.—F. 41, allongée. Fond noir. — Réseau blanc, cercle d'oves et de *flots*. — Haut., 18 cent.

459. — F. 39. — Nola. — Base du col jaune ornée de palmettes noires.—Haut., 18 cent.

460.— F. 7. — Nola. — Entouré de cercles jaunes.

461. —Forme de tasse à deux anses. Couverte noire. — Le bord entouré d'une branche de lierre peinte en blanc.

462. — Forme d'amphore garnie d'une anse.—Fond jaunâtre entouré de cercles bruns.—Haut., 7 cent.

463.— Forme ronde à bords rentrants, portée sur un piédouche élevé, et garnie d'un couvercle à bouton (forme 53). — Fond noir entouré de cercles jaunes et de hachures perpendiculaires. — Haut., 16 cent.

464.— F. 13, à couvercle recouvrant les côtés de la boite, et garni d'un bouton. — Couverte noire. — Le couvercle entouré d'une couronne, et la base du bouton de globules. La *batte* du couvercle ornée de méandres.—Coll. Durand, *Cat.* n° 1104.— Haut., 7 cent. Diam., 11 cent.

465.— F. 55, avec goulot central et une petite anse.—Fond noir.—Le pourtour décoré d'une couronne de lierre peinte en blanc.

466. — Forme d'ampoule à une anse. — Fond jaune entouré de cercles rouges et bruns. — Haut., 9 cent.

467. — F. 36, à deux anses peu écartées l'une de l'autre. — Fond jaune orné de cercles et de palmettes en brun. — Haut., 17 cent.

cée en partie détruit ; entre les deux ailes attachées à sa tête est placée une feuille semblable à celle du n° 610. — Haut., 10 cent.

614. — Statuette. — Ce bronze offre une espèce de *Patæque* d'un aspect repoussant, le visage chargé de verrues, couronné de lierre et la tête couverte du pétase ailé de Mercure. Un petit manteau est attaché sur son épaule gauche. Sa main droite a dû tenir un objet qui est perdu, et l'autre main, tournée en haut, fait un geste dont nous ne tenterons pas de donner l'explication.

Ce personnage présente deux appendices de très-forte proportion. Le premier, dirigé en avant, se termine par une tête de bélier ; le second, placé en arrière, donne naissance à deux autres plus petits et non moins reconnaissables. Au-dessous des pieds du *Patæque* et de ses appendices descendent sept sonnettes de forme carrée et qui sont suspendues à des chaînes travaillées en gourmettes. Une chaîne semblable et garnie d'un anneau est attachée en haut du pétase.

Ce bronze, trouvé à Herculanum, et l'un des monuments les plus connus parmi ceux de ce genre [1], faisait partie du présent envoyé par la cour de Naples à madame Bonaparte. — Coll. de la Malmaison.

615. — Statuette. — Un Hermès coiffé du pétase ailé. — Haut., 17 cent.

616. — Statuette. — Bacchus, debout et couronné de pampres, appuie sa main gauche sur l'épaule d'un Pan qui le soutient avec la main droite et lui présente une couronne. Ce joli groupe, qui repose sur son socle antique, faisait partie des bronzes trouvés près de Bâle. (*Voyez* n°s 578, 608, 609, 629). — Il a été publié [2]. — Haut., 18 cent.

617. — Bas-relief. — Bacchus imberbe debout, chaussé du cothurne et portant une draperie jetée sur l'épaule et le bras droit, sert d'appui à un vieux Silène dont le corps est velu. Ce dernier a la tête ceinte d'une couronne de lierre et sa main gauche tient un thyrse.

1. *Le Antichita di Ercolano,* bronzi, II, p. 395.
2. *Antiques du cabinet Pourtalès,* pl. XIX, p. 101-102.

468. — Forme ronde garnie de deux anses surélevées. Fond aune. — Cercles noirs et rouges, ornements grossiers en noirs. — Haut., 15 cent.

469. — Forme de coupe à pied sans anses. Fabrique dite *Phénicienne*. — Ornée de cercles bruns et violacés. — Haut., 7 cent.

470. — Forme de petite coupe. Fond noir. — Nola. — La lèvre entourée de *flots*. — Diam., 8 cent.

471. — F. 100, rétrécie et sans anses. — Nola. — Fond noir et cerles jaunes. — Haut., 6 cent.

472. — F. 7, garnie d'un couvercle, qui, lui-même, est légèrement creusé en cupule. Fond noir. — Nola. — La base du piédouche entourée de jaune. — Haut., 6 cent.

473. — Forme de petite vasque. Fond noir. — Nola. — Entourée de cercles jaunes.

474. — Forme de plateau dont les bords se recourbent en dehors. Fond noir. — Nola. — Cercles jaunes et noirs. — Coll. Durand, *Cat.* n° 1103. — Haut., 20 cent.

475. — F. 7. Bords recourbés en dehors. — Nola. — La base du piédouche entourée de jaune.

476. — F. 9. Fond noir. — Nola. — Le bas du piédouche jaune.

477. — F. 103. Couverte noire. — Vulci. — Sur la base de son piédouche on lit : ΝΙΚΟΣΘΕΝΕΣ ΜΕΠΟΙΕΣΕΝ (*Nicosthènes m'a fait*).

Le nom de ce potier, inscrit également sur le canthare décrit sous le n° 392, se retrouve, ainsi qu'on le sait, sur quelques coupes ornées de peintures, ou seulement émaillées en noir. — Coll. du prince de Canino. — Diam., 26 cent. — Haut., 14 cent.

478. — F. 103. Couverte noire. — Vulci. — Sur chacune de ses deux faces extérieures on lit : ΧΑΙΡΕ ΚΑΙ ΠΙΕΙ (*salut et bois*). La même acclamation est tracée sur un petit nombre

d'autres vases de cette forme. — Coll. du prince de Canino. — Diam., 21 cent. Haut., 15 cent.

479. — F. 100. Émail noir. — Nola. — Le haut du bouton décoré de *flots*, et la tranche du couvercle entourée de lignes perpendiculaires et parallèles. Au-dessus de sa base est gravé : ΙΧΘΥΑΙ ΔΙΙΙΙ Τ ΔΙΙ.

Selon M. Letronne [1], cette inscription n'aurait aucun rapport avec ce vase, et serait seulement destinée à rappeler au potier la commande de quatorze *poissonnières* dont le nom est encore inconnu, et qui représentaient ensemble le prix de douze drachmes (onze francs). — Haut., 14 cent.

480. — F. 8. Terre noire. — Chiusi [2]. — Autour de ce vase règne une frise en bas-relief, répétant cinq fois le sujet suivant :

A la gauche, un Centaure, offrant la forme humaine unie à l'arrière d'un cheval, porte sur l'épaule gauche une branche à laquelle est suspendu un faon et dirige sa main droite vers une Chimère bicéphale assise devant lui. A la suite de celle-ci s'avancent un homme tenant un *lagobolon* renversé, une femme ailée, tenant une cuisse d'animal, et enfin, un Centaure semblable au précédent, portant également une branche d'arbre sur l'épaule et tenant un faon. Ce côté est terminé par un lion dressé et qui appuie l'une de ses pattes de devant sur la croupe du Centaure. — Un vase semblable appartenait à M. de Magnoncourt (Voyez *Cat.* n° 116). — Diam., 16 cent. Haut., 16 cent.

481. — F. 31. Terre noire. — Chiusi. — Son anse est décorée d'une figure en bas-relief, représentant un homme coiffé du bonnet phrygien, et vêtu d'une simple pagne. — Sur la panse, quatre têtes de femmes vues de face. — Coll. Durand, *Cat.*, n° 1395. — Haut., 21 cent. Diam., 16 cent.

482. — F. 14. Terre noire. — Chiusi. — Sur sa panse sont quatre lions séparés par des nervures. — Haut., 30 cent.

1. *Journal des Savants*, juillet 1840, p. 427-430.

2. Ce vase et les quatre autres qui le suivent, n'offrant pas de couverte émaillée, n'appartiennent pas précisément à cette série, où d'ailleurs ils n'ont été admis que pour éviter de faire une sous-division très-peu nombreuse.

483. — F. 102. Très-élevée. Terre noire. — Chiusi. — Sur chacune de ses anses, deux sphinx ailés, assis en regard. — Haut., 11 cent.

484. — Forme surbaissée garnie de deux anses.

485. — F. 101. Couverte noire. — Nola. — Le centre est décoré d'une empreinte en relief représentant une tête de femme vue de profil, et entourée de palmettes. L'intérieur est orné d'une guirlande de lierre exécutée en peinture et au trait gravé. — Diam., 16 cent.

486. — F. 50. — Nola. — La partie supérieure ornée d'un relief représentant le *gorgonium* vu de face.

487. — *Idem.* — Tête de Méduse vue de face.

488. — *Idem.* — Tête de Silène vue de face.

489. — *Idem.* — Femme vêtue de long, assise à terre.

490. — *Idem.* — Tête de femme vue de face et entourée d'un ornement.

491. — *Idem.* — Une Ménade dans le délire de l'ivresse. — Coll. Durand, *Cat.* n° 1343.

492. — *Idem.* — Tête de cheval bridé. — Nola.

493. — F. 55, à panse annulaire. — Nola.

494. — F. 55, plus élevée, et seulement percée au centre. — Nola. — Répétée deux fois. — Nola.

495. — F. 55. Non percée. — Nola.

496. — Forme de lampe garnie d'une anse. — Nola.

497. — Forme à une anse et garnie d'un goulot. — Nola.

498. — Forme de petite passoire garnie d'une anse et d'un goulot. Le dessus qui est creux, est percé de sept trous.

499. — Forme de *diota*, ornée de méandres et de palmettes en creux. — Haut., 12 cent.

500. — F. 79, à deux anses et à couvercle garni d'un bouton. — Basilicate. — Haut., 9 cent.

501. — F. 79, à deux anses et garni d'un couvercle (répété deux fois). — Haut., 14 cent.

502. — Forme semblable. — Couverte noire. — Nola. — Deux coupes décorées de palmettes en creux.

503. — Forme semblable. — Couverte noire. — Nola. — Deux autres coupes.

504. — F. 102 et 103. — Couverte noire. — Nola.

505. — Forme canopique, garnie d'anses surélevées. — Haut., 17 cent.

506. — F. 18. Couverte noire. — Nola.

507. — F. 94. Couverte noire. — Nola. — La base de l'*omphalos* entourée d'un cercle de palmettes en creux.

508. — Forme de tasse à une anse. Couverte noire.

509. — F. 41. Couverte noire. — Nola. — Deux vases. — Haut., 12 cent.

510. — F. 27. Couverte noire. — Nola. — Deux vases. — Haut., 15 cent.

511. — F. 15. Couverte noire. — Nola. — Cinq vases. — Haut. de l'un, 26 cent.

512. — F. 15. Couverte noire. — Nola. — Deux autres dont les panses sont cannelées. — Haut., 17 cent.

513. — F. 15, avec le goulot du n° 47. Couverte noire. — Nola. — Deux autres. — Haut. du plus grand, 22 cent.

514. — F. 90. Couverte noire. — Nola. — Haut., 12 cent.

515. — F. 14. Couverte noire. — Nola. — Haut., 11 cent.

516. — F. 20. Couverte noire. — Nola. — Haut., 13 cent.

517. — F. 76. Couverte noire. — Nola.

518. — F. 1, à une anse.

519. — Forme de coupe à pied, sans anses.

520. — F. 22. Couverte noire. — La panse cannelée.

521. — Forme de petit plat (répété deux fois).

522. — Forme de phiale ornée de palmettes. — Nola.

523. — Forme de cupule. — Nola.

524. — Forme de petit plateau. — Nola.

525. — Petite coupe à pied et sans anses. — Nola.

526. — Forme de lampe à quatre lumignons. — Nola. — Long., 26 cent.

527. — F. 42, avec le col et l'anse de celle 47. — Nola. — Haut., 12 cent.

528. — F. 42, à panse cannelée. — Nola.

529. — F. 20, à panse cannelée. — Nola.

530. — Forme de lampe à un bec. — Nola.

531. — F. 58. Répété cinq fois. — Nola.

532. — Forme d'astragale garnie d'un goulot et d'une anse nouée. — Nola.

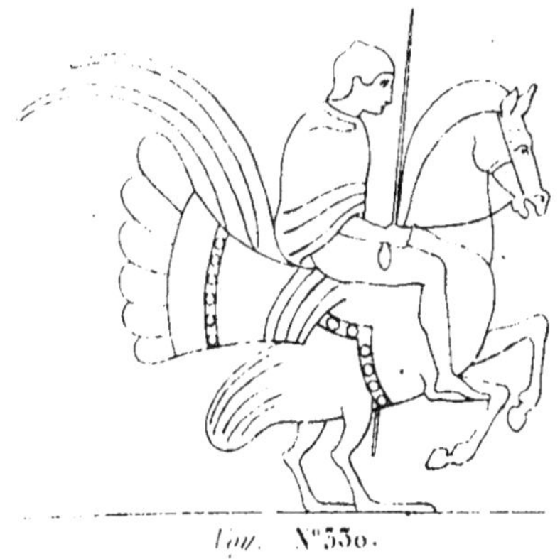

Voy. N°530.

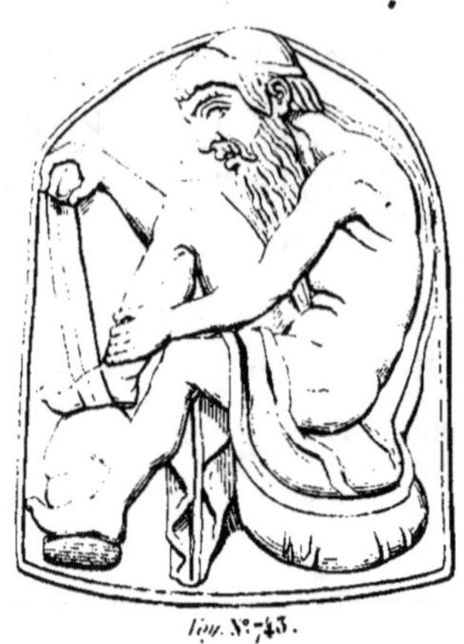

Fig. N° 743.

BRONZES

533. — Statuette. — Jupiter debout, dont la main droite abaissée tient la foudre. Une draperie jetée sur son épaule et fondue à part recouvre une partie du bras gauche qui repose sur un sceptre. — Pied antique.

Cette belle figure a été découverte en 1820 dans une fente de rocher, près de Besançon, avec celles décrites sous les numéros 555, 556 et 634. — Ce bronze a été publié [1]. — Haut., 15 centimètres.

534. — Statuette. — Jupiter debout et nu. Son bras gauche s'appuyait sur un sceptre, et sa main droite étendue soutenait une patère, une Victoire, ou quelque autre attribut. — Ce bronze faisait partie de la collection d'antiquités formée à Venise par les sénateurs de la famille Nani.

La plupart des monuments recueillis par cette famille provenaient de découvertes faites en Morée. — Haut., 11 cent.

535. — Statuette de forte proportion. — Jupiter [2] nu et debout lève le bras droit, qui reposait sans doute sur un sceptre, et dirige en avant son bras gauche, qui maintenant est à moitié détruit. Ses jambes sont également perdues.

1. *Antiques du cabinet Pourtalès*, pl. III, p. 26-28.

2. Ou peut-être Neptune, ainsi que quelques antiquaires l'ont pensé.

Cette belle figure, dont les yeux sont en argent, a été découverte en 1746 sous l'une des piles du pont antique placé sur la Moselle, près de la ville de Metz [1]. — Elle a passé successivement dans les collections de MM. de Creil, intendant de Metz, d'Ennery et de Tersan [2]. — Haut., 28 cent.

536. — Statuette. — Jupiter assis tenant un sceptre de la main droite et les foudres de la gauche. Ce bronze précieux, considéré comme un chef-d'œuvre de l'art, a été découvert en Hongrie et faisait partie de la collection du baron Denon. — Haut., 20 cent. — Piédestal en marbre jaune de Sienne.

537. — Statuette. — Jupiter, debout et nu, tient la foudre. Son bras gauche, qui est élevé, posait sur un sceptre. — Haut., 20 cent.

538. — Deux statuettes placées sur une même plinthe. — Un homme debout, nu et barbu, n'offrant aucune espèce d'accessoire qui puisse le caractériser, mais qui peut être considéré comme Jupiter. A sa gauche, une déesse également debout, vêtue d'une tunique longue et d'une draperie qui entoure ses jambes, porte un grand diadème enrichi de quatre rangs de perles et des pendants d'oreilles. Cette figure, dont les pieds sont nus, et qui porte une peau de chèvre nouée sur sa poitrine, doit représenter Junon, qui est distinguée par un attribut semblable sur d'autres monuments de fabrique étrusque. — Haut., 14 centimètres.

539. — Sur le revers d'un miroir. Gravure en creux. — Jupiter, assis sur un pliant et appuyé sur un sceptre, présente une phiale à Iris, qui vient ici remplir l'emploi d'Hébé, ainsi que nous le voyons sur un vase peint de cette collection [3] et sur d'autres monuments. — Diam., 15 cent.

540. — Petit buste de Jupiter voilé, porté sur un aigle dont les ailes sont éployées. Ce sujet se détache en relief sur un crois-

1. On en connaît deux gravures qui sont également mauvaises : l'une est insérée dans l'*Histoire de Metz*, imprimée dans cette ville en 1769 ; l'autre se trouve dans le *Recueil d'Antiquités* publié à Paris par Grivaud, pl. XIII, n° 3.

2. Catalogue Tersan, n° 98.

3. *Supra*, n° 135.

sant qui ornait autrefois l'anse d'une lampe de forte proportion [1].

541. — Petit buste de Jupiter Sérapis surmonté du *modius*. — Haut., 16 cent. Sur piédouche en porphyre rouge oriental.

542. — Statuette. — Jupiter gaulois, debout et vêtu d'une tunique. Les attributs qu'il tenait dans ses mains sont perdus. — Haut., 17 cent.

543. — Un aigle debout.

544. — Le même sujet. Travail barbare. — Haut., 9 cent.

545. — Sur un anneau. — Un aigle. Gravure en creux.

546. — Statuette. — Apollon nu, la tête ceinte d'une bandelette, et dont la chevelure, nouée en arrière, couvre une partie des épaules et du dos. Ses bras, allongés le long de son corps et sa jambe gauche un peu avancée sur la droite, lui donnent un aspect semblable à celui que présentent la plupart des idoles égyptiennes de vieux style.

Sur sa plinthe est tracée en caractères grecs, de forme archaïque, l'inscription suivante :

ΠΟΛΥΚΡΑΤΕΣ ΑΝΕΘΕΚΕ
Polycrates a dédié.

Cette figure, très-célèbre par son antiquité, qui pourrait remonter jusqu'à l'époque même de Polycrates, tyran de Samos [2], a été depuis un siècle l'objet de discussions artistiques et scientifiques [3], réunies et très-habilement résumées par M. Panofka [4].

1. Jupiter voilé se remarque également sur l'une des faces d'un autel qui a passé de la collection Borghèse dans celle du Louvre. (Voyez Winckelmann, *Mon. ant. ined.*, tavol, II; Visconti, *Mon. gab.*, p. 223.)

2. Polycrates, contemporain d'Amasis, roi d'Égypte, d'Anacréon, de Pythagore, de Milon de Crotone, etc., vivait dans le cours du VIe siècle avant l'ère vulgaire.

3. Winckelmann, *Histoire de l'Art*, liv. I, ch. I, p. 12. — Passeri, *Osservazioni*, etc., p. 27. — Paciaudi, *Monum. Pelopon.*, II, tab. I.I. — Thiersch, *Ueber die Epochen der bildenden Kunst*, ed. 2, s. 55. — Müller, *Handbuch der Archäologie*, s. 69, n° 12. — Bœckh, *Thesaurus inscript. gr.*, I, p. 13. — De Clarac, *Bulletin universel des Sciences*, sect. VII, février 1830. — Cette figure est également gravée dans le musée Nani et reproduite dans les monuments étrusques publiés par M. Inghirami.

4. *Antiques du cabinet Pourtalès*, pl. XIII, p. 42-50.

Ce bronze était conservé depuis sa découverte dans la collection Nani. Haut., 13 cent.

547. — Statuette. — Apollon debout et nu, la tête ceinte d'une bandelette, et portant une chevelure rassemblée en arrière, d'où s'échappent de longues tresses qui descendent sur les épaules et la poitrine du dieu. Cette figure, dont la pose et l'ajustement offrent l'imitation du style hiératique, faisait partie de la collection du duc de Modène. — Haut., 30 cent. — Socle en porphyre rouge oriental.

548. — Statuette d'Apollon étrusque trouvée dans le lac de Falterona. On lit sur la cuisse gauche les lettres ΘAT. — Haut., 22 cent.

549. — Autre figure d'Apollon debout. Travail étrusque. Trouvé à la Falterona. — Haut., 12 cent.

550. — Statuette. — Apollon debout et la tête radiée. Sa chlamyde est rejetée sur son bras gauche, et sa main droite élevée devait tenir un attribut qui est détruit. — Haut., 18 cent.

551. — Statuette. — Le jeune Esculape, couronné de corymbes, est assis et joue de la double flûte sur le mont Tithion, en Épidaurie. Ce bronze a été ainsi expliqué par MM. de Clarac et Panofka [1]. — Haut., 7 cent.

552. — Statuette. — Clytie, amante abandonnée du Soleil, et délatrice de Leucothoé sa rivale, est assise sur une roche, et regarde la marche du dieu qu'elle aime encore, et qui, touché de sa douleur, la changea depuis en tournesol [2].

Cette petite figure, couronnée de fleurs, et qui appartient au style archaïque, a été expliquée par M. Panofka [3]. — Haut., 6 cent.

553. — Statuette. — Diane chasseresse tirant une flèche de son carquois. — Collection Nani. — Haut., 10 cent. — La jambe gauche manque.

1. *Antiques du cabinet Pourtalès*, pl. XI, p. 108.
2. Ovide, *Métamorph.*, liv. IV, v, 268-270.
3. *Antiques du cabinet Pourtalès*, pl. XIX, p. 109.

554. — Statuette. — Un cerf debout et en repos. Ce beau bronze, découvert près de l'emplacement de l'ancienne Sybaris, a été publié [1]. — Haut., 32 cent.

555. — Statuette. — Un petit cerf, trouvé à Besançon avec les figures décrites sous les numéros 533, 556, 634. — Haut., 8 cent.

556. — Statuette. — Minerve debout, vêtue d'une tunique talaire et de l'*ampéchonium*. Sa tête est couverte d'un casque à visière diadémée, dont l'aigrette n'existe plus. Sa chevelure, réunie en arrière, est enveloppée de bandelettes, et ses sandales, ainsi que les manches de sa tunique, sont retenues par des attaches en argent. Cette figure, dont l'origine grecque ne saurait être douteuse, et qui est bien certainement l'ouvrage d'un excellent statuaire, appartient à l'une des grandes époques de l'art. Le style archaïque de son ajustement ne nuit en aucune manière à la souplesse de ses formes, ni à la noblesse de son mouvement, et doit être considéré seulement comme traditionnel, ainsi qu'il l'est également pour la Minerve en marbre du musée de Naples, pour les bas-reliefs chorégiques, et une infinité d'autres monuments.

Les deux bras de cette figure étaient fondus à part et sont malheureusement perdus. On peut supposer, par analogie avec d'autres figures, que l'un s'appuyait sur une lance, et que l'autre soutenait un bouclier.

Ce bronze, découvert à Besançon [2], a été publié [3]. — Haut., 17 cent.

557. — Statuette. — Minerve debout et diadémée. Son vêtement consiste dans une tunique talaire, recouverte du haut par l'égide. Sa main droite élevée était armée d'une lance, et son bras gauche est chargé d'un petit bouclier de forme orbiculaire, décoré d'une tête de Méduse et de fabrique moderne.

Ce bronze, où nous retrouvons également l'imitation du style archaïque, appartenait à la collection du duc de Modène. — Haut., 36 cent. — Fût en porphyre rouge oriental.

1. *Antiques du cabinet Pourtalès*, pl. xx, p. 52.
2. Avec les nos 533, 555, 634.
3. *Antiques du cabinet Pourtalès*, pl. iv, p. 6-28.

558. — Statuette. — Minerve debout et casquée est armée de l'égide et s'appuyait sur une lance. — Haut., 8 cent.

559. — Petite tête de Minerve portant un casque à trois aigrettes et vue de face. Morceau d'application. — Haut., 7 cent.

560. — Un petit casque orné de trois aigrettes, et qui doit avoir appartenu à une statuette de Minerve.

561. — Statuette. — Vénus anadyomène, la main droite dirigée vers son sein, et la gauche reposant sur un dauphin qui sert d'appui à l'un de ses pieds. — Coll. Nani. — Haut., 75 mill.

562. — Statuette. — Vénus debout, la jambe droite un peu fléchie et élevant ses mains, qui tenaient sa ceinture ou quelque autre attribut.

Cette figure, dont le mouvement et l'exécution appartiennent à une bonne époque de l'art, est peut-être la réduction de quelque statue célèbre. — Haut., 25 cent. — Socle en porphyre rouge oriental.

563. — Statuette. — Vénus, debout et diadémée, ajuste sa coiffure; son oreille droite était ornée d'un pendant d'oreille, et ses bouts de sein sont rapportés en cuivre rouge.

Cette figure, dont le motif est plein de grâce et qui doit être imitée d'un ouvrage connu, est composée d'une sorte de bronze inattaquable à l'oxyde, et dont la composition, particulière à l'Égypte, a été l'objet des expériences de M. Darcet. — Trouvée à Alexandrie d'Égypte. Coll. Mimaut, *Cat.*, n° 502. — Haut., 11 cent.

564. — Statuette. — Vénus debout et diadémée. Ses bras, en partie détruits, paraissent avoir été dirigés vers sa tête. — Coll. Nani. — Haut., 36 cent.

565. — Statuette. — Vénus debout et diadémée dirige sa main gauche dans un mouvement pudique. Le bras droit est détruit. — Haut., 18 cent.

566. — Statuette. — Vénus debout, séparant sa chevelure. Au-dessus de son front est placé un oiseau dont l'espèce est peu reconnaissable. Sa tête est surmontée de deux petites

palmes et d'un disque posé sur des cornes de vache, attribut commun à Hathôr, à Isis, à Tsénofré et à d'autres déesses égyptiennes. — Haut., 18 cent.

567. — Statuette. — Vénus, couverte d'une tunique longue dont elle amène un pli devant elle avec la main gauche, tient de la main droite une colombe.

Cette figure, qui porte un bonnet pointu et recourbé, appartient au style étrusque. — Coll. Nani. — Haut., 12 cent.

568. — Statuette. — Vénus débout, le bras droit appuyé sur la hanche, et relevant un peu avec la main gauche le côté de sa tunique. Cette figure, qui porte une sorte de chaussure *à la poulaine*, appartient à l'ancien style étrusque. — Coll. Nani. — Haut., 9 cent.

569. — Statuette. — L'Amour debout, tenant un cygne. — Haut., 10 cent.

570. — Petit bas-relief d'application. — L'Amour chargé d'une massue et tenant une palme.

571. — Statuette. — L'Amour courant tient de la main droite un objet peu reconnaissable; son bras gauche est détruit. — Haut., 6 cent.

572. — Statuette. — L'Amour sortant d'une touffe d'acanthe. Ce bronze, trouvé dans les environs de Tours, ressemble à un autre qui appartient au musée de Lyon [1] et a été publié [2]. — Haut., 16 cent.

573. — Statuette. — Mars nu debout, la tête couverte d'un casque surmonté d'un cimier en plumes posé sur un Pégase, et dont les côtés étaient ornés de deux aigrettes. Cette figure était armée d'une lance et d'un bouclier qui sont détruits.

Elle a été trouvée à Jouy, village situé près de Metz et du pont antique sous lequel a été découvert le Jupiter décrit sous le n° 535. — Haut., 16 cent.

574. — Statuette. — Mars debout, portant un casque de forme

1. Artaud, *Musée de Lyon*, p. 109.
2. Grivaud, *Mon. ant.*, etc., pl. XV, n° 5.

conique, une cuirasse courte et des *cnémides*, dans l'action de lancer un javelot. Ce bronze, de fabrique étrusque, appartenait à la collection Nani. — Haut., 44 cent. — Socle en porphyre rouge oriental.

575. — Statuette. — Mars debout et casqué, dans l'action de lancer un javelot. — Fabrique étrusque. — Haut., 22 cent.

576. — Statuette. — Mars couvert de son bouclier et lançant un javelot. — Fabrique étrusque. — Haut., 17 cent.

577. — Statuette. — Mars barbu (ou un guerrier), la tête couverte d'un casque (*aulopis*), et dont le corps n'est garanti que par une ceinture. Son bras droit élevé lançait un javelot, et son bras gauche était chargé d'un bouclier.

Cette figure, qui porte, en outre, une épée suspendue à son côté, peut avoir fait partie d'un groupe. — Haut., 12 cent.

578. — Statuette. — Un homme debout, la tête nue, le corps couvert d'une cuirasse et les pieds contenus dans une chaussure. Sa main gauche tient un petit bouclier et une palme; sa main droite soutenait un objet qui est maintenant perdu.

Ce bronze, qui a conservé son socle antique, a été trouvé avec quatre autres figures [1] sur l'emplacement d'*Augusta Rauracorum*, capitale de l'Helvétie, dont les ruines sont à peu de distance de la ville de Bâle. — Haut., 12 cent.

579. — Statuettes qui formaient l'anse d'un bassin. — Deux guerriers cuirassés, à demi agenouillés, se saisissent mutuellement par la chevelure et vont se frapper avec des épées courtes dont ils sont armés. — Haut., 17 cent.

580. — Statuette. — Un prisonnier gaulois ou germain, nu et à demi agenouillé. Ses bras sont attachés en arrière sous son bouclier, et son cou est contenu dans un carcan.

Ce bronze, découvert à Reims, a été publié [2]. — Coll. Denon, *Cat.* n° 485. — Haut., 6 cent.

1. *Voyez* nos 608, 609, 616, 620.
2. Grivaud, *Mon. ant.*, etc., II, pl. XXIII, n° 5.

581. — Statuette. — Un gladiateur combattant. Cette figure est appuyée sur un petit Terme. — Haut., 7 cent.

582. — Un casque (*aulopis*), dont le devant est bordé d'ornements frappés en creux. Cette arme, trouvée en 1829 dans la partie de l'Alphée qui traverse la plaine d'Olympie, portait une aigrette dont la base existe encore, et ses pointes faciales sont relevées dans un but qui nous est inconnu [1].

583. — Un casque (*cranos*) garni d'une crête et d'un frontal surmonté d'une tête de Minerve portant un casque à triple aigrette et dont les côtés sont ornés de têtes de Méduse. — Ce casque, trouvé à Milo, est semblable dans sa forme générale à un autre apporté du même lieu par M. le comte de Forbin, et qui fait partie des collections du Louvre. — Coll. de M. l'amiral Halgan.

584. — Un casque de forme conique, orné de deux espèces de nageoires qui défendaient les oreilles. Sur le devant est gravée une natte d'où s'échappent des boucles de cheveux. — Trouvé dans un des tombeaux de l'Étrurie.

585. — Une cuirasse complète, avec sa ceinture. — Découverte à Rouvo.

586. — Fragment d'une belle ceinture de cuirasse, couvert d'ornements repoussés.

587. — Une plaque très-mince, ornée d'une suite de figures exécutées au repoussé. On remarque dans cette frise, qui se répète trois frois, quatre femmes marchant au-devant de cinq hommes, dont le premier, qui est barbu, porte une massue, et le quatrième conduit deux chevaux.

Cette ceinture militaire est d'une haute antiquité. — Trouvée à Bomarzo, avec le n° 217, et gravée sur le titre de l'ouvrage publié sur cette collection par M. Panofka. — Long., 33 cent.

588. — Deux *cnémides*, trouvées dans un des tombeaux de l'Étrurie.

1. La même particularité se remarquait sur un casque semblable trouvé dans les mêmes lieux et dans la même année. Cette arme, dont on a depuis abaissé les pointes faciales, a été donnée au Cabinet des médailles par M. Dupré.

589. — Un casque de très-grande proportion, garni en avant par un grillage; son frontal est orné d'une tête de Méduse vue de face. Sur les parties latérales sont deux étuis destinés à contenir des plumes ou des aigrettes. Son cimier, qui est peu élevé, se termine en avant par une tête de griffon.

Ce casque, à peu près semblable à un autre conservé dans le musée de Portici, a été découvert à Herculanum, et faisait partie du présent d'antiquités offert en 1802 par la reine de Naples [1] à madame Bonaparte, épouse du premier Consul[2]. — Coll. de la Malmaison.

590. — Deux armures de jambes de très-grande proportion. L'une et l'autre sont ornées au-dessus du genou, et de chaque côté, par des repoussés qui représentent les têtes d'un Silène et d'une Bacchante, profilées l'une sur l'autre, et posées sur une ciste. Sur leurs genoux se voit une tête de Méduse vue de face et travaillée dans le même genre.

Sur la partie qui surmonte le genou sont tracées à la pointe les initiales suivantes : PK, PAM, N. C. A.

Ces armes, qui ont été découvertes avec le casque précédemment décrit, faisaient également partie du présent fait par la reine de Naples. — Coll. de la Malmaison. — Haut., 57 cent.

591. — Bouclier d'assez petite dimension, et dont la partie supérieure est arrondie. Cette arme offre un enfoncement destiné à recevoir l'avant-bras et le poignet. Sa surface intérieure est

1. L'archiduchesse Caroline, épouse du roi Ferdinand IV.

2. Ce présent consistait en cent vingt-trois pièces : vases grecs en terre peinte, peintures antiques, bronzes et bijoux. Nous pouvons affirmer que les plus beaux, parmi les premiers, furent soustraits avant le départ des caisses, et remplacés par d'autres vases qui avaient moins de valeur.

Millin, qui a donné une indication peu détaillée de ces divers objets, n'a connu que ceux qui étaient arrivés jusqu'au château de la Malmaison. (Voyez *Magas. Encycl.*, 1802, III, p. 535.) Après la mort de l'impératrice Joséphine, M. Durand ayant acheté tous ces monuments, en forma deux parts, dont l'une (les peintures antiques, les vases et quelques bronzes) fit partie de la collection qu'il vendit au Roi en 1824, et l'autre, comprenant les principaux marbres, quatorze bronzes et la totalité des bijoux, fut cédée à M. le comte de Pourtalès.

Nous ajouterons, en outre, que le célèbre camée représentant Philadelphe et Arsinoé, celui d'Alexandre, et d'autres pièces également précieuses, avaie été donnés en 1814 par l'impératrice Joséphine à l'empereur Alexandre.

ornée d'un médaillon repoussé et argenté, représentant un buste d'Hercule portant sa massue sur l'épaule.

Ce bouclier, également trouvé à Herculanum, faisait aussi partie du présent de la reine de Naples. — Collection de la Malmaison. — Haut., 30 cent. — Larg., 32 cent.

592. — Deux brassards de même origine que les pièces précédentes, mais qui, étant de proportion différente, n'ont pu servir au même guerrier. Sur l'un est figuré en repoussé Mars debout, casqué et cuirassé, s'appuyant d'une main sur sa lance et de l'autre sur un bouclier. La décoration du second consiste en une figure de femme debout, vêtue de long et tournant la tête vers son bras droit qu'elle tient élevé. Sur ses côtés sont de belles arabesques, et sous elle est placée une tête de Méduse vue de face.

Ces brassards proviennent également d'Herculanum et du présent de la reine de Naples. — Coll. de la Malmaison. — Long. 33 cent.

593. — Trois épées.

594. — Deux épées en fer.

595. — Six fers de lance.

596. — Deux fers de flèche.

597. — Un baudrier complet. — Trouvé à Rouvo.

598. — Deux doigtiers d'arc.

599. — Plomb. — Trois olives de fronde. Sur l'une : MA.

600. — Un poignard, ou couteau de sacrifice. — Long., 26 cent.

601. — Une grande hache de victimaire, garnie de son manche en même matière. Le fer est orné d'une tête d'aigle, d'oves et feuilles d'eau. — Montfaucon en a publié une de même forme [1]. — Long., 38 cent.

602. — Une hache. — Long., 15 cent.

1. *Ant. expl.*, II, 1re partie, pl. LXV.

603. — Un épieu.

604. — Un éperon.

605. — Deux étriers, dont l'avant a la forme d'un sabot, ornés de palmettes et de mascarons.

606. — Un mors orné de deux figures de chevaux.

607. — Statuette. — Mercure enfant, debout et la tête ailée, porte la chlamyde attachée sur l'épaule droite et tient sa bourse à la main.

Cette figure est survêtue d'une espèce de dalmatique composée de deux feuilles d'or qui se courbent l'une sur l'autre à la hauteur des épaules. — Trouvé dans les environs de Lyon. — Haut., 5 cent.

608. — Statuette. — Mercure debout et la tête ailée, tenant une bourse. A ses pieds un coq. — Haut., 9 cent.

Ce bronze, qui a conservé son socle antique, fait partie de ceux découverts dans les environs de Bâle. (*Voyez* les nos 578, 609, 616, 629.)

609. — Statuette. — Mercure debout et coiffé du pétase. Sa chlamyde est jetée sur l'épaule gauche, et sa main droite tient une bourse. Cette figure repose sur son socle antique. — Trouvée dans le même lieu que la précédente. — Haut., 14 cent.

610. — Statuette. — Mercure debout, la tête ailée et dont la main gauche tient une bourse, fait un geste oratoire avec la main droite. Entre ses ailes s'élève un objet qui ressemble à une feuille, ou peut-être à une petite plume; ses yeux sont en argent. — Haut., 14 cent.

611. — Statuette. — Mercure debout, la tête ailée, portant une chlamyde attachée sur l'épaule droite. Cette figure, de grande proportion, est de travail romain; ses bras sont détruits et sa tête paraît avoir été un portrait. — Haut., 29 cent. — Socle en porphyre rouge oriental.

612. — Statuette. — Mercure debout, la tête couverte du pétase et tenant la bourse et le caducée. — Haut., 8 cent.

613. — Statuette. — Mercure debout, couvert d'une chlamyde attachée sur l'épaule droite, et tenant une bourse et un cadu-

Sur le haut du champ sont placées de face les têtes de Diane, d'Apollon-Soleil et celle d'une déesse voilée. — Cabinet du duc de Modène.

618. — Statuette. — Bacchus debout, en partie enveloppé d'une draperie et la tête ceinte d'une couronne de lierre, tient dans sa main gauche un objet dont la forme est peu reconnaissable. — Haut., 28 cent. — Fût en porphyre rouge oriental.

619. — Statuette. — Bacchus debout couronné de lierre. Ses yeux sont en argent. — Haut., 29 cent.

620. — Petit buste de Bacchus couronné de Pampres et portant la *pardalide*. Cet objet, qui est surmonté d'une bélière, a pu servir de contre-poids à une *romaine*. — Haut., 12 cent.

621. — Petit buste de Bacchus entre deux têtes de chevaux. Ces hauts-reliefs se détachent sur le devant d'un objet de forme ronde, qui a pu servir à orner le timon d'un char. — Haut., 16 cent.

622. — Petit buste de l'un des génies de Bacchus, couvert d'une *nébris* attachée sur l'épaule droite et la tête ceinte d'une couronne composée de raisins et d'autres fruits. — Haut., 10 centimètres.

623. — Masque d'un très-beau caractère et portant une barbe divisée en boucles séparées. Son front est ceint d'un bandeau d'argent placé au-dessous d'une couronne de feuilles de lierre et de Corymbes plaqués d'argent. Ses oreilles sont celles d'une chèvre.

Ce masque, dont le dessus est garni d'un anneau, a dû être appliqué sur un vase ou quelque autre meuble précieux. — Haut., 25 cent.

624. — Statuette. — Un Satyre barbu, à queue, oreilles et pieds de cheval, porte une longue chevelure qui retombe sur son dos. Sa main droite tient un *céras* et la gauche relève sa queue. — Trouvé à Bomarzo. — Coll. Beugnot, *Cat.* n° 373. — Haut., 10 cent.

625. — Statuette. — Un Satyre, à pieds et oreilles de cheval,

est à demi couché et lève ses deux mains, qui sont étendues. — Coll. Beugnot, *Cat.* n° 375. — Haut., 8 cent. — Socle en granit.

626. — Statuette. — Une déesse debout, vêtue de long et voilée. Sa main droite tient une patère. — Coll. du duc de Modène. — Haut., 17 cent.

627. — Statuette. Une déesse debout, la tête ceinte d'une *stéphané* ornée de roses en argent. Cette figure est vêtue d'une tunique talaire recouverte en partie par un grand *péplus;* les attaches de ses manches sont en argent, et son avant-bras droit est détruit. — Coll. du duc de Modène. — Haut., 13 cent. — Fût en serpentin.

628. — Statuette. — Jeune femme vêtue de long, assise avec grâce sur un siége à X. — Haut., 17 cent. — Socle en marbre jaune de Sienne.

629. — Statuette. — La Victoire, debout et les ailes éployées, tient une palme et présente une couronne. — Socle antique. — Cette figure a été découverte près de Bâle, avec celles décrites sous les nos 578, 608, 609, 616. — Haut., 13 cent.

630. — Statuette. — La Victoire, debout sur un globe, tient une palme et une couronne. Les ailes de cette figure sont détruites. — Haut., 8 cent.

631. — Statuette en argent. — La Fortune ou Némésis debout et ailée, portant la corne d'Amalthée appuyée contre l'épaule gauche, et tenant de la main droite un attribut peu reconnaissable, composé d'objets divers, parmi lesquels on distingue une roue, peut-être un foudre et une petite figure ailée.

La tête de cette divinité est chargée de détails mystiques masquant le cimier d'un casque. Sur le haut de ses ailes sont placés les bustes du Soleil et de la Lune. — Cette figure, qui était dorée, a été découverte dans le midi de la France. — Haut., 9 cent.

632. — Statuette en argent. — La Fortune, debout, est vêtue d'une tunique talaire et de l'*ampéchonium.* Son diadème supporte un croissant, et ses autres attributs sont détruits.

Cette figurine, dont quelques parties ont conservé des traces de dorure, faisait partie de la collection de l'abbé de Tersan. — *Cat.* n° 306.

633. — Statuette. — Figure représentant un dieu imberbe et nu, la tête couverte d'un casque dont la visière a la forme d'un masque humain. Sa poitrine est couverte de l'égide, ses épaules sont chargées d'un carquois et sa main droite tient une bourse.

Cette figure, qui a conservé son socle antique, appartenait autrefois au comte de Caylus, qui l'a publiée [1]. — Haut., 13 cent.

634. — Statuette. — L'Abondance, assise et tenant la corne d'Amalthée appuyée contre son épaule gauche. Sa main droite avancée, tient un attribut qui est détruit. Cette jolie figure faisait partie de celles découvertes à Besançon [2]. — Haut., 12 cent.

635. — Statuette. — Le dieu de Lampsaque, ithyphallique, et portant des fruits dans sa robe, qu'il relève des deux mains. — Haut., 10 cent.

636. — Sept phallus simples ou doubles. L'un des premiers est en argent.

637. — Statuette. — Vénus debout et diadémée, provenant des fouilles faites dans l'Archipel grec. — Haut., 34 cent.

638. — Statuette. — Vénus entièrement nue et diadémée, sur son socle antique. Elle provient de l'Archipel grec. — Haut. de la figure, 15 cent.

639. — Statuette. — Vertumne debout et couronné de pin, portant une *pardalide* remplie de pommes et d'autres fruits. La main droite manque. — Haut., 125 millim.

640. — Statuette. — Harpocrate debout, l'index de la main droite sur sa bouche, et s'appuyant sur une massue recouverte d'une peau de lion. — Haut., 6 cent.

1. *Recueil d'Antiquités*, etc., II, pl. LXXVIII, n°s 2 et 3.
2. *Supra*, n°s 533, 555, 556.

641. — Statuette. — *Éon* à tête de lion, portant quatre ailes, et le corps entouré par un serpent qui lui mord le crâne. Cette divinité mithriaque, dont les images sont rares [1], tient un poignard et une clef. Ce bronze a dû servir de manche à un couteau de sacrifice. — Haut., 11 cent.

642. — Bas-relief découpé à jour. — Un *Ker*, ou génie de la mort, le corps nu, coiffé de longues tresses, le dos chargé de quatre ailes, et les pieds contenus dans une chaussure également ailée. Ce génie infernal paraît s'élancer à la poursuite de quelque criminel. — Ce bronze, qui a dû servir à la décoration d'une ciste ou d'un trépied, a été publié [2]. — Haut., 15 cent.

643. — Statuette. — Hercule imberbe et debout; le bras gauche couvert de la peau du lion. L'autre bras est détruit. — — Haut., 12 cent.

644. — Statuette. — Hercule imberbe et debout : son bras gauche, étendu, est couvert de la peau du lion, et l'autre bras, qu'il tient élevé, est armé d'une massue. — Haut., 10 cent.

645. — Statuette. — Hercule jeune debout, la tête couverte de la dépouille du lion. Sa main droite était armée d'une massue. — Haut., 16 cent.

646. — Statuette. — Hercule imberbe, la tête couverte de la peau du lion, décoche une flèche dans une direction élevée. — — Les yeux de cette figure sont en argent. — Haut., 17 cent.

647. — Statuette. — Hercule imberbe, la tête et une partie du corps enveloppées dans la peau du lion. Cette figure appartient à l'ancien style. — Haut., 9 cent.

648. — Statuette. — Hercule debout, la massue sur l'épaule. L'action de cette figure peut la faire classer à la suite de l'Hercule *bibax*, qui se voit sur beaucoup de monuments. — Haut., 6 cent.

1. Zoëga, *Li bassi relievi di Roma*, II, tavola LIX.
2. *Antiques du cabinet Pourtalès*, pl. XL, p. 80.

649. — Statuette. — Hercule debout, la main droite posée sur la hanche, et s'appuyant de l'autre main sur sa massue, recouverte en partie par la peau du lion. — Haut., 6 cent.

650. — Statuette. — Hercule debout, la tête couverte de la peau du lion, appuie sa main droite sur sa massue, et tient de l'autre les pommes cueillies au jardin des Hespérides. — Haut., 12 cent.

651. — Statuette. — Hercule imberbe et dans la même action que le précédent. Cette figure décore le haut d'un objet dont le nom et l'usage nous sont inconnus.

652. — Statuette. — Une déesse debout, vêtue d'une tunique talaire en partie recouverte d'un grand *péplus*. Cette figure porte une chaussure qui s'élève jusqu'à mi-jambes. Son bras droit est incomplet. Sa main gauche soutenait une patère ou tout autre objet maintenant perdu. — Coll. du duc de Modène. — Haut., 37 cent.

653. — Statuette. — Un homme nu, les bras collés au corps, et dont la chevelure retombe carrément sur le dos. Cette figure, de fabrique très-ancienne, représentait sans doute une divinité. — Haut., 9 cent.

654. — Trois tiges dont l'emploi nous est inconnu. L'une d'elles est surmontée d'une figurine représentant une déesse diadémée et vêtue de long.

655. — Statuette. — Un des Dioscures, vêtu d'une chlamyde et coiffé d'un bonnet de forme conique. Cette figure, fondue à part, et qui était autrefois montée à cheval, a été découverte dans l'île d'Ithaque. — Haut., 6 cent.

656. — Gravure au trait, sur le revers d'un miroir de fabrique étrusque. — Hélène [1], vêtue d'une tunique talaire, recouverte d'un *péplus*, est assise sur un trône garni d'un marchepied. La fille de Léda est chaussée de belles sandales. Des pendants d'oreilles, des bracelets et un riche collier composent

1. *Malavisch* ou *Malakisch*. Ce nom est tracé d'une manière rétrograde, comme le sont également ceux des autres personnages figurés sur ce miroir.

sa parure, à laquelle président deux Grâces qui attachent un diadème sur son front, tandis que leur troisième sœur épanche une huile parfumée sur ses cheveux. Ces déesses, dont le costume et les ornements diffèrent peu de ceux d'Hélène, sont accompagnées de leurs noms [1].

Sur la droite Vénus [2] debout assiste à la toilette de sa protégée. Cette divinité est également vêtue de long. Sa main droite tient une branche de myrte. Une colombe repose sur son épaule gauche, et un cygne se voit à ses pieds. Les joyaux dont elle est parée appartiennent aux mêmes genres que les précédents.

Sur le haut du champ sont gravés sept étoiles et le croissant de la lune. Sous le trône d'Hélène est figuré le combat de deux coqs, image des luttes sanglantes dont cette princesse devait être l'objet et le prix.

Sur le manche du miroir est représentée une espèce de nain chauve, nu et portant un rang de perles passé en sautoir. Ses mains tiennent les deux bouts d'une branche de laurier qui entoure la composition.

Ce miroir, si précieux par le sujet qu'il présente et la finesse admirable de son exécution, appartenait à la collection Durand. — *Cat.* n° 1969.

657. — Sur un objet qui paraît avoir garni le timon d'un char. — Tête ailée de l'un des Vents. — Haut., 10 cent.

658. — Gorgone écartant les bras et les ailes éployées. Sa face est hideuse, et sa langue pend hors d'une bouche énorme et percée à jour. Elle est vêtue d'une tunique très-étroite qui la presse et donne à son corps l'aspect d'une gaîne, et ses pieds sont remplacés par une griffe de lion.

Ce bronze curieux et de fabrique étrusque paraît avoir été découvert à Chiusi. Il formait autrefois, avec deux autres absolument semblables, la base d'un trépied. — Coll. Beugnot, *Cat.* n° 368. — Haut., 21 cent. — Larg., 21 cent.

659. — Gorgone pareille à celle qui vient d'être décrite.

1. *Munthuch*, *Thinthiach* (ou *Hinthiach*), et *Vtie?*
2. *Turan.*

La troisième de ces figures est conservée dans le musée de Berlin.

660. — Masque d'un personnage barbu et le front orné de deux cornes. Cet ouvrage, exécuté au repoussé, appartient à une très-ancienne époque. — Trouvé à Rouvo, avec les deux bronzes décrits sous le n° 710. — Haut., 19 cent.

661. — Figurine. — Atys debout et vêtu du costume qui lui est particulier; l'une de ses jambes est croisée sur l'autre. Sa main droite tenait un *pedum* qui n'existe plus, et la droite une *syrinx*, l'un des attributs qui accompagnent presque toujours le jeune favori de Cybèle.

Cette figure, de bon travail et de grandes proportions, est adossée contre une colonne creuse surmontée d'un chapiteau. Elle a dû servir à la décoration d'un meuble ou de tout autre objet. — Trouvé dans la *Maryza* (l'Hèbre), près d'Andrinople[1]. — Haut., 33 cent.

662. — Statuette. — Un homme nu (peut-être Méléagre), armé d'une lance qu'il dirige à une hauteur peu élevée. — Coll. Nani. — Haut., 24 cent.

663. — Un homme nu et d'un aspect farouche, est assis sur une roche et soulève par le bras un jeune homme tombé à terre. — Selon M. Raoul-Rochette[2], ce groupe représente Polyphème s'apprêtant à dévorer un des compagnons d'Ulysse. — Haut., 10 cent.

664. — Bas-relief repoussé sur le couvercle d'un miroir de forme ronde. — Oreste, poursuivi par les Euménides, est réfugié sur l'autel d'Apollon delphique. Sa tête est nue, et ses mains tiennent un glaive et une branche de laurier. A sa gauche, une furie brandit une *bipenne*. A sa droite, Pylade debout est armé d'une épée qu'il tient de sa main droite, et son bras gauche est chargé d'un bouclier. — Deux miroirs à peu près semblables sont connus : l'un a été publié par M. Gerhard[3]; le

1. *Annali del Inst.*, etc., 1832, p. 171.
2. *Monum. ant.*, Odysséide, pl. LXII, n° 2, p. 355-357.
3. *Etruskische Spiegel*, taf. XXI, méd. 2.

second faisait partie de la collection de M. le vicomte Beugnot[1]. — Haut., 16 cent.

665. — Statuette. — Pygmée dans l'attitude d'un pugilateur. Cette figure, dont le haut est percé et garni de deux petites anses, rappelle assez bien la forme de quelques étuis à collyre de travail égyptien. — Ce bronze est semblable à un autre qui a été publié[2]. — Haut., 14 cent.

666. — Statuette. — Un pygmée dansant. — Haut., 85 mil.

667. — Forme d'osselet. — L'une de ses faces est ornée d'une figure de pygmée, exécutée en bas-relief. — Trouvé en Égypte. — Haut., 25 millim.

668. — Statuette. — Un homme maigre nu, chauve et ithyphallique, porte un vase de la main gauche, et tient de la droite deux canards, dont l'un paraît très-irrité. — Haut., 11 cent.

669. — Statuette. — Un éphèbe nu et debout, lève le bras gauche et s'apprête à lancer un disque. — Collection Nani. — Haut., 12 cent.

670. — Statuette. — Un éphèbe tenant un disque de la main gauche, et dont le bras droit est détruit. — Ce bronze, d'ancienne fabrique, a été publié[3]. — Haut., 8 cent.

671. — Statuette. — Homme nu debout, tenant un rhyton et un autre objet dont la forme est peu reconnaissable. — Haut., 22 cent.

672. — Statuette. — Un éphèbe debout et nu, dirigeant l'index de sa main droite vers l'intérieur de sa main gauche, qu'il regarde avec attention. — Haut., 21 cent. — Fût de colonne en porphyre rouge oriental.

673. — Statuette. — Un homme debout et nu, la main gauche appuyée sur le côté, et la droite dirigée à plat devant lui, à la hauteur de la ceinture. — Haut., 11 cent.

1. *Catalogue*, nº 390.

2. Caylus, *rec. de monum.*, VII, pl. XXXII, nºs 4 et 5. — *Description de l'Égypte* (Antiquités), t. V, pl. LXXVII.

3. *Antiques du cabinet Pourtalès*, pl. XIII, p. 43.

674. — Statuette. — Un éphèbe nu debout, la main gauche appuyée sur la hanche, et dont l'autre main est détruite. — Cette figure a été dorée. — Haut., 15 cent.

675. — Statuette. — Un homme nu debout tient de la main droite un rhyton à tête de sanglier. Sa main gauche soutenait un objet qui n'existe plus. — Haut., 11 cent.

676. — Statuette. — Un homme nu jusqu'à la ceinture, et dont les cuisses et les jambes sont enveloppées d'une draperie, présente sa main gauche ouverte, et tient de la droite une patère. — Haut., 12 cent.

677. — Statuette. — Un jeune Romain, la tête couverte de sa toge. — Haut., 12 cent.

678. — Statuette. — Un Romain debout, vêtu d'une tunique à larges manches, et les pieds contenus dans une chaussure, tient de la main droite un très-petit objet qui ressemble à un *volumen* roulé. — Haut., 75 millim.

679. — Statuette. — Un *pocillator* debout, vêtu d'une tunique courte et chaussé de bottines, tient de la main droite un rhyton terminé par une tête de chèvre et de la gauche une patère. — Haut., 15 cent.

680. — Statuette. — Un *pocillator* couronné de feuillage, tient un *céras* et une patère. — Haut., 8 cent.

681. — Statuette. — Un *pocillator* tenant une patère et un rhyton terminé par un tête de dauphin. — Les pieds de cette figure sont détruits. — Haut., 10 cent.

682. — Tête d'un enfant dont la chevelure est nouée au-dessus du front, comme l'est fréquemment celle de l'Amour. Ses yeux étaient rapportés en émail ou en argent. — Haut., 25 cent.

683. — Petit buste représentant un Romain imberbe, d'un âge mûr, portant des cheveux courts. Ce buste est parfaitement bien modelé et sa *patine* est très-belle. Visconti, qui l'avait étudié avec beaucoup d'attention, croyait y reconnaître un des Balbus. — Haut., 21 cent. — Piédouche en serpentine.

84. — Un petit masque humain.

685. — Main votive appartenant au même genre que celles qui sont déjà connues[1]. Elle présente sur le grand doigt et l'index un aigle posé sur un foudre. Un buste de Mercure surmonte l'annulaire et le pouce, et une forme conique domine le petit doigt. Sa partie inférieure offre encore d'autres objets beaucoup moins reconnaissables. — Haut., 13 cent.

686. — Une main humaine : fragment d'une statue.

687. — Fragment d'une main d'homme qui faisait partie d'une statue.

688. — Pied et bas de jambe appartenant à une statue de femme. Ce pied est chaussé d'une sandale garnie de cordelettes. — Trouvé à Avenche, ville du canton de Fribourg, bâtie sur les ruines de l'ancienne *Aventicum*. — Haut., 18 cent.

689. — Jambe d'enfant de grandeur naturelle ; probablement un ex-voto. — Haut., 19 cent.

690. — Pied humain chaussé d'une sandale dont la semelle est garnie de clous. — Coll. de l'abbé de Tersan, *Cat.* n° 202.

691. — Deux fragments de pieds humains.

692. — Deux parties génitales d'homme, qui peuvent être détachées de statues formées de pièces de rapport, telles que l'est celle qui a passé de la collection de M. Mimaut[2], dans les galeries du musée britannique.

693. — Tête et torse d'un petit squelette dont les parties principales étaient mobiles à l'aide d'annelets qui les attachaient ensemble. Deux objets de même genre sont connus : l'un a été publié par Ficoroni[3], et l'autre a été découvert dans les fouilles de Mont-Saléon[4]. — Long., 4 cent.

694. — Tête d'un éléphant caparaçonné ; fragment dont le

1. Thomasini, *Manus Æneæ Cecropii votum*, tab. I. — Bonnani, *Mus. Kircherianum*, tab. LXXXIV. — Lachausse, *Mus. Roman.*, II, tab. II, XII, XIII, XIV. — Gori, *Inscript. antiq.*, III (vignette de la page 1). — *Le Antichità di Ercolano* (p. 37 de la préface). — Dumoulinet, *Cabinet de Sainte-Geneviève*, pl. IX, n° 9. — Une main de même espèce est conservée au Louvre.

2. *Catalogue*, n° 606.

3. *Gemm. ant. litter*, tab. VII, n° 4.

4. *Magasin encyclopédique*, 1805, II, p. 22.

travail et la patine sont d'une égale beauté. — Coll. Durand, *Cat.* n° 1940. — Haut., 15 cent.

695. — Tête et jambes antérieures d'un hippopotame. Ce bronze paraît avoir été emmanché pour un usage qui nous est inconnu. — Long., 7 cent.

696. — Un lion assis et qui conserve quelques traces de dorure. — Trouvé dans les environs de Lyon, avec la statuette de Mercure, décrite sous le n° 607. — Haut., 35 millim.

697. — Un mufle de lion qui a servi à la décoration d'une fontaine. — Apporté d'Athènes par le courrier Bergami. — Diam., 12 cent.

698. — Deux mufles de lion, détachés d'un vase, et garnis d'une goulotte.

699. — Deux mufles de lion, la gueule très-ouverte. Objets d'application.

700. — Statuette. — Une vache dont la tête et les jambes sont détruites.

701. — Statuette. — Panthère couchée sur sa partie postérieure, tenant sa patte droite levée. — Haut., 28 cent.

702. — Tête de cheval.

703. — Statuette. — Bœuf Apis, le disque entre les cornes.

704. — Statuette. — Bélier dans l'attitude de lancer un coup de tête.

705. — Statuette. — Une chèvre couchée.

706. — Statuette. — Un chien courant.

707. — Statuette. — Un sanglier courant.

708. — Statuette. — Vénus nue debout, la tête ceinte d'une couronne murale, couvre son sein de ses deux mains. Ses yeux sont en argent. — Haut., 28 cent. Socle en serpentin d'Égypte.

709. — Jambe de cheval qui appartenait à une statue équestre. Ce beau fragment, découvert dans la Saône, près de Lyon, appartenait au cabinet de l'abbé de Tersan. — *Cat.* n° 179.

710. — Deux têtes de béliers, exécutées en repoussé sur un fond de forme ronde, qui contient en outre quelques ornements. — Trouvé à Rouvo, avec le n° 660. — Diam., 12 cent.

711. — Tête de bélier pouvant avoir fait partie d'un manche de couteau. Les yeux sont en argent.

712. — Deux têtes de griffons, qui ont servi à la décoration d'un objet détruit.

713. — Deux serpents enlacés et formant un cercle. Cet objet décorait un tombeau découvert hors de la porte Latine, à Rome. — Coll. Beugnot, *Cat.* n° 319. — Diam., 31 cent.

714. — Trépied formé de six branches disposées en arceaux de forme conique, séparés par trois tiges perpendiculaires surmontées de palmettes. Ces diverses parties, qui s'unissent du bas, reposent ensemble sur trois griffes de lion.

Sur le pourtour du cercle supérieur qui recevait le *lébès* sont placés trois bustes de chevaux, alternés d'un même nombre de lions couchés. La partie supérieure des arceaux dont on a parlé contient un taureau et deux vaches posant sur des traverses soutenues par des serpents enroulés, et l'écartement inférieur de cette belle monture est maintenu par des espèces de serpents bicéphales qui supportent ensemble un cercle orné de trois lions couchés. Ce magnifique trépied, l'un des plus richement décorés parmi ceux qui sont connus, a été découvert dans les ruines de la ville de Métaponte, M. Panofka en a publié le dessin et la description [1]. — Haut., 74 cent.

715. — Siége de forme carrée, soutenu par quatre montants à rotelles, ornés de filets, et qui sont unis ensemble et sur chaque face par deux traverses. L'intervalle de celles qui garnissent les deux côtés du siége est rempli par deux formes sinueuses. Sur la face principale, ces formes, qui se joignent à leur naissance, sont ornées par des têtes de Silène, vues de face, et à leurs bouts extérieurs par des têtes de chevaux. L'autre face ne présente que deux têtes de cygne. — Ce siége, le plus beau que nous connaissions en ce genre, a été acquis à Rome.

716. — Fer doré. — Pied d'un siége ployant, posant sur des

1. *Antiquités du cabinet Pourtalès*, pl. XIII, p. 80-82.

mains humaines exécutées en bronze. Le bouton de visse qui réunit ses branches est également en bronze.

717. — Grand et magnifique vase de forme ovoïde, garni de deux anses enroulées qui se terminent par des têtes de cygnes. Le haut de sa panse est entouré d'une bordure de festons prolongés et gravés en creux. Au-dessus du col sont également gravées les lettres suivantes, qui offrent une forme ancienne et une disposition rétrograde : ΘΡΑ.

Ce vase, d'un aspect monumental et du profil le plus pur, a été découvert à Locres, avec le beau candélabre décrit sous le n° 751. — Haut., 62 cent.

718. — Grand vase de forme ovoïde, dont les anses sont formées par deux hommes nus et renversés, tenant les bouts d'une corde qui entoure son embouchure. Ces figures posent sur des sphynx vus de face, qui s'appuient eux-mêmes sur de riches palmettes. Des ornements gravés sur le haut de son goulot achèvent la décoration de ce beau vase. — Trouvé dans l'un des tombeaux de Vulci, avec un superbe casque, acquis par M. le duc de Luynes. — Haut., 54 cent.

719. — Seau de forme ronde, garni d'une anse double qui s'attache sur les mêmes points, et devait servir à le tenir en suspension. Le haut de sa panse est entouré d'une large bande d'ornements exécutés en creux, et qui paraissent avoir été recouverts de lames en argent.

Ce vase, trouvé à Herculanum, faisait partie du présent fait par la cour de Naples à madame Bonaparte. — Coll. de la Malmaison. — Haut., 31 cent. — Diam., 27 cent.

720. — Bassin de forme ovale, garni de deux anses élevées dont les attaches sont décorées par des têtes de chevaux entre des masques barbus.

Ce vase, qui vient aussi des fouilles d'Herculanum, faisait également partie du présent fait par la cour de Naples. — Coll. de la Malmaison. — Long., 40 cent. — Larg., 30 cent.

721. — Vase de forme allongée, garni d'une embouchure très-large, et d'une anse dont la base repose sur une tête de Satyre vue de face.

Ce vase, dont la *patine* est très-belle, ressemble parfaitement à un autre que Caylus a publié[1]. — Haut., 16 cent. — Long., 23 cent.

722. — Vase à une anse. Forme de tête de femme, garnie d'une anse ornée d'un mufle de lion et d'un goulot en trèfle, et dont les yeux sont en argent.

Ce vase a été trouvé à Négrepont, par M. Brondtedt. — Haut., 25 cent.

723. — Petit vase formé par une tête de femme surmontée d'un goulot en trèfle, et garni d'une anse. Cette tête, qui peut être celle d'Io[2], porte sur le front deux cornes naissantes. Une bandelette qui ceint son front s'enroule ensuite avec goût dans quelques parties de sa chevelure.

Ce vase est formé du même métal que la figurine décrite sous le n° 563. — Haut., 11 cent.

724. — Vase (forme 15). — L'attache inférieure de son anse est ornée du *gorgonium* vu de face. — Haut., 20 cent.

725. — Même forme. — Vase placé dans une espèce de coupe ou de plateau. — Coll. Magnoncourt, *Cat.* n° 143. — Haut., 30 cent.

726. — Vase (forme 46). — L'attache inférieure de son anse est décorée d'une palmette. — Haut., 23 cent.

727. — Vase (forme 15). — Sous son pied est gravé en caractères étrusques, et dans une direction rétrograde, le mot suivant : NIECVLV. — Coll. Durand, *Cat.* n° 1847. — Haut., 15 cent.

728. — Petit vase à une anse et de forme ronde. Sur son pourtour sont placés trois masques humains vus de face. — Haut., 7 cent. Diam., 6 cent.

729. — Vase cannelé, garni de deux anneaux auxquels est suspendue une chaîne en fer, devenue adhérente à la panse

1. *Recueil d'Antiquités*, I, pl. CI, n° 2.

2. Telle qu'elle est représentée sur la belle intaille gravée par Dioscorides. (*Voyez* Bracci, *Comm. de Antiq. sculpt.*, tab. LXIII.)

du vase. Le fond, qui est double, conserve encore quelques débris de la toile dont il était enveloppé. — Coll. Beugnot, *Cat.* n° 305. — Haut., 9 cent.

730. — Petit vase garni d'une anse très-forte, qui devait servir à le suspendre. — Haut., 14 cent.

731. — Petit vase à une anse. — Haut., 9 cent.

732. — Une phiale dont le centre est relevé en *omphalos*.

733. — Coupe sans anses, dont le bord est orné de moulures. — Haut., 8 cent.

734. — Petit vase reposant sur un piédouche très-élevé. — Haut., 12 cent.

735. — Grand plateau à bords relevés et ayant une anse. — Diam., 27 cent.

736. — Deux coupes semblables l'une à l'autre, et garnies d'anses surélevées. — Haut., 7 cent. — Larg., 17 cent.

737. — Cupule élevée sur un pied très-élevé. Ce petit vase est argenté. — Haut., 6 cent.

738. — Petit vase à une anse, et qui doit avoir été garni d'un couvercle. — L'anse est détachée. — Haut., 10 cent.

739. — Cupule double, dont l'un des côtés sert de pied à l'autre. — Haut., 6 cent.

740. — Une espèce de coupe sans anses et sans pied. — Diam., 19 cent.

741. — Grande patère entourée d'oves. Son manche est formé par une statuette de femme nue debout, ornée d'un collier en torsade et d'un bracelet au bras droit. Cette figure pose sur un petit piédouche bordé d'oves, et garni d'un anneau. — Diam., 22 cent. — Long., 39 cent.

742. — Patère ou vase plat à une anse. L'intérieur est orné de gravures et d'inscriptions. — Diam., 14 cent. — Long., 25 cent.

743. — Anse de vase, ornée du haut par une tête de bélier, et du bas par un petit bas-relief représentant un homme qui s'enveloppe le pied (peut-être Philoctète ?).

744. — Anse double, terminée d'un bout par un très-beau masque silénique, et de l'autre extrémité par un mufle de lion qui servait de goulotte. — Larg., 15 cent.

745. — Anse double, terminée par une goulotte en forme de masque silénique. — Larg., 23 cent.

746. — Anse double se terminant d'un bout par un goulot en forme de masque et de l'autre par une tête de femme. Montée sur un vase en serpentine. — Larg., 12 cent.

747. — Anse décorée du haut par une tête de femme, et du bas par un masque de Méduse. — Haut., 14 cent.

748. — Anse terminée du haut par une tête de femme ceinte d'un réseau de perles, et du bas par une palmette. — Haut., 17 cent.

749. — Anse de vase terminée en haut par la partie antérieure d'un animal chimérique, et en bas par une tête de Méduse. — Long., 18 cent.

750. — Anse d'un vase, formée par deux hommes nus, portant un bras à leur cou, et appuyant leurs têtes l'une contre l'autre. — Haut., 10 cent. — Larg., 14 cent.

751. — Candélabre, dont la tige cannelée s'élève sur trois pattes de lion, alternées de palmettes et d'autres ornements. Sur son plateau et au milieu de quatre appendices qui l'entourent, se voit un groupe de style archaïque, représentant Vénus et Mars. La déesse relève un peu de la main gauche la tunique qui la couvre, et appuie sa main droite sur l'épaule du dieu, qui est couvert de son armure.

Ce beau candélabre a été découvert à Locres, avec le vase décrit sous le n° 717. — Le groupe seul a été publié[1]. — Haut., 1 m. 37 cent.

1. *Antiques du cabinet Pourtalès*, pl. III, p. 34-35.

752. — Candélabre portant sur trois pattes de lion, surmontées d'oies couchées.

Au centre de ce pied est un homme nu, portant des souliers de forme tyrrhénienne, et gardant l'équilibre sur la jambe droite. Ce personnage, qui appartient à l'ancienne époque de l'art, tient et élève de la main gauche une tige cannelée servant d'appui à une cupule dont les bords sont ornés de quatre colombes.

Sur cette tige monte une jeune panthère ou un chat, qui poursuivait une poule ou quelque autre proie, maintenant détruite. — Ce bronze, trouvé à Vulci, a été publié [1]. — Haut., 59 cent.

753. — Candélabre soutenu par trois jambes humaines. Sa tige est ornée d'une figure d'homme qui grimpe et fuit un grand serpent. — Haut., 40 cent.

754. — Candélabre portant sur trois jambes humaines, couvertes en partie par une petite draperie. Sur sa tige, qui est cannelée, grimpe un chat. Son plateau est carré. — Haut., 45 cent.

755. — Candélabre portant sur trois pieds de biche, alternés de palmettes et surmontés de trois colombes. Sur sa tige, dont le fût est cannelé en spirale, grimpe un chat poursuivant un coq. Le plateau qui le termine est de forme carrée. — Haut., 44 cent.

756. — Candélabre portant sur trois pattes de lion, alternées de feuilles de lierre. Sa tige est lisse, et son plateau, dont la forme est évasée, est orné de moulures. — Haut., 1 m. 27 c.

757. — Lampadaire en forme de pilastre, orné de moulures et terminé par un chapiteau d'où sortent quatre tigettes auxquelles sont suspendues des lampes de diverses formes. Cet objet s'élève près du fond d'un large plateau soutenu par quatre griffes de lion, et dont le dessus est en partie entouré d'un bel arabesque incrusté en cuivre rouge et en argent. Ce bronze, découvert à Herculanum, faisait partie du présent fait

1. *Antiques du cabinet Pourtalès*, pl. XL, p. 112-113.

par la cour de Naples. — Coll. de la Malmaison. — Haut., 90 cent.

758. — Chandelier ou porte-cierge, à base large et de forme ronde. — Haut., 15 cent.

759. — Porte-cierge dont la base est carrée et repose sur des pieds d'animal.

760. — Un homme nu et debout sur une tortue tient sur sa tête une lampe ornée de palmettes et garnie de trois lumignons. Cette figure est moulée sur un bronze qui appartient au cabinet des médailles de la bibliothèque impériale.

761. — Base triangulaire, ornée sur chacune de ses faces d'une figure d'homme barbu, les mains posées sur les flancs, portant quatre ailes, et dont la partie inférieure est formée d'espèces de queues de serpents enroulés, qui bifourchent à leur extrémité inférieure.

Cet objet, qui est de fabrique étrusque et travaillé à jour, a pu servir de pied à un petit candélabre. — Haut., 10 cent.

762. — Une espèce de petit porte-lampe de forme ronde, soutenu par trois griffes de lion. — L'espace qui sépare ces dernières est occupé par des ornements découpés à jour. — Haut., 12 cent.

763. — Lampe. Tête de nègre garnie d'une anse et d'un seul lumignon. — Haut., 14 cent.

764. — Lampe en forme de pied de femme, chaussé d'une sandale. — Cet objet a conservé la chaîne destinée à le suspendre, et l'épinglette qui servait à tirer sa mèche. — Long., 19 cent.

765. — Lampe. — Forme de pied de femme, chaussé d'une sandale. L'anse et le bec de cette lampe sont détruits.

766. — Lampe à sept lumignons. — Son centre est décoré par une tête de Silène vue de face, et son anse, par une figure barbue surmontée d'un croissant.

767. — Lampe à deux lumignons séparés par une tête de

cheval. — Son centre est orné d'une tête barbue, vue de face, et sur son anse se voit une tête de cheval.

768. — Gravure exécutée au revers d'un miroir de fabrique étrusque. — Trois femmes dont l'une est vêtue de long. Les autres sont remarquables par l'ampleur et la singularité de leurs coiffures. — Coll. du prince de Canino. — Diam., 18 c

769. — Gravure exécutée au revers d'un miroir de fabrique étrusque. — On y distingue les restes de trois figures en partie détruites par l'oxyde. Ce sujet est entouré d'une couronne de lierre. — Diam., 15 cent.

770. — Gravure exécutée au revers d'un miroir de fabrique étrusque. — Tête humaine vue de face. Bordure de laurier. — Diam., 17 cent.

771. — Un miroir complet, élevé sur la tête d'une déesse ailée, vêtue de long, et posant les pieds sur une espèce de piédouche. — Fabrique étrusque. — Diam., 16 cent. Long., 34 cent.

772. — Deux miroirs dont les manches sont détruits.

773. — Une boîte à miroir dont le couvercle n'existe plus. — Diam., 8 cent.

774. — Miroir à manche, plaqué d'argent.

775. — Un miroir brisé en deux morceaux.

776. — Statuette. Un homme nu, debout sur un masque de Satyre, et les bras élevés.

Cette figure servait de manche à un miroir ou bien à une patère.

777. — Tête de femme ailée, portant un diadème, un collier et des pendants d'oreilles. Cette tête, dont le haut est ouvert, est garnie de deux bélières et d'un petit bouchon qui forme sa partie supérieure. — Coll. Beugnot, *Cat.* n° 361. — Haut., 10 cent.

778. — Tête semblable à la précédente, mais dont les ailes et le bouchon sont détruits.

779. — Tête semblable à celle qui précède.

780. — Tête du même genre, coiffée de mèches tordues et nouées au-dessus du front. Son bouchon n'existe plus. — Haut., 11 cent.

781. — Tête d'homme imberbe et rasé, ouverte du haut, et qui devait être également fermée par un bouchon. L'emploi de ces sortes de vases n'est pas bien connu. — Haut., 9 cent.

782. — Une petite boîte de forme ronde et garnie d'un couvercle. Sur son pourtour est gravé un homme debout au milieu de quatre sangliers et de quelques arbres chargés d'oiseaux. Autour du couvercle est tracée l'inscription suivante : L. VALERI. CRESCENIES. — Diam., 5 cent. Haut., 8 cent.

783. — Une petite plaque épaisse et de forme carrée. Sur l'une de ses faces est gravée une chouette et les lettres suivantes, ainsi disposées :

T (chouette).
Θ
ΔΥΑ

Cet objet est publié [1].

784. — Neuf sceaux en relief, contenant les inscriptions suivantes :

1. — ΓΙΟΥΑΜΑ.
(Forme de semelle.)

2. — V. CALLISII
E. IASONIS. F.
(L'anse ornée d'un caducée.

3. — FORTVNA
TITIAE. LAL.
(Sur l'anse, T. T. L.)

4. — T. DIDIUS
EVPREPES.

5. — AVXILIVS
QVINTIANA.

6. — VICTORIUS
DVBITATVS.

7. — A SAS
S NIR.

8. — Q. MATICI
PATERNI.

9. — T. ENN.
TERT.

785. — Un *simpulum* dont le manche est terminé par une tête de renard. A sa partie supérieure est attachée une petite passoire. — Coll. Beugnot, *Cat.* n° 323.

1. Paciaudi, *Mon. Pelop.*, I, p. 254.

786. — Deux *simpulum.*

787. — Un pied de meuble, appuyé sur une griffe de lion. Sa partie supérieure est ornée d'un petit bas-relief représentant un renard dévorant un lièvre. — Haut., 8 cent.

788. — Sept espèces de coins garnis de *douilles*, et dont l'emploi n'est point connu.

789. — Quatre objets en forme de spirales, que l'on présume avoir servi à l'ornement des chevaux.

790. — Une *romaine* complète garnie de deux crochets.

791. — Une *romaine* plus petite que la précédente, et qui était garnie de trois crochets.

792. — Un petit fléau de balance.

793. — Petit buste d'un homme imberbe sortant d'une touffe d'acanthe. Cet objet, qui est garni d'une bélière, a pu servir de contre-poids à une *romaine.* — Haut., 18 cent.

794. — Un *quadrussis* et huit *as* [1], portant des types différents.

795. — Deux stylets pour écrire.

796. — Un compas.

797. — Deux spatules.

798. — Deux manches d'instruments. L'un est formé d'une jambe de biche, et l'autre d'un lion dévorant un quadrupède.

799. — Deux formes du coquillage nommé *porcelaine,* garnies d'annelets.

800. — Six petits pilons pour les cosmétiques.

801. — Un grand fragment de draperie, provenant d'une statue dorée.

1. L'*as*, première monnaie de Rome et des villes italiques, était à la fois chez les Romains un poids et une monnaie ; il formait la livre romaine, et se divisait en douze onces. Le *quadrussis* valait quatre *as*.

802. — Espèce de grappin garni de sa douille.

803. — Sept strigiles : ceux en fer, trouvés à Cumes.

804. — Une espèce de petite casserole dont le pourtour est décoré d'un arabesque en relief se rattachant à la partie inférieure d'un masque humain. — Diam., 12 cent. Long., 22 cent.

805. — Espèce de casserole ornée de moulures et argentée en dedans. — Long., 28 cent.

806. — Une passoire dont l'anse se termine par une tête de cygne. — Trouvé à Cumes. — Diam., 10 cent. Long., 20 cent.

807. — Autre passoire dont le manche est terminé par une tête de renard ou de chien. — Diam., 10 cent. Long. 15 cent.

808. — Un grand *attise-feu*, monté sur un manche d'ivoire.

809. — Un instrument destiné au même usage que le précédent, et terminé par une main humaine.

810. — Douze clefs de formes et de proportions différentes.

811. — Cinq petites cuillères en argent, et sept autres en bronze.

812. — Seize fibules, dont deux sont de très-forte proportion.

813. — Six fibules ornées d'émaux.

814. — Une grande fibule dans laquelle sont passés trois béliers garnis d'anneaux.

815. — Dix armilles ou bracelets.

816. — Un gros bracelet orné de nervures et de cercles gravés. — Diam., 12 cent.

817. — Une pince à épiler.

818. — Une forme d'osselet.

819. — Un dé à coudre.

820. — Cinq épingles d'assez forte proportion.

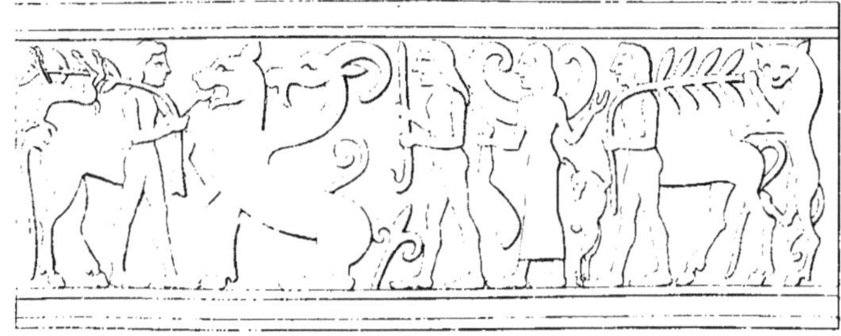

Fig. N° 480.

TERRES CUITES

821. — Statuette coloriée. — Junon debout, vêtue d'une tunique talaire et de l'*ampechonium*, porte sur son bras gauche le jeune Hercule[1]. Sa main droite, étendue à plat devant elle, devait soutenir une patère ou quelque autre objet maintenant détruit. Cette figure, découverte à Athènes, a été publiée[2]. — Coll. Fauvel.

822. — Statuette. — Apollon debout et nu, la tête surmontée d'une espèce de diadème, et portant un collier qui retombe sur sa poitrine. Un appendice placé devant lui, peut-être le reste d'un char sur lequel il était monté. Les bras et les jambes de cette figure n'existent plus.

823. — Statuette coloriée. — Une Muse couronnée de fleurs et de lierre, vêtue d'une tunique talaire, en partie recouverte par un grand *péplus* qu'elle soutient de la main gauche, et qu'elle ramène en avant avec la main droite. — Cette figure a été publiée[3].

824. — Statuette. — Vénus, nue et agenouillée, sort d'une coquille bivalve. Sa tête est ceinte d'une couronne radiée, et sa main gauche tient une phiale.

1. Ce groupe peut aussi bien représenter la Paix portant le jeune Plutus, sujet qui décorait un édifice d'Athènes ; ou bien, encore, la Fortune et le même dieu, tels qu'on les voyait à Thèbes (Pausanias, l. I, c. 8, et l. IX, c. 16).

2. Stackelberg, *Tombeaux des Hellènes*, pl. LIX.

3. *Antiques du cabinet Pourtalès*, pl. XXXI, p. 114-115.

Quelques figures semblables ont été publiées [1]. — Coll. Durand, *Cat.* n° 1625.

825. — Statuette coloriée. — Vénus debout, la partie inférieure du corps enveloppée d'une draperie, et la jambe droite, passée sur la gauche, s'appuie sur un cippe. Derrière elle était peinte une inscription dont il ne subsiste plus que le mot suivant : ΚΑΛΛ (*belle*). — Trouvée à Milo. — Coll. Gaspari.

826. — Statuette coloriée. — Vénus, assise sur un siége garni d'un marchepied, porte le *polus* sur la tête. Ses oreilles sont ornées de pendants, et sa poitrine est parée d'un collier. Son vêtement consiste dans une tunique talaire en partie enveloppée d'un voile, et sa main droite presse une colombe contre son sein. — Cette figure, trouvée à Athènes, a été publiée sous la dénomination d'*Aphrodite-Héra* (Vénus-Junon)[2]. — Coll. Fauvel.

827. — Statuette coloriée. — L'Amour, debout et couronné de fleurs, porte une draperie légère qui retombe sur ses bras, et tient un *tympanum*.

828. — Statuette coloriée. — L'Amour assis sur le dos d'un coq.

829. — Statuette coloriée. — Mercure debout, coiffé d'un bonnet de forme conique et vêtu d'une chlamyde, tient son caducée à la main. — Trouvé à Athènes. Coll. Gros.

830. — Statuette coloriée. — Femme debout vêtue d'une tunique talaire, presque entièrement recouverte d'un grand *péplus* qui voile sa tête, et qu'elle relève un peu en avant d'elle. Cette jolie figure, qui, selon M. Panofka, représente une initiée[3], avait été précédemment publiée par le baron Stackelberg[4]. — Athènes. Coll. Fauvel.

1. *Mag. encyclop.*, III. — Guattani, *Mon. encyclop.*, III. — D'Agincourt, *Recueil des fragments*, etc., pl. XIII, n° II.

2. *Antiques du cabinet Pourtalès*, pl. XI, p. 35-36. — Selon M. Panofka, cette figurine rappelle, par la noblesse de ses traits, les cariatides du Pandroseum d'Athènes. Ce jugement artistique nous paraît bien peu fondé.

3. *Antiques du cabinet Pourtalès*, pl. XXVIII, p. 98.

4. *Tombeaux des Hellènes*, pl. LXVII, n° 1.

831. — Statuette coloriée. — Une déesse, debout et diadémée, est vêtue d'une tunique talaire qu'elle ramène en avant avec sa main gauche, et d'un *ampéchonium* dont elle tient un pli avec l'autre main. — Athènes. Coll. Fauvel.

832. — Statuette coloriée. — Une femme debout, couverte d'une tunique talaire et de l'*ampéchonium*, ramène près d'elle les côtés de son voile. — Cette figure, découverte à Athènes, a été publiée[1]. — Coll. Fauvel.

833. — Statuette coloriée. — Une femme debout, vêtue d'une tunique talaire en partie cachée sous un grand *péplus* qui recouvre également ses bras. Cette figure est coiffée d'un bonnet, ses pieds portent une chaussure, et ses oreilles sont ornées de pendants. — Athènes. Coll. Fauvel.

834. — Statuette coloriée. — Une femme vêtue d'une tunique, et assise sur un tabouret garni d'un coussin, tient sa jambe droite croisée sur la gauche, et attache sa coiffure avec ses deux mains.

Cette figure, remplie de grâce et de naïveté, n'a point été modelée à l'ébauchoir, ainsi que le pensait M. Panofka[2]. — Athènes. Coll. Fauvel.

835. — Partie supérieure d'une statuette représentant une femme voilée.

836. — Statuette coloriée. — Une musicienne vêtue d'une tunique rattachée à la hauteur de la ceinture, et coiffée en *ruche*, tient appuyée sur sa poitrine l'espèce de petite harpe nommée *trigonum*.

837. — Statuette coloriée. — Un esclave comique, assis les jambes écartées sur une amphore, et la main gauche portée à son menton, paraît méditer un vol ou un mensonge.

838. — Statuette coloriée. — Un acteur comique, debout, a les bras et les mains enveloppés dans une draperie qu'il relève jusqu'à la hauteur du sein.

1. Stackelberg, *Tombeaux des Hellènes*, pl. LI.
2. *Antiques du cabinet Pourtalès*, pl. XXXI, p. 114 et 115.

839. — Statuette. — Un personnage grotesque dont les jambes sont écartées (*spintrienne*). Répété deux fois.

840. — Statuette. — Une figure à demi couchée sur le dos d'une truie. — Jouet d'enfant.

841. — Statuette. — Une figure accroupie sur le dos d'une grenouille. — Jouet d'enfant.

842. — Petite tête de femme coiffée *en fronde*, et qui peut avoir fait partie d'une statuette. Cette tête, l'un des chefs-d'œuvre de la plastique grecque, a été découverte à Athènes[1]. — Coll. Fauvel.

843. — Autre petite tête dont la chevelure est attachée en arrière[2]. — Athènes. Coll. Fauvel.

844. — Quatre autres petites têtes, débris de statuettes : parmi elles se trouve celle d'une Minerve.

845. — Un petit chariot attelé de deux chevaux et monté sur deux roues. — Jouet d'enfant. Trouvé à Tarente.

846. — Une espèce de *fardier* ou de haquet, monté sur quatre roues pleines de deux grandeurs différentes, mais sur lesquelles sont peints en noir des rayons et des jantes. Le corps de cette voiture rustique se compose de deux brancards terminés à l'avant par des têtes de chevaux harnachés et placés sous un même joug. Ces pièces principales sont réunies à l'arrière par un essieu, et, à la hauteur des premières roues, par un autre essieu[3], sur lequel pose un petit plateau de forme hémicirculaire, fermé par une barre. Cette partie, dont nous ne pouvons guère indiquer l'usage, est garnie de deux manières d'étuis qui se réunissent à leur base et s'attachent à une pièce en forme de timon très-court, dont l'extrémité antérieure vient s'unir au centre du joug dont il a été parlé. — Ce jouet d'enfant,

1. Stackelberg, *Tombeaux des Hellènes*, pl. LXXVII, nos 3 et 4. — Nous sommes forcé d'ajouter que cette tête, ainsi que la plupart des autres terres cuites figurées dans cet ouvrage, sont tout à fait hors du caractère des originaux.

2. *Ibid.*, pl. LXXVI, no 1.

3. Ces essieux sont creux, et traversés par des broches de bronze dont les bouts se terminent en moyeux.

parfaitement complet, et qui doit être la copie exacte d'un objet d'usage, a été découvert dans l'un des tombeaux de Nola.

847. — Bas-relief représentant un jeune Faune qui saute et qui joue de la double flûte entre deux Ménades qui dansent.— Haut., 26 cent. Long., 30 cent.

848. — Fragment supérieur d'un bas-relief représentant un mariage. On y voit encore la figure de l'épousée, celle d'une femme qui l'accompagne, et le bras droit ainsi que la tête de son époux. — Ce beau fragment, dont la composition entière se retrouve sur un autre bas-relief [1], a été publié [2]. — Coll. Dufourny, *Cat.* n° 139. — Haut., 35 cent. Long., 34 cent.

849. — Fragment appartenant à la suite du sujet précédent. —Un jeune homme nu et qui présente l'idéal d'Hercule [3], marche et porte sur l'épaule gauche un petit taureau vivant. Ce personnage est suivi d'une femme qui porte un bâton auquel sont suspendus un lièvre et deux pigeons, et dont la main droite tient un jeune sanglier. — Coll. Dufourny, *Cat.* n° 139. — Haut., 41 cent. Long., 54 cent.

850. — Bas-relief de forme cintrée. — Buste de femme voilée et parée d'un collier. L'emploi décoratif de ce bas-relief nous est inconnu. — Haut., 47 cent.

851. — Bas-relief de forme carrée. Un homme coiffé d'une tiare, soutient une femme agenouillée sur un autel et dont la main droite élevée tient un petit vase en forme de *diota*. Devant ce groupe est placé un homme debout, presque nu, portant un enfant sur ses bras.

Ce bas-relief, qui contient en outre des inscriptions hiéroglyphiques, est moderne.

852. — Petit monument votif surmonté des têtes de Jupiter,

1. *Admiranda roman.*, tab. 57.
2. Guattani, *Mon. ant. ined.*, aprile 1785, tav. 31.
3. Cette figure se retrouve sur une superbe intaille d'Antérote, appartenant à la magnifique collection du duc de Devonshire, sur une autre pierre publiée par Bracci, et enfin sur deux sardoines de la galerie de Florence. Tout porte à croire qu'elle est imitée d'un original célèbre qui n'existe plus.

de Neptune et de Pluton. Au-dessous d'elles sont figurés le attributs de ces divinités. Plus bas, on lit :

DIIS PROPI.
M. HERENNI.
VIVATIS.

Cet objet, qui est bien exécuté, nous paraît pourtant d'une antiquité très-suspecte.

853. — Petit buste de Bacchus. Sa tête est ceinte du *crédemnon* et d'une branche de lierre. Sur son épaule droite est attachée une *nébris*.

Ce buste surmonte une base creuse et de forme ronde, qui présente en avant une ouverture carrée.

854. — Forme ronde ouverte par-dessous et soutenue par trois griffes de lion. Sur sa partie supérieure est exécutée en bas-relief une tête de Minerve vue de profil, dont le casque est orné d'un serpent. — Coll. Durand, *Cat.* n° 1548.

855. — Figure découpée. — Elle représente une danseuse debout, dans l'action de marcher, tenant une crotale de la main gauche qui est abaissée, et portant à son front une autre crotale avec la main droite. Cette figure, dont les cheveux sont noués en arrière, est vêtue d'une tunique courte, et ses bras sont chargés d'une draperie légère. Un *carcan* formé par une feuille d'or entoure son cou; une espèce d'autel placé derrière ses jambes n'offre aucun ornement particulier.

Ce morceau d'applique, de style ancien, et dont toutes les parties sont rehaussées de couleurs, a été publié [1].

856. — Figure semblable à la précédente, et également coloriée.

857. — Un petit masque de Satyre barbu, vu de face. Objet d'application. — Fabrique étrusque.

858. — Un coq, sujet d'application.

859. — Une tortue.

860. — Une pomme.

1. *Antiques du cabinet Pourtalès*, pl. XXVIII, p. 97.

861. — Empreinte de haut-relief placée au fond d'une coupe de forme évasée. — Buste représentant l'Amour embrassant une femme couronnée de lierre. Le reste du champ intérieur de ce vase est couvert de cercles, d'échiquiers et de losanges grossièrement gravés sur une surface de couleur brune et faiblement émaillée. — Trouvé à Milo. Coll. de M. l'amiral Halgan. — Haut., 18 cent.

862. — Bacchus enfant reposé à terre; sa tête est ceinte du *crédemnon* et d'une couronne de lierre; sa main gauche s'appuie sur le sol, et la droite tient un objet dont la forme est peu reconnaissable, mais qui ressemble assez à une petite draperie. Le jeune dieu est placé sous une espèce de grotte bordée de pampres mêlés de grappes, et dont l'arrière est garni d'un goulot et d'une anse émaillés en noir.

Ce joli vase, dont toutes les parties sont peintes, a été publié[1]. — Athènes. Coll. Fauvel.

863. — Un jeune Silène, assis à terre, joue avec un oiseau. Cette figure forme la panse d'un vase garni d'un goulot et d'une anse émaillés en noir. Cet objet, qui provient également des tombeaux d'Athènes, a été publié[2]. — Coll. Fauvel.

864. — Une Sirène coiffée de longues tresses, et dont la tête est tournée à droite. Cette figure est surmontée d'un goulot auquel s'attachait une anse. — Ce vase a été publié[3].

865. — Vase. F. 72. — Chacune de ses deux faces est ornée d'un bas-relief représentant Bellérophon monté sur Pégase et combattant la Chimère. Le héros est coiffé du pétase, couvert d'une chlamyde, chaussé de bottines et armé d'une lance. La Chimère présente deux têtes, l'une de chèvre, l'autre de lion; sa queue est formée par un serpent. Une bordure de flots entoure cette composition, qui se trouve sur des vases de même forme[4]. — Coll. Durand, *Cat.* 1552. — Haut., 27 cent.

1. Stackelberg, *Tombeaux des Hellènes*, pl. XLIX, n° 1. — *Antiques du cabinet Pourtalès*, pl. XXVIII, p. 91-94.
2. *Antiques du cabinet Pourtalès*, pl. XXVIII, p. 94.
3. *Ibid.*, pl. II, p. 73-74.
4. *Catalogue Durand*, n° 1551. — *Bulletino*, etc., 1831, p. 80.

866.—Vase formé par une tête de femme coiffée d'une espèce de tiare garnie d'une mentonnière, et dont le haut se termine par un goulot garni d'une anse.

867. — Vase en forme de *mouflon* couché à terre. Ce vase, garni d'un goulot et d'une anse, est recouvert d'une couche légère d'émail vert. Il a été publié[1]. — Trouvé à Egine.

868. — Vase à une anse. — Forme de bélier.

869.—Vase représentant un lièvre, la tête rejetée sur le dos et les quatre pattes attachées deux par deux. Un goulot placé au-devant du cou complète cette forme singulière, dont le pelage et quelques autres parties sont indiqués par des rehauts d'émail. — Vulci. Coll. Durand, n° 1313. — Long., 22 cent.

870. — F. 25. — Vase garni d'une anse ornée d'un nœud.

871. — Vase à deux anses, garni de son couvercle.—Haut., 16 cent.

872. — Assemblage de huit petits vases accolés au pourtour d'un tube élargi du bas. — Haut., 18 cent.

873. — Vase de forme annulaire, garni d'un goulot.—Diam., 14 cent.

874. — Une coupe en forme de coquille.

875. — Un petit pot garni d'une anse.

876. — Antéfixe[2] décorée d'un sphinx à deux corps qui sont assis en regard et surmontés d'une seule tête ; cette figure porte des ailes dont les extrémités sont recourbées. Sa tête est dominée par une palmette d'où s'échappent deux autres arabesques.

Ce beau débris d'architecture, trouvé à Pella, ancienne capitale de la Macédoine et patrie d'Alexandre, a été publié[3]. — Coll. Cousinery.

1. *Antiques du cabinet Pourtalès*, pl. II, p. 122.
2. *Ibid.*, n° 8.
3. M. Bröndsted, *Voyage dans la Grèce*, p. 153, 294 et 295.

877. — Gouttière formée par l'avant d'un chien. — Deux objets semblables ont été publiés[1].

878. — Tête d'homme imberbe et vue de face. — Haut., 27 cent.

879. — Tête d'homme barbu et voilé. — Haut., 28 cent.

880. — Lampe de forme longue et garnie de trois bélières.— Le dessus est orné d'un bas-relief représentant l'enlèvement de Ganymède[2].

881. — Lampe à quatre becs.— Son centre décoré d'une tête de Silène. Au-dessous : CIVNBIT.

882.— Lampe à un bec. —Une Bacchante debout, tenant un thyrse, et qui paraît être dans le délire de l'ivresse.

883. — Lampe de forme carrée, garnie de deux becs. — Au-dessus, Ulysse, attaché au mât de son navire, écoute le chant d'une Sirène à demi sortie des flots.—CIVNBIT.

884.—Lampe à un bec. —Au-dessus, deux gladiateurs, dont l'un est tombé sur ses genoux.

885. —Lampe à un bec.—Au-dessus, un homme et une femme montés sur un même mulet, près d'un arbre (*spintrienne*). — Coll. Alquier.

886. — Lampe à un bec. — Au-dessus, un homme et une femme près d'un lit et d'un Therme ithyphallique (*spintrienne*). Au-dessous : C. DESSI.

887. — Lampe à un bec. —Au-dessus, un homme et une femme sur un même lit (*spintrienne*). Répété deux fois.

888.—Lampe à un bec. — Au-dessus, un homme et une femme sur un même lit (*spintrienne*).

889. — Lampe à un bec. — Au-dessus, une femme debout sur un crocodile et tenant une palme (*spintrienne*).

1. Caylus, *Recueil d'ant.*, etc., IV, pl. XLI. — D'Agincourt, *Recueil de fragments*, etc., pl. XXIX, n° 1.

2. Cette lampe, ainsi que celles décrites ci-après sous les n°s 881 et 883, nous paraissent d'une antiquité douteuse.

890.— Lampe à un bec. — Au-dessus, deux squelettes debout et en regard paraissent avoir ensemble un entretien très-animé. Une lampe semblable appartient au musée de la ville de Lyon.—Coll. de l'abbé de Tersan.

891.— Lampe formée par une tête de panthère, et dont l'anse est ornée d'une coquille.

892. — Lampe recouverte par un rat qui tient sa tête près du bec pour en lécher l'huile. Cette lampe, qui est fort petite, a dû servir de jouet à un enfant.

893. — Lampe à un bec. — Au-dessus, un dauphin.

894. — Lampe en forme de casque. — Coll. Durand, *Cat.* n° 1806.

895. — Lampe en forme de petit panier à deux anses, et garni d'une bélière. Trouvée à Cervetry. — Coll. Durand, *Cat.* n° 1805.

896. — Lampe à un bec. — Deux cornes d'abondance.

897. — Lampe à un bec. — Au-dessous : FORTIS.

898. — Lampe semblable à la précédente. — CRESCES.

899. — Forme de coupe bordée d'oves. — Son extérieur est orné de six figures d'Amours, etc. — Diam., 15 cent. Haut., 7 cent.

900. — Coupe sans anses. — Son pourtour supérieur est orné de six rosaces. Sur le fond : P...R.FE. (P...R.*fecit*). — Coll. Durand, *Cat.* n° 1464.

901. — Coupe sans anse. — Sur le fond : C. IVL. PRI. F. (*Caius Julius Primus fecit*). — Coll. Durand, *Cat.* n° 1464.

902. — Petit plateau garni de deux anses. Sur le fond : SABINIANVS F. (*Sabinianus fecit*). Coll. Durand, *Cat.* n° 1460.

903. — Vase à une anse, et sur lequel est gravée l'inscription suivante : AVDENTIVS DEO INVICTO. — Trouvé à Trèves. — Haut., 11 cent.

904. — Fragments de cinq autres vases de même fabrique.

905. Fragment de moule d'une coupe. — On y voit l'Amour assis appuyé sur son arc, etc.

906. — Fragment de moule d'une coupe.—Ce débris contient un groupe représentant l'enlèvement de Proserpine et une figure de Minerve.—Il a été trouvé avec le précédent à Saint-Nicolas, près de Nancy. — Coll. Grivaud, *Cat.* n° 204.

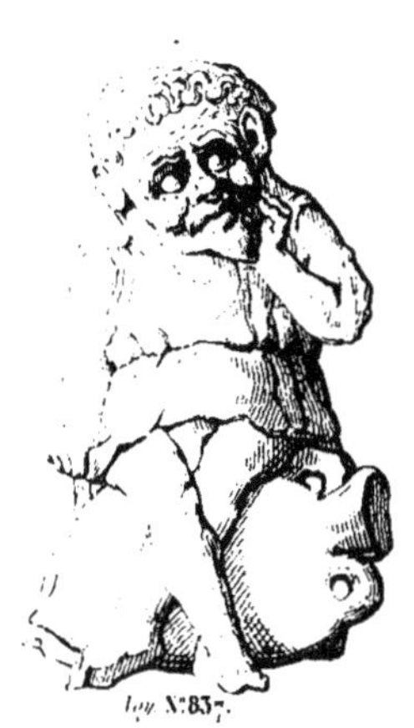

MONUMENTS ÉGYPTIENS

907. — Figurine en serpentine. — Osiris assis, tenant ses insignes ordinaires, le *lituus* et le fléau.

908. — Basalte noir et albâtre. — Parties supérieures de deux figures d'Isis, de travail grec ou romain.

909. — Grès rouge. — Tête d'homme rasé. Sur son front est une *uræus* en bronze, attribut distinctif. — Coll. de l'abbé de Tersan. Sur socle en jaspe panthère.

910. — Albâtre calcaire. — Vase funéraire portant quatre colonnes d'hiéroglyphes, et dont le couvercle est formé par la tête de Hapi, le second des génies de l'*amenti* (l'enfer égyptien). — Haut., 37 cent.

911. — Serpentin noir et blanc d'Egypte. — Vase de forme ovoïde, garni de deux petites oreillettes percées à jour. Vers sa partie supérieure est gravée une inscription hiéroglyphique, en partie effacée, mais où l'on reconnaît encore le cartouche, nom propre d'un Pharaon appartenant à l'une des plus anciennes dynasties. Quelques autres monuments qui portent également le nom de ce roi, sont publiés [1]. — Coll. Mimaut, *Cat.* n° 284. — Haut., 42 cent.

912. — Autre urne de même matière et de forme surbaissée.

913. — Serpentine. — Figure funéraire d'un homme dont le vêtement est couvert de huit lignes d'hiéroglyphes. — Haut., 18 cent.

1. Burton, *Excerpta*, etc., n° 1. — Félix, *Note sopra le dinastie de' Faraoni*, tav. VIII. — Rossellini, *i Mon. del Egitto*, etc., III, p. 4. — Wilkinson, *Maners and Customs*, etc., III, p. 280. — Leemans, *Monuments royaux*, etc., pl. XXX, n° 303. — M. L'hôte, *Lettres écrites d'Égypte*, p. 32 et 52.

914. — Calcaire peint. — Figure funéraire entourée de sept lignes d'hiéroglyphes. — Haut., 25 cent.

915. — Calcaire. — Figure funéraire entourée de sept lignes d'hiéroglyphes. — Haut., 25 cent.

916. — Calcaire. — Stèle funéraire d'un homme représenté en adoration devant six divinités. Au-dessous de ce premier tableau sont placés quinze juges de l'*amenti*. Quatre lignes d'hiéroglyphes remplissent la partie inférieure du champ. — Coll. Choiseul, *Cat.* n° 21.

917. — Albâtre calcaire. — Sept vases de formes diverses.

918. — Basalte olive. — Scarabée funéraire portant dix lignes d'hiéroglyphes.

919. — Basalte vert. — Scarabée funéraire portant sept lignes d'hiéroglyphes.

920. — Spath vert. — Scarabée funéraire portant sept lignes d'hiéroglyphes.

921. — Jaspe olive et basalte vert. — Deux scarabées funéraires, dont l'un a été doré.

922. — Lapis-lazuli. — Amulette représentant Horus-Hiéracocéphale assis.

923. — Cornaline. — Collier composé d'amulettes en forme de *cœur*, alternés de perles en même matière.

924. — Collier composé d'olives en cornaline et en porphyre, alternées de perles de cornaline et d'émail. Le pendant de ce collier est formé par un *cœur* en hématite.

925. — Hématite. — Cinq amulettes représentant une équerre, trois chevets et un niveau.

926. — Statuette en bronze. — La déesse Mouth (la mère), épouse d'Ammon-ra, roi des dieux. Cette seconde personne de la première triade égyptienne, est représentée debout, et la tête couverte du *pschent*. — Haut., 12 cent.

927. — Statuette en bronze. — Le dieu KHONS *androcéphale*, fils d'AMMON-RA et de MOUTH. Sa tête est surmontée d'un disque posé sur un croissant. Ses mains tiennent le *lituus* et le fléau. — Haut., 18 cent.

928. — Statuette en bronze. — La déesse BOUTO, représentée debout et la tête couverte de la partie inférieure du *pschent*. — Haut., 15 cent. Le bras gauche manque.

929. — Statuette en bronze. — Le dieu IMOUTH (l'Esculape égyptien), assis et tenant sur ses genoux un *volumen* à demi déroulé. — Haut., 13 cent.

930. — Statuette en bronze. — OSIRIS-SOCHARIS debout. — Haut., 20 cent.

931. — Statuettes en bronze. — OSIRIS-PETHEMPAMENTES debout (répétée trois fois).

932. — Statuettes en bronze. — ISIS assise, allaitant Horus (répétée deux fois).

933. — Statuette en bronze. — La déesse BUBASTIS (la Diane égyptienne) debout, portant un petit panier suspendu au bras gauche, et tenant une *égide* et un sistre. — Haut., 10 cent.

934. — Statuette en bronze. — Une déesse *léontocéphale* assise et sans attribut. — Haut., 8 cent.

935. — Statuette en bronze. — Un des taureaux sacrés (Apis, Mnévis ou Pacis). — Long., 6 cent.

936. — Statuette en bronze. — Un sphinx couché.

937. — Bronze. — Seau de forme carrée, destiné à contenir l'eau lustrale. Sur ses quatre faces sont représentés en bas-relief : THOTH, ISIS, PHRÉ et HATHOR. — Haut., 9 cent.

938. — Statuettes en bronze. — Un roi coiffé du *klaft*, et assis sur ses talons, adore le jeune HORUS placé devant lui.

939. — Bronze. — Petit seau de forme ronde, et qui était destiné au même usage que le n° 937. Cet objet ne présente aucun ornement.

940. — Amulette en bois. — Un vautour, emblème de la maternité. Cette figurine est dorée.

941. — Amulette en bois. — Une divinité *léontocéphale*, également dorée.

942. — Statuette en bois peint et doré. — Un épervier couché sur ses tarses et dont les ornements de tête sont détruits.

943. — Statuette en bois. — Un épervier couché.

944. — Bois. — Un cuilleron d'offertoire, de forme ronde, et posant sur une fleur de lotus. — Coll. Thedenat, n° 52.

945. — Bois. — Statuette funéraire d'une jeune femme, représentée debout, vêtue d'une longue robe qui forme des plis très-fins, et dont la chevelure volumineuse est partagée en tresses ondulées. Cette figure, qui peut être celle d'une princesse égyptienne, tenait dans ses mains des insignes aujourd'hui perdus. Sa tête est ornée d'un bandeau doré; ses bras et ses poignets sont entourés de bracelets couverts également d'une feuille d'or.

Sur son socle ancien, qui malheureusement n'existe plus, devaient être inscrits ses titres et son nom. — Haut., 22 cent.

946. — Bois. — Statuette funéraire d'un homme représenté debout, vêtu du *schenti*, et dont les mains tenaient des insignes perdus ou détruits. — Haut., 23 cent.

947. — Bois. — Statuette funéraire d'un scribe royal, dont la robe longue et plissée est couverte de six lignes d'hiéroglyphes. — Haut., 17 cent.

948. — Amulette en émail. — Le dieu DJOM (l'Hercule égyptien) debout et coiffé de plumes.

949. — Amulette de forme carrée, en émail. — Sur chacune de ses faces est figuré DJOM, monté sur deux crocodiles, et dont la coiffure repose sur une tête de bélier.

950. — Amulettes en émail. — AMMON-CHNOUPHIS debout (répété trois fois).

951. — Amulettes en émail. — Un bélier, symbole vivant de CHNOUPHIS (répété trois fois).

952. — Amulette en émail. — AMMON-*Générateur* debout.

953. — Amulette en émail. — Le dieu PHTHA (le Vulcain égyptien) debout et appuyé sur un sceptre.

954. — Amulette en émail. — Le même dieu, *patæque* et debout.

955. — Amulette en émail. — Le dieu PHTHA debout sur deux crocodiles ; sur le côté, sur les épaules et au revers se trouvent des figures debout.

956. — Amulette en émail. — Le dieu THORÉ debout.

957. — Amulettes en émail. — Le dieu THOTH (le Mercure égyptien) debout (répété deux fois).

958. — Amulettes en émail. — THOTH tenant l'œil mystique (répété deux fois).

959. — Amulette en émail. — Un ibis, symbole vivant de THOTH.

960. — Amulette en émail. — Le dieu PHRÉ (le soleil) debout.

961. — Amulette en émail. — Un épervier, symbole vivant de PHRÉ.

962. — Amulette en émail. — La déesse PASCH debout.

963. — Fragment supérieur d'une statuette en émail, représentant la même déesse.

964. — Amulette en émail. — L'égide de PASCH.

965. — Amulette en émail. — Une déesse *léontocéphale* assise et sans attribut.

966. — Amulette en émail. — Le dieu NOFRÉ-ATMOU debout sur un lion.

967. — Amulettes en émail. — Le dieu TMOU à demi agenouillé (répété deux fois).

968. — Amulettes en émail. — Isis assise, allaitant Horus (répété cinq fois).

969. — Amulettes en émail. — Isis debout (répété deux fois).

970. — Amulette en émail. — Horus-*Hiéracocéphale* debout.

971. — Amulettes en émail. — Horus-*Androcéphale* donnant les mains à Isis et à Nephthys (répété trois fois).

972. — Amulette en émail. — L'épervier d'Horus, la tête couverte d'un *pschent*.

973. — Amulettes en émail. — Nephthys debout (répété quatre fois).

974. — Amulettes en émail. — Le dieu Anubis debout (répété deux fois).

975. — Neuf amulettes en émail représentant les génies de l'enfer égyptien.

976. — Amulettes en émail. — La déesse Omt (le Cerbère de l'enfer égyptien) sous la forme d'un hippopotame dressé sur ses pieds de derrière (répété trois fois).

977. — Amulette en émail. — Deux taureaux sacrés.

978. — Amulettes en émail. — La vipère *uræus*, emblème de la puissance suprême (répété deux fois).

979. — Amulette en émail. — Une *uræus*, à tête d'épervier.

980. — Amulette en émail. — Un sphinx couché. Cet animal de nature composée, était le symbole de l'intelligence et de la force (répété deux fois).

981. — Amulettes en émail. — Deux grenouilles. Ce reptile était le symbole de la matière première, humide et encore informe.

982. — Amulette en émail. — Un lion couché, symbole du dieu Aroeris.

983. — Amulette en émail. — Un cynocéphale, emblème du second THOTH.

984. — Amulette en émail. — Un hippopotame paissant.

985. — Amulette en émail. — Un crocodile, emblème du dieu SEVEK (le Saturne égyptien).

986. — Amulette en émail. — Un scarabée sans base, emblème de PHTHA et de THORÉ.

987. — Amulettes en émail. — Deux scarabées dont les ailes sont éployées, et qui étaient attachés sur des réseaux funéraires.

988. — Amulette en émail. — Un lièvre de Nubie, emblème d'OSIRIS.

989. — Amulette en émail. — Une chatte assise et qui tient son petit devant elle. Cet animal était l'emblème vivant de la déesse BUBASTIS.

990. — Amulettes en émail. — Cinq yeux humains.

991. — Amulette en émail. — Œil humain surmonté d'une tête de cynocéphale.

992. — Émail. — Deux yeux détachés d'un cercueil de momie.

993. — Amulette en émail. — La moitié d'une couleuvre.

994. — Collier contenant trente et une pièces émaillées. Parmi elles, on remarque le masque de DJOM, l'obélisque, etc.

995. — Autre collier composé de onze pièces émaillées.

996. — Émail. — Trois nilomètres, dont l'un est entouré d'une lame d'or.

997. — Émail. — Une joueuse de double flûte.

998. — Bronze. — Partie supérieure d'un masque humain; les yeux sont en argent.

999. — Amulettes en émail. — Une figure à demi agenouillée et femme assise à terre.

1000. — Statuette en émail. — Une femme debout, tenant devant elle un objet peu reconnaissable.

1001. — Émail. — *Spintrienne* (répété deux fois).

1002. — Émail. — Partie supérieure de l'une des statuettes funéraires trouvées dans le tombeau de Ménephtha Ier, dixième roi de la XVIIIe dynastie thébaine[1].

Ce beau fragment contient la légende entière de ce Pharaon qui vivait dans le XVe siècle avant l'ère vulgaire, et fut le père du grand Sésostris.

1003. — Émail de quatre couleurs. — Statuette funéraire d'un magistrat. — Quatre lignes d'hiéroglyphes. — Haut., 16 cent.

1004. — Email. — Statuette ornée d'hiéroglyphes. — Haut., 20 cent.

1005. — Émail. — Statuettes funéraires de sept personnages différents. L'une d'elles est remarquable par la grande finesse de ses légendes.

1006. — Émail. — Petit masque, débris d'une momie.

1007. — Émail. — Une bague à chaton. — Forme de *couffe*. — Deux formes de vases accolés. — Forme de chevet.

1008. — Statuette en terre cuite. — DJOM debout, couronné de plumes, brandit un glaive et porte un bouclier.

1009. — Terre cuite. — Vase funéraire dont le couvercle est formé par la tête d'AMSÈT, premier génie de l'*amenti*.

1010. — Terre cuite. — Vase funéraire surmonté de la tête de SOUTMAUF, le troisième des génies de l'enfer égyptien. — Haut., 24 cent.

1011. — Terre cuite. — Forme pyramidale, dont le dessous est orné de deux figures, d'une barque et de légendes. — Haut., 16 cent.

1. Seizième prénom de la seconde ligne de la table d'Abydos.

1012. — Terre cuite. — Une espèce de gourde à deux anses.

1013. — Terre séchée. — Base d'une statuette, couverte d'hiéroglyphes tracés en blanc.

1014. — Cire. — Trois figurines représentant le génie HAPI.

1015. — Peau de deux couleurs. — Bandelette du genre de celles que l'on trouve sur la poitrine de quelques momies. Sur l'un de ses bouts est frappée en relief une empreinte représentant l'un des rois du nom d'Osorchon, adorant AMMON-*Générateur*. Deux objets entièrement semblables appartiennent au musée de Leyde[1].

1016. — Un chat enveloppé de ses langes funéraires.

1017. — Corne de rhinocéros? — Cuilleron d'un offertoire.

1018. — Tresse de cheveux, provenant d'une momie.

1019. — Linge à deux chefs, tiré des langes d'une momie.

1020. — Fragment de linge d'une finesse extraordinaire.

1. Leemans, *Monuments égyptiens portant des légendes royales*, p. 112.

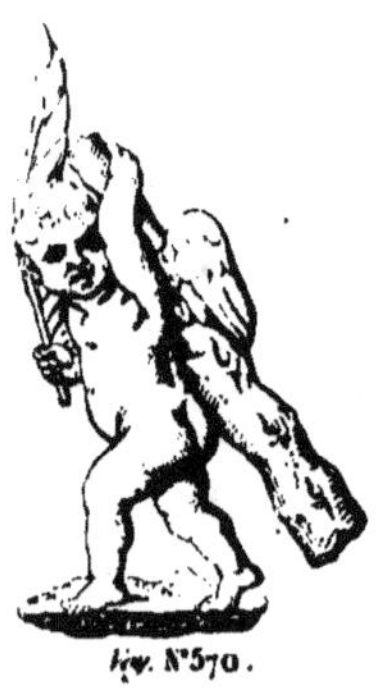

MÉLANGES

1021. — Sculpture exécutée en bas-relief sur les faces opposées et au-dessous d'un morceau de succin de forme irrégulière. — Première face, un homme nu et barbu, d'un aspect farouche et à demi agenouillé, saisit une femme enveloppée d'une grande draperie, et dont la chevelure est retenue par un lien. — Entre ces personnages est une biche.

Revers. — Un grand serpent barbu replié sur lui-même. — Dessous, un petit dauphin.

Cette sculpture, qui appartient à une époque fort ancienne, représente un sujet bien obscur et qui paraît susceptible d'explications très-différentes. Selon M. de Clarac, qui le premier s'est occupé d'elle, on pourrait y voir Augée, fille d'Aléus et mère de Télèphe, dans les bras d'Hercule[1]; mais cette opinion a été combattue par M. Panofka[2], qui pense y retrouver un souvenir des amours de Jupiter et d'*Artémis-Dispœna*.

En laisant, comme il convient, à de plus habiles que nous à décider entre ces deux savants, nous nous bornerons à ajouter que ce morceau de succin, l'un des plus grands connus[3], et provenant sans doute originairement de la côte de Sicile[4], a été découvert dans un des tombeaux de la Grande-Grèce. — Long., 19 cent.

1022. — Succin. — Figurine représentant un adolescent (peut-être Télesphore) debout, la tête nue et le corps enveloppé d'un manteau. — Coll. Durand, *Cat.* n° 2255. — Haut., 6 cent.

1023. — Peinture antique exécutée sur un enduit[5]. — Eu-

1. Nous ignorons dans quel ouvrage M. de Clarac a proposé cette explication, qui ne nous est connue que par la réfutation de M. Panofka.

2. *Antiques du cabinet Pourtalès*, pl. xx, p. 24 et 25.

3. Hauteur, 19 cent.; largeur, 9 cent. 2 millim.; épaisseur, 4 cent. 3 millim. Les cavités ou *chambres* qu'on y remarque, se recontrent assez souvent dans cette matière.

4. Sestini, *Lettres sur la Sicile*, I, p. 65.

5. M. Letronne a parfaitement démontré que ce genre de peinture murale n'avait aucun rapport avec les procédés de la fresque. (Voy. *Lettres d'un antiquaire à un artiste*, p. 360-377.)

terpe debout et diadémée tient de la main droite un *volumen* déroulé, et de la gauche deux flûtes. Cette Muse est couverte d'une tunique talaire, recouverte du haut par l'*ampéchonium*. Ces vêtements sont formés d'une étoffe de couleur verdâtre à reflets rosés.—Haut., 35 cent. Long., 19 cent.

1024. —Os ou ivoire. —Petit bas-relief représentant un suivant de Bacchus, imberbe et nu, portant une ciste sur la main gauche, et dont l'avant-bras est détruit. Entre ses jambes est un *céras* posé à terre.—Haut., 11 cent.

1025. — Ivoire. — Petit médaillon représentant une tête de femme (de Vénus?) vue de profil.

1026. —Os. —Masque de Bacchus couronné de corymbes.

1027. —Ivoire. — Tessère garnie d'une bélière, et de deux anneaux en bronze. Sur ses quatre faces est gravée l'inscription suivante :

C. MVZIO—KAL. XV. I. M—M. VALERIO—BATO.

Aux deux côtés de ce dernier nom sont placées des palmes.

1028.—Marbre noir et blanc, dit *petit antique*.—Vase à une anse, orné de moulures.

1029. —Lave. —Huit poids de forme ronde, déprimés sur leurs pôles, et de grosseurs graduées.

1030. —Os. —Quatre tubes percés de trous et dont l'usage est encore inconnu.

1031. —Partie d'une grosse torche de cire trouvée dans un tombeau près d'Aix, en Provence.

1032. —Echantillon d'un sac de toile trouvé, rempli d'argent, à Pompéi, en novembre 1812, et autre fragment de toile antique.

1033. — Fragment de bois antique, provenant du musée de Portici, et six dés à jouer en cristal, succin, émail et calcaire. Celui en succin a été trouvé à Athènes.

PIERRES GRAVÉES

1034. — Sardonyx orientale à trois couches. C. —Buste lauré de l'empereur Caracalla (?); profil à droite, la chlamyde attachée sur l'épaule droite. — A.

1035. — Sardonyx orientale à deux couches. I. — Buste de Pâris ; profil à gauche. — A.

1036. — Sardoine orientale. C.—Figure d'esclave gravée sur une amulette. Monture en or et perle fine.

1037. — Sardoine. I. — Personnage vêtu d'une tunique et ayant le haut du corps nu, versant un liquide contenu dans un vase sur un foyer.

1038. — Chalcédoine. — Tête de levrier. Travail de ronde-bosse.

1039. — Chalcédoine saphirine. — Masque d'un Silène couronné de pampres. — Ce masque, qui est de travail antique, est monté en forme de buste en bronze doré. — Haut. totale, 103 mill.

1040. —Chalcédoine saphirine. — Espèce de disque percé en croix dans son épaisseur. Sur l'une de ses faces est gravé en relief un masque de Génie. — Travail antique. — Diam., 57 mill.

1041. — Agate-onyx. C. — Tête d'un homme imberbe et portant une chevelure courte. Elle paraît représenter Agrippa. — A.

1042. — Agate-onyx brûlée. C. — Tête de Messaline vue de profil et ornée d'un collier de perles. L'épouse de Claude porte la couronne d'épis, comme Cérès, et l'arrière de sa tête est voilé. — Visconti croyait à l'antiquité de ce camée, que d'autres personnes ont attribué à G. Pickler.

1043. — Agate-sardonyx orientale. C. — Un masque bachique couronné de feuillage. — A.

1044. — Agate-onyx orientale. C. — Fragment antérieur d'une tête de dieu marin. — A.

1045. — Sardonyx orientale à trois couches. C. — Tête laurée d'Agrippine jeune, seconde femme de Claude et mère de Néron. — A.

1046. — Agate-onyx. C. — Tête de Claude, vue de profil. Le fond de ce camée est fracturé. — A.

1047. — Agate-onyx. C. — Une Muse assise, vêtue d'une tunique talaire, et les bras entourés d'une draperie, tient une lyre appuyée sur ses genoux. — A.

1048. — Agate-onyx. C. — Tête d'homme imberbe et portant des cheveux courts. Portrait inconnu d'un personnage romain. — A.

1049. — Sardonyx orientale à deux couches. C. — Un troupeau de sept vaches passant à droite. — A.

1050. — Chalcédoine saphirine. I. — Une vache passant. Cette pierre, qui est très-bien gravée, a été acquise à Constantinople. — A.

1051. — Cornaline. I. — Deux éphèbes (les Dioscures?), la tête nue, et la partie inférieure du corps couverte d'une draperie, sont à demi agenouillés l'un devant l'autre, et jouent aux osselets? En haut du champ est gravée la croix ansée; derrière l'un d'eux se voit un objet qui nous est inconnu; à l'exergue on lit : ΔΙΟΣΚΟΡΟΙ.

Cette pierre percée en amulette, et apportée de Césarée de Cappadoce, a été acquise à Constantinople. — A.

1052. — Sardonyx orientale à deux couches. I. — Pégase lancé à la course. — A.

1053. — Matière brûlée. I. — Fragment contenant un visage mberbe. Très-beau travail grec. — A.

1054. — Sardoine opaque. I. — Le Capricorne. Sur le champ : ΑΞΙΟΥ (d'*Axius* ou d'*Axias*). Ce nom, s'il n'était dispersé, pourrait bien être celui du graveur. — A.

1055. — Agate. I. — Tête juvénile, vue de face, et portant une chevelure qui tombe en boucles sur ses épaules. — A.

1056. — Sardoine foncée. I. — Buste de guerrier barbu et vu de deux tiers. Son bras droit est chargé d'un bouclier dont on ne voit que la partie supérieure. — Copie d'une intaille du cabinet de Florence [1].

1057. — Sardonyx barrée orientale. I. — Une femme, vêtue de long et debout près d'un autel, porte un plateau couvert de fruits, et tient un rameau.

1058. — Chalcédoine-onyx. C. — Une Muse, debout et la tête élevée, pince de la lyre. — A.

1059. — Chalcédoine-onyx. C. — Fragment supérieur d'une figure de Diomèdes enlevant le *Palladium*. — A.

1060. — Agate-onyx. C. — Inscription composée de trois lignes, dont la première contenait peut-être un nom propre qui est mutilé ; sur les autres on lit :

ΦΙΛΙ ΜΕ
CΥΜΦΕΡΙCΟΙ
Aime-moi, tu t'en trouveras bien.

On connaît un certain nombre d'inscriptions annulaires de ce genre. La plupart d'entre elles ont été réunies et expliquées par Villoison [2]. — A.

1061. — Agate-onyx. C. — Tête laurée de Néron, vue de profil. Ce camée a été trouvé à Neuchâtel, en Suisse. — A.

1062. — Sardonyx à deux couches. C. — Un lion passant.

1. Gori, *Mus., florent.*, I, tab. XXV, n° 5.

2. *Mag. encyclop.*, VIIe année, t. II, p. 451. — Sur l'une d'elles est gravé le dialogue suivant : « *Si tu m'aimes, suis-moi. — Je n'aime pas ; ne t'abuse pas. — Je m'en aperçois et j'en ris.* » Sur une autre : *Si tu me paies de retour, tu me seras encore plus chère ; si au contraire tu me hais, puissé-je alors te haïr autant que je t'aime à présent.* »

1063. — Chalcédoine-onyx brûlée. C. — Léda, un genou sur un autel, et caressant le cygne.

1064. — Agate-onyx. C. — Deux autruches, dont l'une prend sa nourriture dans un vase posé à terre. — A.

1065. — Chalcédoine-onyx. C. — L'Amour tenant un flambeau allumé près d'un autel chargé de globules. Derrière l'autel est un ædicule élevé sur une roche. — A.

1066. — Agate-onyx. C. — Copie libre d'un fragment de tête humaine, imberbe et vue de profil, dont l'original appartenait autrefois à la collection du chevalier Azara. La tête est évidée d'épaisseur.

Cet ouvrage est attribué à Amastini.

1067. — Sardonyx orientale. I. — Masque silénique, vu de face et couronné de lierre. — A.

1068. — Agate. I. — Partie inférieure d'un aigle. Fragment. — A.

1069. — Sardoine. I. — Un guerrier nu, casqué et tombé sur ses genoux, tient encore sa lance dont le fer est abaissé. Son bras gauche est chargé d'un bouclier orné d'une tête de Méduse. — A.

1070. — Jaspe sanguin. I. — *Spintrienne.* Sur le haut du champ, une massue. Monture ornée de brillants.

1071. — Niccolo. I. — Un Faune qui saute, tient une grappe et un *pédum.* Monture antique ou carlovingienne en or et travaillée à jour. — A.

1072. — Cornaline. I. — Un Silène à demi agenouillé, tire une épine du pied d'un jeune Faune placé devant lui; entre eux est une colonne surmontée d'un vase, et une vigne couvre l'ensemble de cette composition, qui se retrouve sur d'autres pierres gravées [1]. — A.

1073. — Sardoine. I. — Un Satyre s'approche et soulève le

1. Raspe, *Cat. de Tassie,* n° 4778. — Millin, *Pierres gravées inédites,* pl. XXXVII.

voile qui couvre une femme endormie sur une roche. Derrière lui, l'Amour debout paraît applaudir à l'audace du compagnon de Bacchus. — A?

1074. — Cornaline. I. — Buste lauré de Trajan, élevé sur un modius d'où sortent quatre épis, et sur lequel est posée une balance. Devant le buste : TRAIA.; aux côtés du modius : S. C. (*senatusconsulto*).

Cette pierre est ornée d'une très-jolie monture exécutée au seizième siècle. — A.

1075. — Sardoine. I. — Une femme (Hébé?) les épaules couvertes d'un manteau, et tenant une *phiale*.

1076. — Cristal de roche, percé dans son axe. I. — Hercule jeune, debout et tenant son arc. Monture antique en or. — A.

1077. — Agate-onyx. C. — Un Terme ithyphallique, vu de face. — A?

1078. — Sardonyx orientale. C. — Tête d'un jeune Romain, vue de profil.

1079. — Sardonyx. C. — Tête juvénile, portant une chevelure longue et couverte d'un casque. Cette tête est vue de profil.

1080. — Sardonyx. C. — Un aigle au centre d'une couronne de laurier. — A.

Revers. I. — Rome victorieuse, assise sur une cuirasse et appuyée sur une haste sans fer; près d'elle une cuirasse et un bouclier.

1081. — Agate brune onyx. C. — Tête d'homme portant une barbe courte, et vue de profil. — A?

1082. — Agate-onyx. C. — Une femme à demi nue, et assise sur un siége garni d'un coussin, écarte d'elle le voile qui la couvre. — A.

1083. — Sardonyx orientale à deux couches. C. — Une femme debout et vêtue de long tournant le dos à un Hermès. — A?

1084. — Cornaline *gemmaria*. I. — Tête imberbe et nue de l'empereur Auguste, représenté à un âge peu avancé et vue de profil. Au-dessous d'elle sont gravées les lettres suivantes : ΔΙΟC, que l'on croit être l'abréviation du nom de Dioscourides [1], l'un des quatre célèbres lithoglyphes de l'antiquité [2], et qui grava le sceau d'Auguste [3].

La présence de ces lettres, qui peuvent commencer deux noms différents [4] et qu'on retrouve même sur quelques pierres d'un mérite inégal [5], ne suffirait pas à elle seule pour établir rigoureusement une telle origine, si d'ailleurs le beau choix de la matière, et surtout la perfection du travail, ne venaient prêter tout l'appui désirable à cette opinion [6]. — Coll. Beugnot, *Cat.* n° 408. — A.

1085. — Jaspe à deux couches. C. — Tête d'un homme barbu, portant des cheveux courts et vue de profil.

1086. — Agate-sardoine. C. — Tête d'Hadrien vue de profil.

1087. — Sardonyx. C. — Tête d'Ulysse, coiffée du *piléus* et vue de profil. — Ouvrage attribué à G. Pickler.

1088. — Agate-onyx. C. — Tête d'homme barbu vue de profil.

1089. — Agate-onyx. C. — Buste d'un guerrier casqué, portant la moustache, et tenant son bouclier appuyé contre l'épaule gauche.

1. Et non *Dioscorides*, comme on l'écrit généralement. Le nom de Dioscourides, qui signifie *fils de Jupiter*, se trouve ainsi sur les ouvrages authentiques de cet artiste, et dans quelques manuscrits de Pline, où il est orthographié *Dioscurides*, ce qui rend très-bien la prononciation grecque.

2. Pline, *Hist. Nat.*, l. XXXVII, c. I.

3. Pline, *ibid.* — Dion, *Hist.*, l. LI. — Suétone, *Aug.*

4. Dioscore, Dioscorides ou Dioscourides. Quant au nom de Diosphore, que l'on pourrait joindre à ceux-ci, M. Letronne nous prévient qu'il ne présente encore qu'un exemple unique et peu certain.

5. Winckelmann, *Cat. de Stosch*, p. 339, n° 128. — Bracci, *de ant. Sculpt.*, tab. 67 et 68. — Raspe, *Cat. de Tassie*, n° 996, 4088, 7418, 8860. — Millin, *Pierres gravées inédites*, pl. IX.

6. *Bull. de l'Inst. archéolog.*, 1834, p. 128. — L'empreinte de cette pierre fait partie de celles recueillies par Cadès. (*Cent.* IV, n° 93.)

1090. — Jaspe sanguin. C. — Tête de femme voilée, vue de profil.

1091. — Agate-onyx. C. — Tête de femme laurée (dite de Sapho), vue de profil. — A.

1092. — Agate-onyx. C. — Tête présumée de Caracalla, vue de profil.

1093. — Hématite. I. — Un ibis debout, la tête entourée d'une auréole rayonnante, et les pattes appuyées sur un serpent qui se dresse devant un obélisque chargé de caractères mal formés.

Revers. — AEH-IOY (abraxas).

1094. — Agate-onyx. C. — Tête d'homme barbu, vue de profil.

1095. — Sardonyx. C. — Tête d'Agrippa, vue de profil.

1096. — Agate-onyx. C. — Buste lauré et cuirassé de Charles-Quint, vu de profil. — Ouvrage du XVIe siècle.

1097. — Sardonyx orientale à deux couches. C. — Tête de Méduse, vue de face.

1098. — Cornaline. C. — Buste d'Hercule vieillissant et couvert de la dépouille du lion, vu de deux tiers. — Cette pierre a été acquise à Constantinople.

1099. — Agate-onyx. C. — Portrait d'un jeune homme imberbe et vu de profil. — Attribué à Capparoni.

1100. — Agate-onyx. C. — Tête d'un vieillard barbu, vue de profil.

1101. — Sardoine. I. — Cérès montée sur un char attelé de deux serpents. — Attribué à Berini.

1102. — Cornaline. I. — Tête de Bacchus jeune, vue de profil. Le dieu porte un thyrse sur l'épaule gauche, et devant son visage est placé un canthare. A l'exergue se lit le nom de Brown, habile graveur anglais.

1103. — Sardoine claire. I. — L'Amour à demi couché sur la terre et appuyé sur le bras droit. Copie incomplète d'une intaille de Phrygillus qui appartenait au chevalier Vettori [1]. — Cet ouvrage est attribué à l'un des Pickler.

1104. — Cornaline. I. — Buste d'Antinoüs, vu de profil.

1105. — Cristal jaune foncé. I. — Tête dite de Mécène, vue de profil.

1106. — Agate. I. — Vase orné d'un bas-relief représentant une femme assise devant un Terme. — XVIe siècle.

1107. Sardoine claire. I. — Têtes profilées des triumvirs Octave, Antoine et Lépide.

1108. — Cornaline. I. — Un génie bachique, couronné de pampres, tenant une couronne et un thyrse et monté sur un lion. — A?

1109. — Sardoine. I. — Buste d'un homme imberbe et d'un âge mûr.

1110. Sardoine barrée. — I. — Un Bacchant qui porte un enfant, s'appuie sur l'épaule d'une Bacchante qui les regarde. Près d'eux un canthare renversé et un petit égipan qui saute.

1111. — Agate. C. — Portrait de femme vue de face. Sa chevelure, qui descend sur ses épaules, est retenue par un ruban; son manteau est attaché sur sa poitrine par une agrafe. — Travail du Bas-Empire.

1112. — Jaspe-onyx. C. — Hercule armé d'une massue, assommant un Centaure.

1113. — Jaspe-onyx. C. — Un enfant (Hercule?) assis sur une roche, et tenant deux serpents.

1114. — Onyx baignée. C. — Un homme debout, vu de face, coiffé du *klaft*, et vêtu du *sabou*. Ce personnage, qui n'a d'é-

1. Winckelmann, *Cat. de Stosch*, p. 337, n° 731. — Lessing, *Collect.* I, p. 275. — Busching, *Steinschneidekunst*, p. 34. — Raspe, *Cat. de Tassie*, pl. XLII, n° 6601.

gyptien que le costume, tient le devant d'une chèvre, et un petit lion suspendu par la queue.

1115. — Hyacinthe. C. — Buste de femme vue de face; sa coiffure et les draperies sont en or.

1116. Agate-onyx. C. — Une femme accroupie à terre, trempe sa main droite dans une coupe et paraît faire une aspersion. — Donné par l'impératrice Joséphine.

1117. — Agate-onyx. C. — Vénus debout sur un dauphin, fait flotter une voile; devant elle, un Amour sonne de la conque. — Travail du XVIe siècle.

1118. — Trois pierres montées sur une même bague. — Cornaline. I. — Deux oiseaux en regard. Sur le haut : TINV. — Agate-onyx. C. — Masque théâtral, vu de profil. — Cornaline. I. — Deux bœufs. — A.

1119 — Cornaline-onyx. C. — Un lion passant.

1120. — Sardoine. I. — Hercule jeune et debout, porte sa massue, son arc et sa peau de lion. Derrière lui est une colonne entourée d'une guirlande et surmontée d'un vase. — Copie d'une intaille publiée par Caylus [1] et à laquelle on a ajouté le nom mal orthographié du célèbre graveur Pamphile (NAMΦIΛ).

1121. — Agate-onyx. C. — Un homme barbu, tenant une couronne, monte un petit char traîné par deux lions. Sur le second plan, une femme qui marche, porte une corne d'abondance et deux rameaux.

1122. — Agate-onyx. C. — Tête de femme vue de profil. — Ouvrage attribué à Rega.

1123. — Sardonyx orientale. C. — Masque satyrique, barbu et vu de face.

1124. — Chatoyante, dite *œil de chat*. C. — Tête de singe, vue de face.

1. *Recueil d'antiquités*, etc., II, pl. XLVIII, n° 3.

1125. — Sardonyx brûlée. C. — Clélie nue à cheval, traverse le Tibre. — Ouvrage du XVIe siècle.

1126. — Cornaline-onyx. C. — Buste de jeune femme vue de profil. — Ouvrage de Morelli.

1127. — Agate-onyx. C. — Tête d'Hercule jeune, vue de profil; derrière elle : SEIII.

1128. — Agate-onyx. C. — Vénus et l'Amour. — Ouvrage du XVIIe siècle.

1129. — Cornaline. I. — Deux guerriers conduisant un taureau devant une statue de Mars.

1130. — Cornaline. I. — Tête d'homme, le front découvert, la barbe courte et les cheveux bouclés. Portrait. — A.

1131. — Cornaline. I. — Buste d'homme (peut-être de Tibère) portant des cheveux courts et vu de face. Sur le champ : EΛIOC (*Elius*). — Cette pierre a été acquise à Constantinople [1].

1132. — Cornaline. I. — Tête de Julie fille de Titus. Copie de celle du graveur Évodus, conservée au cabinet des médailles de la bibliothèque impériale [2].

1133. — Cornaline. I. — Tête d'homme. Selon Visconti, elle représente D. Ænobarbus, père de Claude. — A.

1134. — Cornaline claire. I. — Sacrifice à Priape. Composition de cinq figures. — Ouvrage du XVIe siècle.

1135. — Cornaline. I. — Tête laurée d'un empereur romain, vue de profil. — A.

1136. — Cornaline. I. — Tête de Tibère; sur le champ : AYΛOY (*ouvrage* d'Aulus). Le nom de ce graveur étant court et composé de lettres d'une forme simple, est l'un de ceux dont les faussaires ont le plus fréquemment abusé [3].

1. Cette tête est imitée d'une intaille d'Ælius (AIΛIOC) qui appartient au duc Corsini, à Rome. (*Voyez* Bracci, *de ant. Sculpt.*, I, tab. II.)

2. Stosch, *Pierres antiques gravées*, etc., pl. XXXIII. — Bracci, *de ant. Sculpt.*, I, tab. LXXXIII.

3. Le célèbre graveur Natter avoue lui-même l'emploi qu'il a fait de ce nom sur quelques pierres gravées. (Voyez *de la Méthode antique de graver en pierres fines*, etc., p. 30 et 39 de la Préface.)

1137. — Cornaline. I. — Buste d'homme jeune, imberbe, et portant un manteau attaché sur l'épaule gauche. Sur le champ : KOΠ.

1138. — Cornaline à demi brûlée. Tête d'un Romain portant la barbe courte, et vue de profil. Autour d'elle est gravée la légende suivante : Q. CAES. LVSTHALES. — A.

1139. — Plasma. I. — Tête d'homme à barbe courte, et vue de profil.

1140. — Agate blanche. I. — Tête de l'impératrice Sabine, vue de profil.

1141. — Agate girasol. I. — Tête de Thésée, couverte de la dépouille du taureau de Marathon. Sur le champ : SCIPI. AE.

1142. — Aigue marine. I. — Tête de Julie fille de Titus, semblable à celle d'Évodus [1]. — A?

1143. — Agate blanche nébuleuse. I. — Tête de Drusus fils de Tibère, vue de profil.

1144. — Chalcédoine saphirine. I. — Tête barbue et voilée. Autour d'elle sont gravés un couteau de sacrificateur, un lituus augural, un oiseau et les initiales C. N. V..

1145. — Améthyste incolore. I. — Tête de Bacchante couronnée de lierre.

1146. — Agate blanche. — I. — Le taureau Dionysiaque bondissant. — A.

1147. — Albâtre d'Égypte. I. — Un unicorne paissant. Cette pierre, de travail sassanide, porte une monture antique. — A.

1148. — Niccolo. I. — Un homme debout et vêtu d'une tunique courte, tient un rameau de vigne. Derrière lui est un cep chargé de raisins. — A.

1149. — Niccolo. I. — Œdipe debout et armé d'une lance, porte la main droite à son front, et s'apprête à répondre aux questions du sphinx, qui est assis sur une roche. — A.

1. *Supra*, n° 1132.

1150. — Niccolo. I. — Jupiter enfant, assis à terre sous la chèvre Amaltée. A l'exergue de cette jolie gravure on lit : PRIMI. — A.

1151. — Niccolo à quatre couches. I. — Entre une palme et un caducée on lit : CORINTVS. — A.

1152. — Jaspe-onyx. I. — Tête dite de Cicéron vue de profil. Derrière elle sont gravées les initiales du nom de ce grand orateur : M. T. C. (*Marcus Tullius Cicero*).

1153. — Niccolo. I. — Visage de Jupiter lauré. — Fragment. — A.

1154. — Niccolo pâle. I. — Aristée debout porte un bélier sur ses épaules. Près de lui un arbre. — A.

1155. — Niccolo. I. — Un sanglier passant. — A.

1156. — Sardonyx orientale à trois couches. I. — Un héros nu et à demi agenouillé, arrache un trait qui lui perce le sein ; son bras gauche est chargé d'un grand bouclier. — A.

1157. — Sardonyx barrée orientale. I. — Hercule barbu marche et se retourne en levant sa massue de la main droite, tandis que la gauche tient contre son épaule le trépied d'Apollon.

Cette figure isolée peut être la copie réduite d'une statue célèbre. — A.

1158. — Sardonyx barrée orientale. I. — Un *Palique* nu et portant une longue chevelure, est assis et achève au ciselet une tête de Méduse placée au centre d'un bouclier soutenu par l'un de ses frères. Cette pierre, d'ancien travail, et dont le champ est entouré d'un grènetis, a été découverte à Césarée de Cappadoce, et acquise à Constantinople. — A.

1159. — Sardonyx rubanée orientale. I. — Un griffon dévorant un autre animal chimérique. — A.

1160. — Sardonyx orientale. I. — Un héros, nu et barbu, tombé sur ses genoux. Son bras gauche est chargé d'un bouclier argien, et sa main droite arrache un dard qui lui perce le corps. — A.

1161. — Sardonyx orientale à trois couches. I. — Iris (ou la Victoire), debout, tient une phiale. — A.

1162. — Sardonyx orientale à trois couches. I. — Une panthère debout et qui tourne la tête ; près d'elle un thyrse, et sur le haut du champ un canthare renversé. — A.

1163. — Sardonyx orientale à trois couches. I. — Un cheval paissant au-dessous d'un cheval debout. — A.

1164. — Sardonyx orientale à trois couches. I. — Esculape debout et appuyé sur le jeune Télesphore. — A.

1165. — Sardonyx orientale à trois couches. I. — Tête imberbe et laurée ; devant elle un foudre ? — A.

1166. — Cornaline. I. — Buste en hermès, lauré, barbu et vu de profil. — A.

1167. — Sardoine. I. — Argo, tenant une espèce d'*herminette*, travaille à la construction de son navire. Le pourtour du champ est orné d'un grènetis.

L'empreinte de cette pierre fait partie de la suite formée par le graveur Cadès [1]. — A.

1168. — Hyacinthe. I. — Ajax, fils de Télamon, nu, barbu et agenouillé, se perce le sein d'un coup d'épée; près de lui est son bouclier.

Devant le héros sort de terre la fleur qui naquit de son sang [2].

1169. — Cornaline. I. — *Éros* et *Antéros* se disputant une couronne. — A.

1170. — Cornaline. I. — Buste d'un guerrier barbu, couvert d'un casque, et vu de profil.

1171. — Cornaline. I. — Le sphinx assis devant un autel allumé. — A.

1172. — Cornaline. I. — Minerve planant sur la terre et portant un trophée. — A.

1. IIIe *Centurie*, n° 64. — *Annali*, etc., VI, p. 120.
2. Ovide, *Métamorph.*, l. XIII, fab. IV.

1173. — Cornaline. I. — Un bœuf paissant. — A.

1174. — Cornaline. I. — Un sanglier en arrêt. — A.

1175. — Sardonyx à trois couches. I. — Une panthère qui s'élance. — A.

1176. — Sardoine. I. — Uue chasseresse (Atalante ?) tenant une hure de sanglier, et posant la main gauche sur un cippe ; près d'elle est gravé un objet peu reconnaissable.

1177. — Onyx à deux couches. I. — Un hippocampe; au-dessus de lui plane un Amour tenant son arc; au-dessous sont gravés un globe et un dauphin. — A.

1178. — Sardoine claire. — Tête laurée d'Hercule, vue de profil. — A.

1179. — Sardoine. I. — Un Faune dans le délire de l'ivresse tient un thyrse et une grappe. Une *pardalide* couvre son bras droit, et un canthare est renversé à ses pieds.

Cette pierre est copiée d'après la belle pâte antique portant le nom du graveur Pergamus, qui fait partie de la collection de Florence [1].

1180. — Cornaline. I. — Tête de jeune femme voilée, vue de profil. — A.

1181. — Grenat. I. — Tête juvénile portant une chevelure bouclée retenue par un lien. Ce buste se termine en hermès. — A.

1182. — Cornaline. I. — Une colonne rostrale appuyée sur une tête de bélier et décorée de six proues de navires. Ce monument naval est surmonté du buste d'un personnage romain, placé entre une enseigne militaire, une lance et un bouclier. — A.

1183. — Sardonyx à trois couches. I. — Tête de Mercure, vue de profil. — A.

1. Gori, *Mus. florent.*, II, tab. III, n° 2. — Stosch, *Pierres antiques gravées*, pl. XLIX. — Bracci, *de ant. Sculpt.*, II, tab. XCII.

1184. — Émail rouge. I. — Tête laurée de Jules César, vue de profil. Derrière elle se voit le *lituus* pontifical, de l'autre côté une étoile et ces mots : DIVO IVLIO. — A. Monture enrichie de deux roses.

1185. — Cornaline. I. — La Fortune debout et vue de face. Sa main gauche s'appuie sur un gouvernail, et la droite soutient une figure de Bacchus tenant un canthare et un thyrse ; sa tête est surmontée d'un disque cornu servant de base à deux longues plumes, dont les côtés sont ornés de têtes d'animaux.

Cette jolie pierre, trouvée à Césarée de Cappadoce, a été acquise à Constantinople. — A.

1186. — Onyx à trois couches. C. — Tête de profil d'un jeune homme, vêtu d'une chlamyde. Visconti pensait y retrouver les traits de Diadumène, fils de Macrin. — A.

1187. — Sardonyx à deux couches. C. — Tête de Méduse, vue de deux tiers. — Trouvée à Athènes. — A.

1188. — Agate-onyx. C. — Partie d'arrière d'un cheval debout. Fragment. — A.

1189. — Sardonyx à deux couches. C. — Tête de femme vue de profil et diadémée.

1190. — Cornaline brûlée. I. — Tête laurée du grand Constantin ; près d'elle : TVIX. — A.

1191. — Cornaline. I. — Tête laurée de l'empereur Hadrien.

1192. — Cornaline *gemmaria*. I. — Visage d'un homme portant une moustache, et dont les traits nous sont inconnus. Fragment d'une excellente gravure exécutée sur une matière de la plus grande beauté. — A.

1193. — Cornaline. I. — Tête d'Appollon, vue de profil et couronnée de laurier.

1194. — Onyx à trois couches. C. — Tête de femme vue de profil. Monture ornée de roses.

1195. — Cornaline. I. — Tête de Brutus le jeune (Marcus Junius) vue de profil entre deux poignards ; sur le champ : ΚΑΙΣΑΡΟΣ ΑΝΤΙ.

Selon saint Ambroise [1], les portraits de Brutus et Cassius étaient gravés sur les anneaux de quelques soldats, qui, pour ce fait, furent envoyés au supplice.

1196. — Grenat. I. — Tête du même personnage, vue de profil.

1197. — Sardonyx brouillée. I. — Tête dite de Mécène, vue de profil, et portant le nom supposé du graveur Solon (ΣΟΛΩΝ) Imitation libre de l'un des ouvrages de cet artiste, représentant le même sujet [2].

1198. — Sardonyx orientale à trois couches. I. — Tête de femme vue de profil.

1199. — Sardoine. I. — Tête de Lysimaque coiffée d'une peau d'éléphant, et vue de profil.

1200. — Cornaline. I. — Tête d'enfant, vue de deux tiers.

1201. — Cornaline-onyx. C. — Tête d'enfant, vue de deux tiers. — A.

1202. — Jaspe-onyx à deux couches. C. — Tête d'une dame romaine, vue de profil.

1203. — Sardonyx. C. — Une chouette, vue de face.

1204. — Cornaline-onyx. C. — Terme de Priape devant un cep.

1205. — Sardonyx orientale à trois couches. C. — Tête d'Alexandre le Grand, portant la corne d'Ammon, et surmontée de quelques rayons semblables, par la forme, à ceux qu'on remarque quelquefois sur la tête de ce dieu [3]. Cette tête est vue de profil. — A ?

1. L. I, Off., c. 43.

2. Baudelot, *Mém. de l'Acad. des inscript.* III, p. 406. — Stosch, *Pierres antiques gravées*, pl. LXII. — Bracci, *de ant. Sculpt.*, etc., II, tab. CV. — Gori, *Mus. florent.*, II, tab. X, nº 2. — Visconti, *Iconographie romaine*, pl. XIII, nº 4.

3. Gori, *Mus. florent.*, I, tab. LIII, nºs 7 et 8.

1206. — Sardonyx orientale à deux couches. C. — Diomèdes, le corps nu, et les bras couverts d'une draperie flottante, porte le Palladium appuyé contre son épaule gauche, et tient sa lance de la main droite. Près de lui est le cippe sur lequel reposait la statue qu'il vient d'enlever.

Au revers. — Un poignard et une torche près d'un phallus.

1207. — Agate-onyx. C. — Hercule assis sur une peau de lion est appuyé sur sa massue; devant lui un arbre. — Travail du seizième siècle.

1208. — Agate blonde. C. — Deux lions passant de front, et dont l'un tourne la tête de face.

1209. — Sardonyx. C. — Tête de nègre, vue de profil.

1210. — Améthyste percée en amulette. I. — Un guerrier nu, armé d'un casque et d'un bouclier, tient une tête humaine sur sa main gauche. A ses pieds est une cuirasse.

Ce sujet, qui se trouve sur d'autres pierres gravées, a été diversement expliqué.

1211. — Sardoine claire. I. — Vulcain forgeant un bouclier devant Minerve debout, armée de sa lance et appuyée sur son bouclier; derrière Vulcain est un cippe surmonté d'un casque. — Copie d'une intaille publiée par Ficoroni [1] et reproduite par Millin [2].

1212. — Grenat. I. — L'Amour, couvert d'une peau de lion et portant la massue d'Hercule, tient de la main gauche un objet peu reconnaissable et suspendu par un lien. Derrière cette figure est gravé le nom de Louis Pickler (Λ. ΠΙΧΛΕΡ).

1213. — Péridot. I. — Apollon assis sur une roche, le carquois sur le dos et les jambes couvertes d'une draperie, pince d'une lyre à trois cordes; devant lui est un griffon qui tourne la tête et paraît l'écouter. — A.

1. *Gemm. ant. littarat.*, tab. v.

2. *Pierres gravées inédites*, pl. XLIX. Cette pierre appartenait alors à la collection de M. Townley.

1214. — Péridot. I. — L'Amour monté sur un hippocampe qui s'élance au millieu des flots.

1215. — Sardoine. I. — L'Amour debout et tirant une flèche ; au-dessous : ΑΠΦ. Le champ bordé d'un grènetis.

1216. — Sardoine. I — Une Bacchante vue à mi-corps, le bras droit posé sur sa tête; près d'elle est un thyrse.

1217. — Cornaline. I. — Un Triton porté sur les flots et tenant un gouvernail appuyé sur son épaule gauche, tourne la tête en étendant son bras droit en arrière de lui.

1218. — Cornaline-onyx. C. — Un enfant monté sur le dos d'une chèvre couchée sonne de la conque. Devant lui sont deux autres enfants.

1219. — Cornaline. I. — Un guerrier nu et casqué, portant un glaive suspendu à son côté, marche rapidement en tournant la tête et tenant dans ses mains une couronne et une palme.

1220. — Sardoine. I. — Psyché, assise sur une roche, brûle un papillon avec un flambeau.

1221. — Améthyste. I. — Placé en regard d'un Terme de Priape, un vieillard joue de la double flûte et tient un papillon, au-dessous est gravé un limaçon ; derrière le Terme, une femme, vêtue de long, tient un serpent et une coupe; près d'elle se voit un caducée.

1222. — Sardoine claire. I. — Un ibis et un épervier aux côtés d'un serpent léontocéphale et roulé sur lui-même. — Ce sujet mystique se retrouve sur d'autres abraxas.

1223. — Cornaline. I. — Vulcain forgeant un bouclier en présence de Minerve. Composition semblable à celle déjà décrite sous le n° 1211, mais dans laquelle on remarque l'addition d'une lance près du cippe qui supporte le casque.

1224. — Cornaline. I. — L'Amour, les bras couverts d'une draperie légère et prenant son vol. La partie supérieure de cette pierre est restaurée en or. — A.

1225. — Cornaline-onyx. I. — Combat de deux coqs, entre eux une palme. — A.

1226. — Cornaline. C. — Buste en profil d'un personnage moderne qui nous est inconnu.

1227. — Sardonyx orientale. C. — Un cheval debout, dont la tête est baissée. — A.

1228. — Jaspe rouge. I. — Un guerrier tombé sur ses genoux tient un poignard. Sur le champ : VIT ; dans l'intérieur du bouclier : IAE F. — Cette pierre est entourée d'un grènetis.

1229. — Sardoine. I. — Hercule assommant un homme nu, qui n'a d'autre arme qu'un bouclier de forme lunaire.

1230. — Onyx à deux couches. C. — Deux femmes agenouillées caressent un enfant qui est entre leurs bras. — Ce joli camée, de travail moderne, est l'ouvrage d'un graveur habile dont le nom nous est inconnu.

1231. — Sardoine I. — Un homme assis sur une roche et qui tient un long bâton (peut-être Abdalonyme), reçoit les hommages de trois guerriers, dont l'un lui présente un globe, symbole de la puissance souveraine.

1232. — Cornaline. I. — Tête d'une Bacchante, vue de profil, et portant un thyrse sur l'épaule.

1233. — Agate barrée. I. — Mercure assis sur une roche et tenant son caducée. — Cette pierre est entourée d'un grènetis.

1234. — Sardoine. I. — Terme priapique, vu de face.

1235. — Agate-onyx. C. — Tête d'un homme imberbe et d'un âge mûr, vue de profil.

1236. — Cornaline brûlée. I. — Un personnage bachique, assis et pinçant de la lyre devant un ædicule élevé sur un cippe ; près de lui un thyrse.

1237. — Cornaline-onyx. C. — Tête de Minerve, vue de profil. Le devant de son casque est formé par un masque humain. — Gravure du seizième siècle.

1238. — Sardonyx orientale à trois couches. I. — Un guerrier barbu et agenouillé tient une lance de la main gauche, et sur la droite un petit vase rempli de feu. Au-dessous : AVIII.

1239. — Saphir incolore. I. — Cybèle, tenant la foudre et un sceptre, est assise de face sur un lion couché.

1240. — Sardonyx orientale à trois couches. — Inscription arabe en caractères cuphiques, contenant une légende qui paraît former un nom propre.

1241. — Cornaline. I. — Une sauterelle sur un épi.—A.

1242. — Grenat. I. — Tête de femme voilée vue de profil.

1243. — Agate barrée, scarabée. I. — Un guerrier nu et armé d'une lance touche un cippe avec la main droite.

1244. — Agate-onyx. C. — Tête imberbe et dont la chevelure est retenue par un lien, vue de profil.

1245. — Stéatite. I. — Amulette de travail persan. Un cheval ailé debout devant un croissant.

1246. — Sardonyx orientale à deux couches. I. — Une femme (Ariadne?), dont la partie inférieure du corps est couverte d'une draperie, repose sur une roche, et porte son bras gauche sur sa tête. — Bel ouvrage de Cadès.

1247. — Cornaline-onyx à cinq couches. I. — Melpomène, debout et appuyée sur un cippe, tient une épée renfermée dans son fourreau, et regarde un masque.

1248.—Sardonyx orientale à cinq couches, taillée en *goutte de suif* et non gravée. — Cette belle pierre, qui réunit tous les genres de perfections que l'on recherche dans cette matière, a été acquise à Constantinople.

1249. — Cristal incolore. I. — Une femme nue et un Satyre dansant.

1250. — Onyx à deux couches. C. — Tête de Méduse vue de deux tiers.

1251. — Sardoine claire onyx. — Un vieillard debout près d'un arbre et tenant un vase.

1252. — Sardonyx à deux couches. C. — Un Bacchant assis pince de la lyre devant un ædicule élevé sur une roche; prés de lui un thyrse.

1253, — Sardonyx orientale à trois couches C. — Fragment d'un vase contenant la partie supérieure d'une figure de Jupiter assis et lauré, appuyant l'arrière de sa tête sur sa main gauche, et tenant un sceptre de l'autre main ; près du dieu est un aigle.

En avant et en arrière du dieu étaient placées des figures dont il ne reste plus que quelques parties de draperies légères; le haut du champ est bordé par une guirlande de feuilles et de fruits. Une gorge ménagée au-dessus d'elle paraît révéler l'existence ancienne d'un couvercle. La courbe de ce débris indique que l'orifice du vase était de sept centimètres.

On ne saurait trop regretter la destruction d'un objet aussi précieux par la richesse de sa matière que par la beauté de son exécution.

1254. — Sardonyx orientale à deux couches. Camée monté en bracelet. — Une femme (l'Aurore?) vêtue de long et montée sur un bige. — Beau travail grec.

1255. — Onyx à trois couches. Camée monté en bracelet. — Minerve montée sur un bige. — Ouvrage de Girometti.

1256. — Cristal de roche. — Très-belle suite de trente intailles de différentes formes et dimensions, gravées par VALERIO BELLI dit le VINCENTINO, et dont trois d'entre elles portent la signature de l'artiste[1]. Les six grandes présentent diverses

1. Georges Vasari, *Vies des peintres* (IIIe partie), *Vie de Valerio Vincentino et d'autres excellents graveurs de camées et de pierres précieuses :*

Nous arrivons enfin au talent supérieur de Valerio Vincentino. Il gravait en relief et en creux dans les grands comme dans les petits objets, avec une élégance et une facilité incroyables. Il atteignit à la hauteur des antiques, et avec la grande facilité dont il était doué, il les aurait dépassés de beaucoup si la nature avait fait de Valerio un bon maître dans l'art du dessin, comme elle en fit un excellent graveur. Malgré cela, il eut tant d'intelligence, qu'il sut se prévaloir avec talent dans ses œuvres des dessins d'autres artistes et de gravures antiques...

Les infirmités qu'amènent avec elles les années de vieillesse l'empêchèrent vers la fin de sa vie de se consacrer aux arts comme par le passé, et il rendit son âme à Dieu en l'an 1546.

scènes de la Passion et sont composées de quantité de personnages. Les autres offrent chacune une figure d'apôtre ou de sibylle.

1257. — Cristal de roche. Intaille montée sur une boîte d'or. — La mort de César, ouvrage de VALERIO BELLI, dit le VINCENTINO.

Cette pierre, qui appartenait autrefois à l'abbé Franquini, à Rome, est gravée dans les planches qui accompagnent le catalogue de Tassie[1].

1258. — Cornaline-agate. Camée monté sur une boîte d'argent niellé. — Une femme nue cherchant à se défendre des attaques d'un Satyre et d'un Pan.

1259. — Sardonyx orientale à quatre couches. I. — Tête de Méduse vue de profil. Cette pierre, remarquable par son travail et la beauté de sa matière, est malheureusement fracturée. — Coll. Beugnot, *Cat.*, nº 402. — A?

1260, — Cornaline *gemmaria*. I. — Ulysse assis et tirant son glaive devant une femme (Circé?) qui paraît lui adresser des supplications.

1261. — Pâte imitant la hyacinthe. I. — Mercure messager, d'après la statue de Jean de Bologne, conservée à Florence.

1262. — Cristal de roche jaune pâle. Camée de haut relief. — Buste d'un jeune homme portant une chlamyde attachée sur l'épaule droite.

1263. — Sardonyx orientale à trois couches. C. — L'Amour sacrifiant un papillon sur un autel, près d'un arbre auquel est suspendue une tête de bélier. Sur la gauche sont deux personnages, dont l'un, qui est agenouillé, a la tête couverte d'une partie de sa draperie.

1264. — Améthyste. I. — Une Bacchante renversée entre les bras d'un suivant de Bacchus. Près d'eux, un *tympanum*, une *syrinx*, un thyrse et un *pedum*. A l'exergue est gravée une inscription grecque très-mal exécutée.

1. Pl. LIV, nº 11014.

1265. — Cornaline. I. — Rome *Nicéphore* assise sur une armure, et tenant une lance dont le fer est abaissé.

1266. — Cornaline. I. — Groupe des trois Grâces; près d'elles sont gravés leurs noms (Euphrosyne, Thalie et Aglaé).

1267. — Sardoine I. — Hercule enfant court et tient les deux serpents que Junon avait envoyés pour le dévorer; près de lui une massue.

1268, — Amulette en jaspe noir. I. — Une vache allaitant son veau.

1269. — Agate-onyx. C. — Fragment de tête d'Auguste vue de profil. — A.

1270. — Sardonyx à deux couches. C. — Buste d'homme imberbe vu de deux tiers.

1271. — Améthyste. I. — Tête dite de Cicéron vue de profil.

1272. — Scarabée en agate variée. I. — Tydée blessé et tombé sur ses genoux. Copie sans inscription de l'une des gravures antiques qui représentent ce sujet[1].

1273. — Amulette en chalcédoine I. — Un sanglier qui s'élance. — A.

1274. — Amulette en cornaline. I. — Une femme debout et vêtue de long.

1275. — Sardonyx. I. — Un cheval en course et qui porte encore sa bride. — Monture antique en fer. — A.

1276. — Onyx à cinq couches. C. — Tête de Minerve vue de profil.

1277. — Amulette en stéatite. I. — Parties antérieures de deux chevaux ailés, accolées dans un sens contraire. — Travail persan. — A.

1. Winckelmann, *Mon. antiq. inéd.*, n° 107. — D'Hancarville, *Ant. étrusq.*, IV, pl. 13. — Rochefort, *trad. d'Homère*, pl. 70. — Lanzi, *Saggio di lingua etrusca*, II, tav. VIII, n° 9. — Micali, *l'Italia avanti il dominio de' Romani*, tav. 54. — Raspe, *Cat. de Tassie*, II, pl. LI, n° 9100. — L'une de ces pierres appartient au cabinet des Médailles de la Bibliothèque impériale.

1278. — Cornaline. I. — Inscription orientale composée de six lignes, dont les caractères sont mal formés.

1279, — Amulette en verre. I. — Une femme debout et vêtue de long, tient un *bident* et un vase.

1280. — Amulette en pâte d'émail bleu de travail égyptien. — Masque d'Ethiopien vu de face.

Au revers. — Deux cynocéphales aux côtés d'un nilomètre. Monture antique. — Coll. Durand, *Cat.* n° 2239.

Pâtes antiques.

1281. — C. Tête d'Ariadne vue de deux tiers.

1282. — I. — Marche de Silène monté sur un âne et accompagné de six personnages bachiques (antiquité douteuse).

1283. — C. — Un masque bachique.

1284. — I. — Quatre génies, dont l'un est monté sur une échelle, dépouillant un arbre de ses fruits.

1285. — I. — Tête de Persée couverte du casque ailé de Pluton.

1286. I. — Hercule sacrifiant sur un autel, près d'un arbre entouré d'un serpent.

1287. I. — Dédale assis et fabriquant une aile.

1288. I. — Ulysse assis et livré à ses réflexions ; près de lui un chien.

1289. I. — Un prisonnier nu, assis sur un bouclier et les mains liées derrière le dos.

1290. I. — Tête de femme (Vénus ?), vue de deux tiers, et parée d'un large collier.

1291. C. — Une danseuse qui écarte son voile et tourne la tête. Le motif de cette figure est plein de grâce.

1292. I. — Deux chiens près d'un lièvre étendu à terre; près d'eux, sur une roche, un aigle étend ses ailes et semble se disposer à leur disputer cette proie.

1293. I. — Un anneau : au centre, un lièvre ; au-dessus, une tête juvénile entre deux cornes d'abondance; sur les côtés, deux masques tournés en dehors du champ.

Ces sortes de *rébus* ou d'énigmes, assez fréquemment représentés sur les pierres gravées antiques, ne sont guère susceptibles d'explication.

BIJOUX ANTIQUES

1294. — Or. — Une paire de boucles d'oreilles, en forme dite de *quart d'orange*, et garnies de leurs anneaux. Ce bijou, provenant du présent offert par la cour de Naples, composait, avec deux autres pièces, la parure d'une femme trouvée groupée avec d'autres personnes dans l'une des maisons de Pompéi. — Coll. de la Malmaison.

1295. — Bague d'argent. — Sur son chaton, formé par une plaque d'*electrum*, est gravé un groupe représentant l'Amour et Psyché.

1296. — Or. — Une paire de boucles d'oreilles, forme de *lacs*.

1297. — Argent. — Une épingle de tête, surmontée d'un groupe d'Amour et Psyché dominant un chapiteau corynthien. — Trouvée à Herculanum, et envoyée par la cour de Naples. — Coll. de la Malmaison.

1298. — Argent. Épingle surmontée d'une figure de génie debout reposant sur un chapiteau.

1299. — Or. — Une paire de boucles d'oreilles, forme lunaire couchée.

1300. — Sardonyx orientale, montée sur un anneau d'or. I. Une tête juvénile, vue de profil.

1301. — Trois anneaux d'or attachés l'un sur l'autre, et formant une seule bague. Leurs chatons sont ornés de deux *plasmes* et d'un rubis.

1302. — Bague en or. — Sur son chaton est gravé un perroquet. Cette bague, découverte à Herculanum, faisait partie des objets donnés par la cour de Naples. — Coll. de la Malmaison.

1303. — Cornaline montée sur un anneau d'or. I. — Harpocrate debout.

1304. — Grenat oriental, taillé en cabochon, et monté sur un anneau d'or.

1305. — Argent. Bague formée d'enroulements.

1306. — Or. — Une paire de bracelets unis, faisant partie de la parure de femme indiquée sous le n° 1294. — Coll. de la Malmaison.

1307. — Or. — Deux plaques en travail de *grain*, formant des astres rayonnants. — Trouvées à Milo. — Coll. de M. l'amiral Halgan.

1308. — Scarabée en cornaline, monté en bague d'or. I. — Un quadrupède *bi-corps* sous une seule tête.

1309. — Or. — Une bulle de patricien, trouvée à Herculanum et faisant partie du présent envoyé par la cour de Naples. — Coll. de la Malmaison.

1310. — Or. — Une paire de boucles d'oreilles, terminées par des têtes de panthères. — Trouvée à Milo. — Coll. de M. l'amiral Halgan.

1311. — Or. — Une main ithyphallique, garnie d'une bélière.

1312. — Or. — Une paire de boucles d'oreilles très-bien ouvragées. — Travail étrusque.

1313. — Or. — Une paire de boucles d'oreilles formées par des génies tenant des couronnes et des amphores. — Trouvée à Milo. — Coll. de M. l'amiral Halgan.

1314. — Or. — Petit vase à parfums, orné d'arabesques repoussées. — Trouvé à Milo. — Coll. de M. l'amiral Halgan.

1315. — Or. — Figurine représentant la Victoire debout, portant la main droite à sa tête, et tenant près d'elle, avec l'autre main, un trophée. Débris d'une boucle d'oreille dont l'anneau est détruit.

1316. — Or. — Une paire de boucles d'oreilles ornées de Victoires tenant des couronnes.

1317. — Or. — Boucle d'oreille formée par une corne d'abondance d'où sort la tête d'un lion. — Ce bijou a été trouvé à Cyzique.

1318. — Or. — Une paire de boucles d'oreilles représentant des Amours tenant des patères. — Milo. — Coll. de M. l'amiral Halgan.

1319. — Or. — Médaillon suspendu à une bélière, offrant à son centre un phallus en relief.

1320. — Or. — Figurine qui faisait partie d'une boucle d'oreille. — L'Amour debout, tenant un canard de la main droite.

1321. — Figurine en or, faisant partie d'une boucle d'oreille. — L'Amour renversé.

1322. — Figurine en or, débris d'une boucle d'oreille. — Harpocrate ? debout, portant la main gauche à sa bouche.

1323. — Or. — Un Collier formé de six plaques ornées d'arabesques filigranées en or sur fond d'émail, et alternées de cinq nœuds également émaillés. — Milo. — Coll. de M. l'amiral Halgan.

1324. — Or. — Collier composé d'ornements à jour, alternés de cubes en verre bleu imitant le saphir.

1325. — Or. — Collier composé d'olives de grandeurs différentes et de tubes. Ce collier est orné de deux petits pendants, et ses attaches sont détruites. — Milo. — Coll. de M. l'amiral Halgan.

1326. — Or. — Collier composé de petits cylindres unis ensemble par des bélières. Ce bijou complétait la parure décrite sous les nos 1294 et 1306. — Coll. de la Malmaison.

1327. — Or. — Collier composé d'une chaîne en gourmette et dont les attaches sont formées par deux têtes de taureau. — Milo. — Coll. de M. l'amiral Halgan.

1328. — Argent. — Bague dont le chaton est orné d'une tête de Sérapis en relief. Monture du seizième siècle.

1329. — Argent. — Un petit anneau, forme de *torques*, avec ornements en relief et terminé par des glands.

1330. — Jaspe brun monté en bague d'or. I. — Un Génie de Bacchus, tenant un thyrse, tient en laisse un chien qui saisit un lapin. — Cette bague, trouvée à Herculanum, faisait partie du présent de la cour de Naples. — Coll. de la Malmaison.

1331. — Sardonyx orientale à trois couches. I. — Un chien. Monture antique en or.

1332. — Bague en or. I. — Une femme vêtue de long, s'approchant d'un candélabre.

1333. — Or. — Un anneau orné d'un rubis.

1334. — Niccolo monté en bague d'or. I. — Tête humaine laurée, dont les traits nous sont inconnus.

1335. — Bandeau formé de l'assemblage de dix nattes de fil d'or tressées ensemble, et arrêtées des bouts par des fermoirs en travail *de grain*, auxquels s'attachent deux masques de Gorgones garnis de bélières. — Travail étrusque de la plus rare perfection.

1336. — Or repoussé. — Demi-plaque de ceinture avec bélière au bas. — Un vieux Satyre à demi couché. — Étrusque.

1337. — Or. — Grande fibule ornée d'un travail *de grain*.

1338. — Or repoussé. — Demi-plaque qui complétait le n° 1336. — Une femme à demi couchée.

1339. — Or. — Une petite bulle.

1340. — Or. — Plaque ronde avec ornements repoussés.

1341. — Or. — Boucles d'oreilles terminées du bas par des globules.

1342. — Or. — Boucle d'oreille ornée d'une tête de femme. — Travail étrusque.

1343. — Or. — Fibule ornée d'un travail *de grain*. — Travail étrusqu e.

1344. — Or. — Fibule ornée de deux rosaces, et d'un lion ailé couché. — Travail étrusque.

1345. — Or. — Fibule ornée d'un travail *de grain*.

1369. — Fragment de plaque. — Fond bleu clair. Rosaces et autres ornements rouges, bleus, jaunes et blancs. — Travail égyptien.

1370. — Fragment du même genre que le précédent, avec fleurs de lotus et rosaces, fond bleu, ornements jaunes, bandeau supérieur rouge et blanc. — Travail égyptien.

1371. — Fragment d'un vase de couleur bleue, orné d'un sujet en bas-relief, superposé en émail blanc. — Partie supérieure d'un adolescent, dont la jambe gauche était élevée, et qui porte la main droite vers sa bouche. Derrière ce personnage se voit un Terme de Priape élevé sur un piédestal entouré de plantes, et devant son visage subsiste encore un reste de feuillages.

1372. — Autre fragment de la plaque décrite sous le n° 1370.

1373. — Plaque de forme allongée. — Fond bleu. Trois têtes de griffons tournées à gauche, unies entre elles à la naissance du cou, et régulièrement espacées. Ces têtes dominaient d'autres ornements dont il ne reste plus que de faibles vestiges.

1374. — Plaque de forme allongée, ornée de lignes de couleurs diverses.

1375. — Fragment d'un médaillon en bas-relief. — Partie d'une tête de Diane, tournée à droite. Ce verre, dont la décomposition supérieure est égale, semble revêtu d'une feuille d'argent irisé.

1376. — Plaque de forme carrée. — Bas-relief en verre bleu. Un masque vu de face et placé devant deux thyrses croisés en sautoir.

1377. — Fragment d'un grand médaillon de couleur verte. — Bas-relief. Partie d'une tête de Méduse, vue de face.

1378. — Amulette en jayet garnie d'une bélière. — Bas-relief. Tête de Méduse, vue de face.

1379. — Vase, forme 27. — Son anse est attachée du bas par un très-beau masque. Haut., 18 cent.

1380.—Émail jaune, noir et blanc.—Petite tête de bélier, garnie d'un annelet en même matière.

1381. — Émail vert, bleu et jaune. — Petit masque humain, garni d'une bélière.

1382. — Vase, forme 15.— Fond bleu. Entouré de chevrons brisés, verts, jaunes et blancs. — Coll. Alquier.

1383. — Même forme. — Deux vases ornés comme le précédent.

1384. — Vase, forme 90. — Décoré des mêmes ornements que les précédents.

1385. — Vase à trois anses. — Même ornement.

1386. — Deux vases, forme d'ampoule. — Même ornement.

1387. — Trois autres ampoules. — Émail bleu, jaune et blanc.

1388. — Forme d'amphore. — Chevrons brisés jaunes et *pers*. Cette forme est répétée deux fois.

1389. — Quatre vases à parfums, forme 2. — Même genre d'ornement.

1390. — Coupe sans anses avec ornements irréguliers confondus ensemble. Cette belle coupe offre les couleurs blanche, jaune et violette, et quelques-unes de ses parties sont irisées. — Coll. Durand, *Cat.* n° 1505.

1391. — Coupe analogue à celle qui précède, mais plus petite.

1392. — Boucle d'oreille garnie d'un anneau de bronze. — Forme de grenade bleue, avec lignes centrales et bordure jaune.

1393. — Masque d'oiseau dont le bec est détruit. Cet objet, qui est garni d'une bélière, présente la couleur la plus ordinaire du jade et des détails d'émail jaune.

1394. — Petite forme de *torques*. Fond bleu foncé; détails en bleu pâle et blanc. — Une forme semblable se trouve décrite parmi les bijoux (*Voyez* n° 1329).

1395. — Pâte d'émail jaune. — Tube dont l'intérieur est en partie couvert d'aspérités. Son pourtour est décoré d'un cercle d'anneaux concentriques bleus et blancs.

1396. — Pâte d'émail brun et blanc. — Un ornement qui doit avoir été enchâssé.

1397. — Vingt fragments de vases. — L'un d'eux présente la plus riche opalisation en jaune d'or reflétant en vert.

1398. — Quatre cabochons en émail de diverses couleurs. — L'emploi de ces émaux nous est inconnu.

1399. — Un petit vase imitant la sardoine rubanée.

1400. — Verre bleu. — Un vase à deux anses.

1401. — Couleur bleue. Une espèce de canthare à deux anses et de grande proportion. Ce beau vase, dont le culot est ornée de *godrons* très-régulièrement exécutés, est en outre d'une conservation parfaite. — Trouvé dans les environs d'Amiens (l'ancienne *Samarobriva*). — Haut., 16 cent. Larg. entre les anses, 24 cent.

1402. — Petit vase en forme de datte opalisant en bleu, vert et lilas sur l'un de ses côtés, et sur l'autre en vert d'émeraude à reflets d'or. Cette irisation du verre est l'une des plus belles connues.

1403. — Treize vases à parfums, presque tous irisés. L'un d'eux reflète les plus riches nuances de l'opale orientale.

1404. — Verre blanc. — Cinq grandes urnes cinéraires de forme ronde, et garnies d'embouchures à collets, dont deux sont garnies de deux anses. — La plupart de ces urnes ont été découvertes près de la ville d'Aix, en Provence, dans un lieu nommé le *Pré-Bataille*.

1405. — Une coupe en verre blanc irisé. — Coll. Durand, *Cat.* n° 1499.

1406. — Verre blanc. — Deux coupes.

1407. —Verre blanc. — Une coupe très-profonde.

1408. — Verre de couleur verte. — Une coupe. — Coll. Durand, *Cat.* n° 1498.

1409. — Verre blanc. — Deux bouteilles de forme carrée. — Haut., 13 cent.

1410. — Verre blanc. — Un vase à une anse.

1411. — Verre de couleur verte. — Bouteille de forme carrée, à deux anses.

1412. — Verre blanc. — Deux petits piédouches de coupes, ornés d'arabesques.

1413. — Verre blanc. — Fragment d'une coupe, offrant le reste de quelques figures peintes en or entre deux lames de verre recuites ensemble. Buonarotti a publié des verres de ce genre.

1414. — Verre blanc. — Deux grandes bouteilles cannelées avec anses. — Haut., 22 cent.

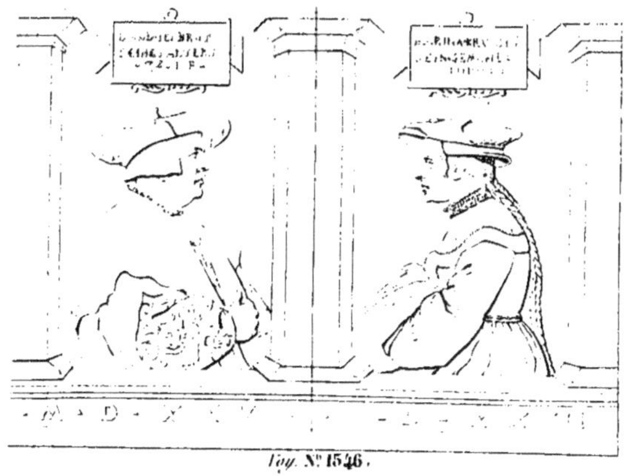

Voy. N° 1546.

DESCRIPTION

DES

OBJETS D'ART

DU MOYEN AGE ET DE LA RENAISSANCE

Faisant partie des Collections

DE FEU

M. LE COMTE DE POURTALÈS-GORGIER

SCULPTURES EN MARBRE

1415. — Marbre de Carrare. — Statue par Lorenzo Bartoloni, *né à Volterra; élève du baron Lemot.* — Un jeune suivant de Bacchus couronné de lierre et tournant un peu la tête, appuie sa main gauche sur son côté en tenant des grappes de l'autre main et en foulant des raisins qui emplissent une cuve. — Haut., 1 m. 33 cent.

1416. — Marbre de Carrare. — Statue par le même artiste. — Bacchante à demi couchée sur une draperie, portant la main à son sein; son bras droit, entouré d'un serpent, tient un tympanum. — Long., 1 m. 8 cent.

1417. — Marbre de Carrare. — Monument par Mlle Félicie de Fauveau. — Assise sur un siége et sous un pavillon[1] soutenu par quatre colonnes torses, Francesca de Rimini[2], seule avec Paolo, jeune frère de son époux, s'arrête troublée à la lecture d'une histoire[3] qui réveille en elle le souvenir dangereux d'une première passion. La vue baissée sur le livre et le doigt arrêté sur la page fatale, l'infortunée écoute les paroles de son amant, qui, à demi agenouillé, et pressant l'une de ses mains dans les siennes, la conjure de céder à un amour dont les suites doivent entraîner leur perte.

Le fond du pavillon présente une entrée en partie close d'une portière, et une fenêtre sur laquelle est perché un hibou qui se retourne, et semble épier la scène dont il est témoin[4].

Ce pavillon, dont l'ensemble et les détails rappellent très-bien les ouvrages de ce genre construits en Italie pendant le moyen âge, est surmonté d'un fronton aigu, découpé en trèfle, et décoré à son angle supérieur par les écussons armoriés des familles Guido et Malatesta. Les acrotères latéraux sont formés par des espèces de clochetons élancés, supportant les figures inclinées de deux anges gardiens dont les ailes sont repliées, et qui semblent déplorer la chute des âmes échappées à leur protection; enfin, au sommet d'un membre d'architecture

1. Ou plutôt *lindiera;* sorte de balcon couvert et en saillie, très-fréquemment appliqué sur les palais et les maisons particulières d'Italie.

2. Francesca, fille de Guido de Polenta, seigneur de Ravenne et de Cervia, fut mariée contre son gré à Lanciotto, fils de Malatesta, seigneur de Rimini; mais cet époux, boiteux et difforme, ne put lui faire oublier le jeune et vaillant Paolo, objet de ses premières affections. Trahis par un domestique qu'ils avaient mis dans leur confidence, ces deux amants furent tués ensemble et placés dans un même tombeau. Cet événement tragique, qui a fourni au Dante l'épisode le plus touchant de son poëme, eut lieu à Pesaro, dans le cours de l'année 1488.

3. Celle de Lancelot du Lac, l'un des plus illustres chevaliers de la Table-Ronde. Selon l'opinion de quelques commentateurs du Dante, le passage en question serait celui où Gallehaut, émerveillé des prouesses du vaillant paladin, exige qu'en récompense de si nobles services, la reine son épouse lui donne un baiser.

« De quoy me ferais-je prier? fait-elle; plus le veuil-je que vous. »

« Alors tous trois se retirent plus à part et font semblant de conseiller. La reine voit que le chevalier n'en ose plus faire, si le prend par le menton, et le baise devant Gallehaut assez longuement. »

4. Cet oiseau, de funeste augure, indique sans doute la présence cachée du délateur dont il a été parlé.

placé en arrière et dominant toutes les autres parties de l'édifice, se voit également courbée la figure de Minos, juge inflexible et suprême du second cercle de l'enfer.

Entre les consoles placées sous la base du monument, sont groupées les âmes inséparables de Francesca et de Paolo, devenus les tristes jouets d'un génie infernal, qui se rit de leurs douleurs, et les transporte à son gré sur tous les points du lieu *muet de toute lumière*, où ils sont enfermés à jamais. Au-dessus de ces figures, sur un ruban déplié, est tracé ce vers, indiquant le genre de leur supplice :

Di quà, di là, di giù, di su gli mena [1]

L'inscription gravée sur le côté droit de cet ouvrage, nous apprend qu'il fut commencé à Paris en 1830, et terminé à Florence en 1836. — Haut., 2 m. 40 cent. Larg., 70 cent.

1418. — Calcaire compacte ou pierre lithographique. — Haut relief. — Portrait d'un homme imberbe, vu de deux tiers et coiffé d'un large chapeau. Au revers, était gravée une inscription, aujourd'hui effacée, mais dans laquelle on peut distinguer encore la date de 1531. Ecole de Nüremberg.

1419. — Marbre de Carrare. — Tête copiée d'après la belle statue d'Isis, de travail grec, conservée au Musée du Capitole.

1420. — Marbre de Carrare. — Copie du buste de l'Hébé de Canova.

1421. — Marbre de Carrare. — Copie de la célèbre tête de Faune, dite *à la tache*, conservée au Musée royal de Munich.

1422. — Marbre blanc. — Avant bras et main gauche d'une femme dont l'index est garni d'une bague en or émaillé, avec chaton orné d'une émeraude. Travail du XVIème siècle. Ce marbre faisait partie du cabinet des ducs de Modène.

1423. — Marbre jaune antique. — Petit lion assis, tournant la tête à gauche.

1. *Inferno*, V. v. 43.

1424. — Brèche [1]. — Panthère, assise et tournant la tête à gauche. Cette sculpture, exécutée à Rome, porte des yeux d'émail, et repose sur un socle de vert antique.

1425. — Marbre de Carrare. — Copie du masque de Méduse conservé au palais Rondanini, à Rome.

1426. — Albâtre gypseux. — L'adoration des bergers. Bas-relief dont les détails sont dorés. — XVIe siècle.

1427. — Albâtre gypseux. — Jésus-Christ portant sa croix. Bas-relief faisant pendant au précédent.

1428. — Bas-relief en marbre blanc. — Adam et Eve dans le paradis terrestre; ouvrage exécuté au XVIe siècle d'après Raphaël. — Haut., 40 cent.

1429. — Marbre rouge antique. — Bas-relief imité de l'ancien style grec. On y voit, disposées en frise, les figures de sept divinités.

1430. — Marbre blanc. — Quatre bustes d'hommes et de femmes, d'après l'antique. Ils seront vendus séparément.

VASES, FUTS DE COLONNES, TABLES,

EN MATIÈRES DIVERSES.

1431. — Brèche universelle de Cosseïr. — Vase de forme ovoïde, garni de deux anses évidées et prises dans la masse. — Haut., 35 cent.

1432. — Serpentin vert oriental. — Deux vases de forme ovoïde à couvercles, avec anses évidées et prises dans la masse. Ils sont placés sur des fûts de colonnes en même matière garnis de tors de laurier en bronze doré. — Haut. totale, 47 c.

1. Cette sculpture a été prise dans un débris de colonne, trouvé près de Rome, dans la même fouille où fut découverte l'une des têtes de Lucius Vérus, qui appartiennent à cette collection. (*Voyez* Antiquités, n° 126.)

La matière dont il est question, et qui n'est encore connue que par ce seul fragment, offre quelque ressemblance avec une brocatelle à larges taches, et convient parfaitement à l'emploi qui lui a été donné.

1433. — Serpentin vert oriental. — Vase sans anses et dont l'ouverture est très-large. — Haut., 31 cent.

1434. — Porphyre rouge oriental. — Petite vasque de forme ronde et à bords relevés. — Ce vase, qui est garni d'un piédouche, pose sur un socle rond en même matière. — Haut., 19 cent. Diam., 28 cent.

1435. — Porphyre rouge oriental. — Trépied dont le bassin repose sur une colonnette en même matière, et dont les montants représentent des Hermès en gaîne et à pieds de lion, en granit du Christ et en jaune antique. — Socle inférieur en porphyre rouge, et détails de monture en cuivre ciselé et doré. — Haut., 86 cent. Diam. de la coupe, 42 cent.

1436. — Brèche universelle de Cosséïr. — Table de forme rectangulaire, soutenue par quatre pieds en acajou, avec détails de monture en cuivre doré. — Long., 99 cent. Haut., 56 cent.

1437. — Porphyre rouge oriental. — Table de forme octogone, entourée d'une bordure en bronze doré, et montée sur quatre pieds sculptés en acajou. — Haut., 75 cent. Diam., 91 cent.

1438. — Granit rose oriental. — Table de forme ronde. — A son centre, qui est orné d'une plaque octogone en labrador, s'attachent quatre bandes disposées en croix, et qui sont composées d'échantillons de jaspes et d'agates séparés par des filets de marbre blanc. — Cette table est soutenue par trois pieds à tête et pattes de lion, en jaune de Sienne; le tout élevé sur un socle rond en marbre noir. — Haut., 84 cent. Diam., 94 cent.

1439. — Granit oriental de l'Hellespont, blanc, moucheté de noir. — Quatre grandes tables servant à couvrir des bibliothèques en acajou avec ornements en bois sculpté. Ces dernières seront vendues par paires ou séparément.

Proportions de chaque table : — Long., 2 m. 37 cent. Larg., 48 cent. Epais., 28 milli.

1440. — Serpentine d'Italie. — Table de forme oblongue,

montée sur un pied en acajou.— Haut., 76 cent. Long., 1 m 37 c. Larg., 91 cent.

1441. — Porphyre rouge oriental. — Guéridon orné d'une incrustation en jaspe et en lapis-lazuli, représentant un vase et deux coupes. — La tablette est élevée sur trois pieds à tête et pattes de lion en bronze ciselé et doré. — Haut., 71 cent. Diam., 63 cent.

1442. — Porphyre rouge brun oriental. — Guéridon de forme ronde, élevé sur trois pieds, et garni d'anneaux en cuivre doré. — Haut., 77 cent. Diam., 57.

1443. — Granit orbiculaire de Corse. — Guéridon à six pans, monté sur autant de pieds en bronze doré. — Haut., 74 c. Diam., 42 cent.

1444. — Brèche noire sur fond rosé, traversée de filets blancs. — Guéridon de forme ovale, soutenu par quatre pieds en fer, montés en X et terminés du bas par des griffes dorées. — Haut., 70 cent. Grand diam., 60 cent.

1445. — Vert de Corse. — Guéridon de forme ovale, orné d'une bordure de perles en calcédoine. — Monture en X sur quatre pieds en fer, terminée du bas par des pattes de lion, et en partie dorée. — Haut., 73 cent. Grand diam., 70 cent.

1446. — Guéridon de forme ronde. — Sa tablette en mosaïque de Florence est formée de huit rayons de marbres divers, appuyés sur un centre en bleu turquin, orné d'une tige de fleurs exécutées en matières dures. — Monture en acajou. — Haut., 79 cent. Diam., 41.

1447. — Guéridon de forme ronde. — Sa tablette, qui est incrustée de beaux fragments de verres antiques de diverses couleurs, représente une étoile rayonnante, entourée de six guirlandes attachées ensemble par des boutons. — Monture de trépied, en fer, et en partie dorée. — Haut., 70 cent. Diam., 39 cent.

1448. — Granit vert. — Petite table au support reposant sur quatre pieds de lion en bronze vert antique.

1449. — Marbre brèche universelle. — Guéridon ovale reposant sur quatre pieds formés d'enroulements et de têtes d'animaux chimériques en bronze. — Grand diam., 1 m. Petit diam., 62 cent.

1450. — Euphotide jadienne. — Tablette offrant un bel échantillon de cette matière, reposant sur un pied de table en acajou avec cercle en cuivre doré. — Long., 87 cent. Largeur, 44 cent.

1451. — Granit vert des Vosges. — Cheminée dont l'entablement est soutenu par des sphinx en bronze vert avec ornements dorés. — Larg., de la tablette 1 m. 79. Haut., 1 m. 11 c.

1452. — Marbre brèche vert antique. — Petit guéridon sur pieds en fer et bronze.

1453. — Petit fût de colonne en albâtre orientale. — Haut., 90 cent. Diam., 15 cent.

1454. — Granit rose d'Égypte. Tronçon de colonne antique. — Haut., 1 m. 14 cent.

1455. — Vert antique. — Fût de colonne avec moulure en marbre blanc. — Haut., 1 m. 42 cent.

1456. — Porphyre rouge oriental.— Fût de colonne orné en bas d'une moulure en cuivre doré, et reposant sur une plinthe en granit vert des Vosges. — Haut., 1 m. 3 cent. Diam., 43 cent.

1457. — Porphyre vert oriental.— Fût de colonne de forme surbaissée ; avec tore sculpté dans la masse, et posant sur un socle en marbre noir. — Haut., 35 cent. Diam., 27 cent.

1458. — Granit rose oriental. — Deux fûts de colonnes avec tores en cuivre doré et socles en marbre noir.—Haut., 89 cent. Diam., 40 cent.

1459. — Granit rose oriental.— Deux fûts de colonnes, avec tores et socles en marbre blanc sculpté. — Haut., 1 m. 4 cent. Diam., 28 cent.

1460. — Porphyre noir et blanc de Suède. — Deux fûts de

colonnes dont les tores et les socles sont pris dans la masse. — Haut., 1 m. 14 cent. Diam., 30 cent.

1461. — Granit vert des Vosges. — Deux fûts de colonnes dont les tores sont en cuivre ciselé et doré, et qui posent sur des socles en granit rose des Vosges. — Haut., 1 m. 15 cent. Diam., 32 cent.

1462. — Granit vert des Vosges. — Deux fûts de colonnes dont les tores sont pris dans la masse, et qui posent sur des socles en granit de l'île d'Elbe. — Haut., 1 m. 31 cent. Diam., 30 cent.

1463. — Granit vert des Vosges. — Fût de colonne avec tore en granit gris. — Haut., 1 m. 14 cent.

1464. — Granit vert des Vosges. — Deux fûts de colonnes dont les tores sont pris dans la masse et qui posent sur des socles en granit de l'île d'Elbe. — Haut., 1 m. 3 cent. Diam., 32 cent.

1465. — Granit vert des Vosges. — Deux fûts de colonnes semblables à ceux qui précèdent. — Haut., 1 m. 3 cent. Diam., 32 cent.

1466. — Granit rose de Russie. — Deux fûts de colonnes avec tores et socles en même matière. — Haut., 67 cent. Diam., 20 cent.

1467. — Brèche des Pyrénées. — Fût de colonne avec tore et socle inférieur en même matière. — Haut., 1 m. Diam., 33 cent.

1468. — Marbre blanc veiné. — Deux petites colonnes. — Socles en marbre noir. — Haut., 15 cent. Diam., 17 cent.

1469. — Marbre de Flandres. — Deux fûts de colonnes élevés sur des socles en même matière. — Haut., 98 cent. Diam., 20 cent.

1470. — Marbre de Flandres. — Deux fûts de colonnes dont les tores sont pris dans la masse. — Haut., 80 cent. Diam., 38 cent.

1471. — Porphyre rouge oriental.— Socle de forme carrée. — Haut., 85 mill. Larg., 17 mill.

1472. — Porphyre vert oriental. — Deux petits socles avec tores de lauriers en bronze doré.

SCULPTURES EN IVOIRE

1473. — Statuette. — Hercule debout, appuyé sur sa massue, couvert d'une peau de lion, pose le pied droit sur la tête de l'hydre. Très-beau travail attribué à Jean de Bologne.—Haut., 30 cent.

1474. — Statuette. — Léda près de Jupiter transformé en cygne. Ouvrage florentin du XVIe siècle. — Haut., 27 cent.

1475. — Statuette. — Mercure, debout et levant la jambe gauche, tire son épée pour trancher la tête d'Argus. — Ouvrage florentin du XVIe siècle. — Haut., 27 cent.

1476. — Statuette. — Une femme nue et appuyée sur un tronc d'arbre entouré d'un cep, regarde de côté en approchant sa main droite de son sein gauche. Cette figure est de travail flamand. — Haut., 20 cent.

1477. — Statuette. — Le Christ en croix; la figure est contenue dans un tabernacle fermant à deux volets et décoré d'arabesques en ivoire et en étain. Une ancienne inscription italienne, placée sur les faces intérieures des volets, attribue cet ouvrage à Michel-Ange. — Haut., 32 cent.

1478. — Statuette. — Figure du Christ, les bras étendus et détaché de sa croix. Cet ouvrage, qui appartient au XVIIe siècle, est pénétré d'un oxyde de cuivre qui le recouvre en entier d'une teinte verte. — Haut., 19 cent.

1479. — Statuette. — Hercule nu et debout, le bras gauche appuyé sur le côté, et la main droite reposant sur sa massue. — Haut., 18 cent.

1480. — Statuette. — Vénus debout tenant une draperie devant elle ; l'Amour, debout et placé à sa droite, tient un arc et un carquois. — Ouvrage de F. Flamand, laissé en gage par lui-même, dans la maison où il est mort à Livourne. — Haut., 26 cent.

1481. — Vidrecome. — Le pourtour, décoré d'une frise composée de neuf figures sculptées en bas-relief, représente le triomphe de Silène.—Travail de grand style attribué à F. Flamand.— Socle en bronze doré. — Haut. 35 cent.

1482. — Vidrecome. — Il est orné de quatorze figures d'hommes, de femmes et d'enfants sculptées en haut-relief. Sa monture en argent repoussé et doré, consiste en un couvercle orné de figures, et en un enfant assis qui lui sert de bouton. Son anse est décorée d'une tête d'enfant et sa base est enrichie de rinceaux et d'ornements divers. Travail italien du XVIe siècle. — Haut., 31 cent.

1483. — Bas-relief. — Cippe orné de six figurines d'enfants dans des poses variées. Travail attribué à François Flamand. Monture en bronze doré.

1484.— Bas-relief.— Piédestal en bronze doré, orné de deux bas-reliefs en ivoire ; sculptures attribuées au Bernin. Sur l'un d'eux est figurée la bénédiction de Jacob ; l'autre représente la scène de Suzanne et les vieillards.

1485. — Haut-relief. — Cippe monté en argent ciselé et doré. — Marche d'un vieux Pan que deux enfants aident à monter sur une chèvre. Cinq autres enfants forment le complément de ce cortége : l'un d'eux conduit un lion en laisse, et d'autres jouent de divers instruments. — Par F. Flamand. — Haut., 17 cent. Diam., 14 cent.

1486. — Haut-relief. — Groupe de deux enfants étendus à terre, et dont l'un, qui veut se lever, repousse son compagnon endormi sur lui. — Par F. Flamand.

1487. — Statuette. — Un enfant nu, debout, et couronné de pampres, tient sa main gauche appuyée sur sa tête.—Ouvrage de F. Flamand.

1488.—Statuette.—Une très-jeune fille dans la même action et faisant pendant au précédent. — Par F. Flamand.

1489. — Haut-relief. — Un enfant nu et la tête couverte d'une draperie (les jambes et les bras sont détruits).—Ouvrage de F. Flamand.

1490. — Haut-relief. — L'Amour, endormi sur une draperie, pose sa main droite sur sa tête, et tient de l'autre main son arc détendu.— Ouvrage de F. Flamand.

1491. — Haut-relief. — L'Amour, couché et livré au sommeil, pose sa main droite sur sa tête ; près de lui sont déposées ses armes. — Par F. Flamand.

1492. — Haut-relief. — Une très-jeune enfant couchée sur une draperie et dormant, la tête appuyée sur un coussin. — Par F. Flamand.

1493. — Haut-relief. — Enfant nu endormi et étendu sur une draperie. — Par F. Flamand.

1494. — Haut-relief. — L'Amour, couché à terre et appuyé sur son bras droit, paraît livré à la douleur; à ses pieds est déposé son arc. Cette figure est placée sur un piédestal monté en bronze doré, dans lequel est encastré un bas-relief en ivoire représentant trois enfants qui dansent en se donnant la main.

1495. — Groupe. — Un enfant assis sur la tête de son compagnon et tenant son pied gauche dans sa main. — Très-petit groupe attribué à F. Flamand.

1496. — Statuette. — Un enfant assis sur le tronc d'un chêne, se penche en arrière en élevant au-dessus de lui une couronne de fleurs. — Coll. du duc de Modène.

1497. — Statuette. — Figure d'enfant à peu près semblable à la précédente et lui faisant pendant. — Coll. du duc de Modène.

1498. — Bas-relief. — Six enfants nus jouant avec un bouc que l'un d'eux saisit par les cornes, tandis qu'un autre enfant cherche à effrayer cet animal en plaçant un masque devant son visage.

1499. — Statue. — L'enfant Jésus debout et nu, élève la main droite et soutient de la gauche le globe terrestre surmonté d'une croix. Cette figure est surtout remarquable par le volume de la défense dans laquelle elle a été sculptée. — Haut., 51 cent. Larg. 15 cent. — Travail espagnol.

1500. — Statuette. — Un enfant debout, le bras droit couvert d'une draperie légère et le regard élevé au ciel, dirige en avant ses mains, en foulant du pied gauche un dragon.

1501. — Ronde-bosse. — Figure d'enfant nu couché. — Travail de style Flamand. — Long. 38 cent.

1502. — Statuette. — La Vierge debout portant l'enfant Jésus. Travail du xvme siècle. — Haut., 36 cent.

1503. — Haut-relief. — Deux anges debout portant la véronique. — Travail de François Flamand.

1504. — Deux piédestaux en bronze, ornés de bas-reliefs en ivoire sculpté représentant des groupes d'enfants, composés chacun de deux figures. — Ouvrage de F. Flamand. — Ils seront vendus séparément. — Haut., 31 cent.

1505. — Haut-relief sans fond. — L'Amour, tenant un arc, élève une couronne. Derrière lui, un jeune Satyre à demi agenouillé, paraît vouloir le retenir. — Ouvrage attribué à F. Flamand. — Haut., 16 cent.

1506. — Piédestal de forme triangulaire en bronze, orné de deux bas-reliefs en ivoire, attribués au Bernin; l'un d'eux représente David vainqueur de Goliath, l'autre, Jahel enfonçant un clou dans la tête de Sisara, général des Chananéens. — Haut., 17 cent.

1507. — Piédestal en bronze doré, de forme ronde, entouré d'un cippe sculpté en bas-relief, représentant huit enfants; les uns jouent avec une chèvre, tandis que d'autres tressent des couronnes, etc.

1508. — Cippe offrant en bas-relief, une bacchanale composée de huit figures. Monture en bronze doré.

1509. — Beau Cippe en ivoire sculpté en bas-relief représentant une bacchanale. Monture en bronze doré.

1510. — Diptyque. — Premier feuillet : Placée sous un portique terminé en ogive, et couronnée par deux anges, la Vierge, debout, porte sur ses bras l'enfant Jésus. Aux deux côtés de ce groupe sont deux autres anges tenant des flambeaux.

Second feuillet : Sous un portique de même forme que le précédent, la Vierge et saint Jean sont placés debout aux côtés de Jésus étendu sur la croix.

Ces sculptures, qui étaient peintes et dorées, appartiennent au XVe siècle.

1511. — Volet de diptyque. — La Vierge debout, portant l'enfant Jésus, est couronnée par deux anges, et placée entre deux saints personnages. — Ces diverses figures se trouvent sous un portique terminé en ogive.

1512. — Haut-relief de forme carrée. — Figures vues à mi-corps, représentant le Christ montré au peuple par un docteur et un bourreau.

1513. — Diptyque du XVe siècle monté en argent. — Premier feuillet : Saint Pierre coupe l'oreille à Malchus. Judas livre son maître. Flagellation du Christ. Judas pendu.

Second feuillet : Jésus-Christ sur la croix ; Longin lui perce le côté d'un coup de lance ; un autre lui présente une éponge imbibée de vinaigre. Groupe de saintes femmes. Jésus-Christ, portant sa croix, et suivi des mêmes femmes, est précédé de bourreaux portant les clous et le marteau de la passion.

1514. — Diptyque dont les bas-reliefs représentent les sujets suivants. — Premier feuillet : Jésus-Christ sortant du tombeau, portant sa croix et crucifié.

Second feuillet : Jésus-Christ descendu de la croix. Déposé au tombeau. Frappé par ses bourreaux. Attaché à la colonne et flagellé. Judas reçoit le prix de sa trahison. Pierre coupe l'oreille à Malchus. Judas livre son maître [1]. — Travail du XVe siècle.

1. Ces sujets, dont l'ordre est interverti, sont ainsi disposés sur ce diptyque, de même que sur le précédent.

1515. — Diptyque dont les sujets sont placés dans l'ordre qui suit : — Jésus-Christ annonce à ses disciples qu'il sera trahi par l'un d'eux. Judas reçoit les trente deniers que lui donnent les Pharisiens. Le même, livrant son maître. Pierre coupe l'oreille à Malchus. Judas pendu à un arbre. Jésus-Christ emmené par des soldats, flagellé, portant sa croix, crucifié entre deux larrons, déposé au tombeau[1]. Les saintes femmes visitent le tombeau, qu'elles trouvent vide et gardé par un ange. Jésus-Christ, ressuscité et tenant sa croix, délivre les âmes du purgatoire. Ce lieu de douleur est figuré par une gueule immense et de forme monstrueuse, garnie de dents, et remplie de coupables tourmentés par les démons. — Ouvrage du XVe siècle.

1516. — Coffret orné de dix-huit bas-reliefs représentant des sujets tirés en partie de la vie de la Vierge, depuis sa naissance jusqu'à sa fuite en Égypte. — Ces diverses compositions, ouvrage du XVIe siècle, ont été peintes et dorées. Le dessous du coffret est recouvert par un échiquier.

1517. — Chapelet ou dizain, dont les neuf premières patenôtres sont formées par des têtes de papes, de rois et de simples particuliers ; sur le dizain se voient figurés la jeunesse, l'âge viril et la mort. Au-dessous est attachée une petite chapelle contenant les bustes de la Vierge et de deux autres saints personnages. Le tout est terminé par le Christ attaché sur une croix dont les extrémités sont décorées d'arabesques. Cet objet est garni d'un anneau, également sculpté, et sa monture est en argent. — Travail du XVIe siècle.

1518. — Autre dizain dont les patenôtres représentent, de diverses manières, la jeunesse, l'âge mûr et la mort. Cet objet, monté en argent et garni d'un anneau sculpté, est orné d'une houppe de soie violette et or, et de grenats. — Travail du XVIe siècle.

1. Aux extrémités du cercueil sont deux figures vêtues de long : l'une, découronnée, tenant un étendard brisé et laissant tomber un livre de ses mains, représente l'ancienne loi abrogée par la mort du Christ ; la seconde, la couronne en tête, l'étendard levé et portant sur sa main gauche un petit édifice, est le symbole de la loi nouvelle accomplissant les prophéties qui ont annoncé la venue du Sauveur.

1519. — Base de forme circulaire, entourée d'un bas-relief représentant le triomphe de Bacchus. Composition d'un grand nombre de figures. Monture en cuivre ciselé et doré.

1520. — Bas-relief. — Femme nue, donnant des raisins à un enfant, qui les offre à une panthère sur laquelle un autre enfant cherche à monter. A la droite se voit un Satyre embrassant une femme, et le fond est occupé par un arbre. — Ce bas-relief est contenu dans un cadre de bronze ciselé et doré.

1521. — Bas-relief. — Femme nue et agenouillée, s'appuyant sur un coussin; près d'elle sont deux enfants et un jeune Satyre qui jouent ensemble.

1522. — Très-petite tabatière, ornée d'un bas-relief. — Jeune chasseresse, assise sous un arbre, et placée au-dessous d'un mufle de lion. En face d'elle est un Pan tenant une flûte. Sur le revers se voit un nielle moderne, représentant un singe montrant un fruit à un renard.

1523. — Bas-relief. — Deux anges à demi agenouillés présentant le saint suaire. Cadre en bronze doré et bois noir.

1524. — Bas-relief. — Saint Sébastien, tombé au pied de l'arbre auquel il était attaché, reçoit d'un ange la couronne et la palme du martyre.

1525. — Bas-relief. — Saint Jérôme en prière.

1526. — Petit piédestal de forme ovale. — Son pourtour est décoré de huit figures, dont quelques-unes s'occupent de détails de toilette.

1527. — Quatre frises formées de plaques d'os, provenant d'un coffret vénitien, sur lesquelles sont représentées des scènes dont les sujets nous sont inconnus. — Ouvrage du XIVe siècle.

1528. — Poire à poudre de forme plate, ornée de deux bas-reliefs représentant les personnages qui suivent: Vénus, Mars et l'Amour. Pallas couronnée par la Victoire. Ses parties latérales offrent des Satyres portant un arabesque sur lequel est étendu un enfant, et le dessous est orné de deux Amours placés aux côtés d'un écusson. — Couvercle et monture en argent. Ouvrage du XVIe siècle. Cette pièce a été transformée en drageoir.

1529. — Amorçoir orné d'un bas-relief représentant deux enfants couchés sur une coquille bivalve.

1530. — Peigne double. — Sur l'un de ses côtés se voient un buste et deux figures assises sous des portiques. Au revers sont en regard un lion et un griffon. — Ouvrage du moyen âge.

1531. — Bas-relief de forme circulaire provenant d'un miroir du XIVe siècle représentant des sujets galants tirés du roman de la Rose.

1532. — Deux couteaux à manches formés par des bustes en ivoire. L'un d'eux a une lame d'argent, l'autre une lame d'acier.

1533. — Groupe de travail espagnol, peint et doré. Education de la Vierge par sainte Anne.

1534. — Bas-relief de forme rectangulaire. — Sur le premier plan sont sculptés des animaux domestiques. Sur un plan éloigné, près d'un édifice en ruines, on voit l'ange du Seigneur hâtant le départ de Loth et de ses filles [1]. — Travail moderne.

1535. — Os. — Un mascaron vu de face.

1536. — Petit bas-relief appliqué sur ébène. — L'enlèvement de Ganymède. — Travail de Bonzanigo, d'après Michel-Ange.

1537. — Clarinette. — Le pourtour de son embouchure est orné d'une danse de six personnages. — Ouvrage portant la signature de Lacroix.

1538. — Olifant percé de six trous. Sur la face opposée à ces ouvertures se voient neuf Amours chassant des animaux divers.

1. Sur la cuisse d'un bœuf est gravé le monogramme B, indiquant probablement l'initiale du nom de l'artiste auteur de cet ouvrage.

1539. — Râpe à tabac. — Vénus assise près de l'Amour; au-dessus de ce groupe sont des figures arabesques soutenant une corbeille de fleurs.

1540. — Râpe à tabac. — Chasseresse nue et debout, accompagnée d'un chien ; cette figure est placée entre deux mascarons et des arabesques. — XVIIe siècle.

1541. — Pomme de canne, ornée de six enfants montés les uns sur les autres, et supportés par un amas de fruits.

1542. — Cuiller dont le manche est formé par une figure d'enfant portant une guirlande de fruits.

1543. — Vase de forme contournée. Au fond du vase, on lit : *Anche la figura e fatta al tornio a° 1681*. Sous le pied formé par une figure d'enfant : FIL SENGER : DEL : S. G. D. DI TOSCANA INVENI.

1544. — Autre vase de forme contournée, et garni d'un couvercle. Son pied est formé par une vis d'escalier. — Ce vase fait pendant au précédent.

1545. — Mortier de forme circulaire, orné d'une double rangée de bas-reliefs représentant des divinités indiennes.

SCULPTURES EN BOIS

1546. — Bas-reliefs. — Portraits à mi-corps et en regard de Jacob Herbrot et de Marina Krater, sa femme .— Cet ouvrage allemand, d'un travail très-remarquable, attribué à Albert Durer, porte la date de 1527.

1547. — Médaillon très-finement sculpté sur bois. Il porte sur une de ses faces le portrait de *Ludovicus Dangerant* et la date de 1529.

L'autre face est ornée d'un blason soutenu par deux figurines de femmes. — Travail allemand.

1548. — Bas-relief. — Les sept Vertus cardinales, avec les

attributs qui distinguent chacune d'elles. — Ouvrage du XVIe siècle.

1549. — Figurine. — Vieille femme assise et nue. — Travail italien du XVIe siècle.

1550. — Groupe. — Deux enfants; l'un, qui rit, relève son compagnon effrayé.

1551. — Un Christ sur bois d'ébène. — Travail du temps de Louis XIV.

1552. — Petit groupe représentant la Mère de douleur au milieu des saintes femmes, qui la soutiennent, et près de son fils mourant. — Ouvrage du XVIe siècle.

1553. — Haut-relief dont la frise supérieure représente Jésus-Christ au jardin des Olives. Au-dessous sont cinq personnages casqués et chaperonnés, se présentant de face dans des attitudes différentes. — Cette sculpture, peinte et dorée, appartient au XVIe siècle.

1554. — Couteau et fourchette à manches formés de groupes d'enfants en bois sculpté. — XVIIe siècle.

1555. — Grand casse-noisette surmonté d'une figure de mendiant tenant son chapeau à la main, et appuyé sur un bâton.

1556. — Coffret en marqueterie d'ivoire et d'ébène. — XVIe siècle.

1557. — Table de forme rectangulaire. Son bord est entouré d'espèces d'oves à filets; ses pieds présentent chacun les parties antérieures de deux lionnes adossées et liées ensemble. Leurs socles et la traverse qui les unit sont couverts de palmettes et d'autres ornements. — Travail du XVIe siècle.

1558. — Cinq pièces de style gothique: banc dont le dossier est sculpté à jour; deux fauteuils à bras et deux chaises. Ces meubles sont garnis d'une étoffe bien assortie à leur époque. Ils seront vendus séparément.

1559. — Table de forme ronde, dont le pourtour est orné de

rosaces et de gaudrons. Sa base, décorée de cannelures et de feuilles d'eau, forme un triangle d'où s'élèvent un balustre central et trois Satyres terminés en cariatides. — Travail moderne.

1560. — Soufflet en bois sculpté, de style gothique.

1561. — Petit lustre de même style, en bois sculpté, à cinq lumières.

1562. — Deux petits siéges-pliants en bois sculpté, à figures et ornements.

BRONZES D'ART

1563. — Buste de grandeur naturelle de Charles IX, roi de France. Sa tête est laurée. Son corps est couvert d'une cuirasse richement ornée, recouverte en partie par un manteau fleurdelisé ; sur sa poitrine se voit le collier de l'ordre de Saint-Michel.

Ce buste, ouvrage capital du XVIe siècle, mais dont l'auteur n'est pas connu, appartenait à la collection du feu duc de Berry. — Haut., 63 cent.

1564. — Buste d'homme imberbe, moulé sur l'antique. — Grandeur naturelle. — Travail du XVIe siècle.

1565. — Buste de jeune homme imberbe, dont les yeux et les lèvres sont en argent. — Grandeur naturelle. — Travail italien du XVIe siècle. Il provient de la collection du duc de Modène.

1566. — Tête d'enfant de nature africaine et d'une exécution parfaite. Cette tête, qui est rasée, conserve seulement à son sommet une petite natte suspendue et nouée par un cordon orné de glands. Une inscription latine est gravée sur son cou. — Coll. du duc de Modène.

1567. — Statuette. — Cérès, poursuivant le ravisseur de sa fille, vient de franchir la porte des enfers : la déesse est couronnée d'épis et tient un flambeau ; derrière elle se voit Cerbère, sous la forme d'un dragon ailé à tête de chien. — Beau travail du XVIIe siècle. — Haut., 53 cent.

1568. — Statue. — Vénus *anadyomène* (dite de Médicis), moulée sur l'original conservé dans la galerie de Florence. — Fonte italienne du XVIe siècle. — Haut., 1 m. 58 cent.

1569. — Statuette. — Vénus, nue et diadémée, pose la main droite sur la queue d'un dauphin dressé près d'elle; la main gauche de la déesse tenait un objet maintenant détruit. — Ouvrage florentin du XVIe siècle, sur fût en granitelle gris. — Haut., 12 cent.

1570. — Statuette. — Vénus, debout, appuie sa main gauche sur son sein, et touche de l'autre main la queue d'un dauphin, sur lequel se joue un petit Amour. — Ouvrage florentin du XVIe siècle. — Haut., 27 cent.

1571. — Statuette. — Vénus analogue à celle qui précède et de meilleure conservation. — Haut., 25 cent.

1572. — Statuette. — Acrobate nu, se tenant debout sur les mains. Bronze florentin d'une grande finesse et d'un modelé rare. — XVIe siècle. — Piédestal en marbre vert d'Egypte. — Haut., 29 cent.

1573. — Statuette. — Vénus, à demi agenouillée, tourne la tête à gauche et essuie son sein avec un linge qu'elle tient de la main droite. — Ouvrage florentin du XVIe siècle. — Haut., 24 cent.

1574. — Statuette. — Vénus nue et diadémée, fléchit le genou droit jusqu'à terre, et soulève et regarde l'extrémité de son pied gauche. — Ouvrage florentin du XVIe siècle. — Haut., 25 cent.

1575. — Statuette. — Vénus, debout et tenant un cœur, tourne la tête en prenant la main d'un Amour sans ailes et portant un carquois. Ces figures reposent sur une base de forme ronde, entourée de hauts-reliefs représentant trois Chimères ailées, alternées de Satyres assis les jambes croisées. — Ouvrage du XVIe siècle. — Haut., 53 cent.

1576. — Statuette, — Une femme nue, debout, sortant du bain, le pied gauche élevé sur une base triangulaire, presse un linge sur son sein gauche, et tient de l'autre main une draperie légère. — Ouvrage du XVIe siècle. —Haut., 34 cent.

1577. — Statuette. — L'Amour tirant de l'arc. — Haut., 29 cent.

1578. — Statuette. — Mars debout, nu, le pied droit élevé sur un casque et près d'une cuirasse déposée à terre. Sa tête paraît offrir un portrait. Le socle est en bronze. — Haut. totale, 3

1579. — Statuette faisant pendant à celle qui précède. — Chasseur (Méléagre) debout, le pied gauche élevé sur une très-petite tête de sanglier. Ce personnage est nu et porte une épée suspendue à son côté. Sa main gauche s'appuie sur un arc, et sa droite tient une flèche. — Haut. totale, 35 cent.

1580. — Statuette. — Bacchus debout, la *nébris* attachée sur l'épaule gauche et le bras droit reposant sur sa tête, tient de sa main gauche une grappe convoitée par un jeune tigre assis à ses pieds. — Ouvrage du XVIe siècle. — Haut., 22 cent.

1581. — Statuette. — Flambeau formé par une figure de Satyre. Cette figure repose sur une base de forme triangulaire dont les angles sont recouverts par des masques d'hommes barbus. — Travail italien du XVIe siècle. — Haut., 27 cent.

1582. — Groupe. — Femme Satyre et son enfant. Ces deux figures sont placées sur un socle triangulaire supportant une coquille formant écritoire. La femme Satyre tient un flambeau de la main droite. — Travail italien du XVIe siècle. — Haut., 23 cent.

1583. — Statuette. — Bacchant, nu et couronné de lierre, tenant deux grappes de la main droite, qui est abaissée, et regardant en souriant une coupe qu'il élève à la hauteur de son visage. — Ouvrage du XVIe siècle. — Haut., 35 cent.

1584. — Statuette. — Jeune Bacchant couronné de pampres, portant la *pardalide* en écharpe, et à demi agenouillé près d'un amas de raisins, presse une grappe sur une coupe qu'il porte à ses lèvres. — Travail très-fin du XVIe siècle. — Sur fût de colonne en porphyre rouge oriental.—Haut., 11 cent.

1585. — Statue.—Jeune adorant, moulé sur la statue trouvée à Herculanum et conservée au Musée royal de Berlin. — Grandeur presque nature.

1586. — Groupe. — Centaure enlevant une femme; réduction d'un modèle attribué à Jean de Bologne. — Ouvrage florentin du XVIe siècle. — Coll. Roger. — Haut., 24 cent.

1587. — Statuette de femme nue. — L'Astronomie, le pied gauche élevé sur une base de forme triangulaire qui supporte également une règle surmontée d'une équerre, s'appuie de la main gauche sur ce dernier instrument et tient de sa main droite, élevée près de son visage, un objet dont le nom et l'usage nous sont inconnus. A ses pieds est placée une sphère. — Ouvrage du XVIe siècle. — Haut., 38 cent.

1588. — Statuette. — Cléopâtre, presque entièrement nue et la tête ceinte d'un diadème, porte sa main gauche sur sa tête, tandis que sa main droite tient l'aspic qui lui mord le sein. Aux pieds de cette reine, un Amour, à demi agenouillé, semble déplorer le sort de sa victime. — Ouvrage du XVIe siècle. — Haut., 31 cent.

1589. — Statuette. — Femme nue, la jambe droite appuyée sur une draperie jetée sur un tronc d'arbre, se tirant une épine du pied. — Ouvrage du XVIe siècle. — Socle rocaille en bronze doré. — Haut., 20 cent.

1590. — Statuette. — Femme nue, assise sur une draperie placée sur un tronc d'arbre, et la jambe droite croisée sur la gauche; elle achève de natter sa chevelure, qui est retenue du haut par un bandeau. — Ouvrage du XVIe siècle. — Socle rocaille en bronze doré. — Haut., 18 cent.

Les deux bronzes qui précèdent peuvent être placés en pendant.

1591. — Statuette. — Femme couchée sur un lit de repos; elle pose sa main gauche sur sa tête, et de la droite tient une partie de la draperie sur laquelle elle repose. — Ouvrage du XVIe siècle. — Larg., 34 cent.

1592. — Statuette. — Femme nue assise, la tête tournée à gauche. — Ouvrage du XVIe siècle. Haut., 18 cent.

1593. — Statuette. — Homme nu et de nature silénique, sonnant d'une espèce de trompe, et la main gauche appuyée sur un bâton. — Ouvrage du XVIe siècle, d'après l'antique. — Haut., 13 cent.

1594. — Statuette. — Paysan barbu, monté sur une chèvre qu'il tient par une corne. — Ouvrage du XVIe siècle. — Haut., 16 cent.

1595. — Statuette. — Jeune Africaine nue, debout, tenant un miroir et un linge. — Travail du XVIe siècle. — Coll. Roger. — Haut., 30 cent.

1596. — Haut-relief. — Enfant nu et endormi, dont la tête repose sur un coussin. — Ouvrage d'après F. Flamand. — Long., 16 cent.

1597. — Statuette. — Enfant nu, la tête ceinte d'une bandelette, et dans l'attidude de poursuivre un papillon. — Ouvrage du XVIe siècle. — Haut., 19 cent.

1598. — Statuette. — Boule-dogue portant un collier et marchant. — Larg., 20 cent.

1599. — Statuette représentant la déesse Krisna. — Travail indien. — Haut., 45 cent.

1600. — Statuette. — Atlas destiné à porter une sphère. — Travail florentin du XVIe siècle. — Haut., 25 cent.

1601. — Statuette. — Satyre assis. Cette figurine de travail italien et du XVIe siècle porte des traces de dorure. — Fût de colonne en porphyre rouge oriental. — Haut., 9 cent.

1602. — Statuette. — Hermès priapique. — Travail italien du XVIe siècle.

1603. — Statuette. — Paysan tenant un panier de fruit. — Travail du XVIIe siècle. — Haut., 14 cent.

1604. — Statuette. — Vénus debout et diadémée tenant une pomme de la main droite. — Haut., 45 cent.

1605. — Figurine. — Ange debout et regardant à droite : ses mains, élevées à la hauteur de son visage, soutenaient un objet qui est détruit. — XVIe siècle. — Haut., 18 cent.

1606. — Masque de femme vu de face et coiffé d'un *hennin* peu élevé [1]. Cet objet a du être appliqué sur un meuble ou servir à la décoration d'un monument. — Travail du XVIe siècle.

1607. — Bas-relief. — Une femme nue et ailée tient un Amour qui présente une aile à Vulcain, qui forge une autre aile; sur la gauche est placé Mercure, dieu de l'éloquence, instruisant l'Amour; le fond est occupé par quatre figures, parmi lesquelles sont Mars et Minerve. — Long., 25 cent.

1608. — Bas-relief en forme de médaillon. — Un vieux Silène à demi couché sur une peau de chèvre, est placé en regard d'une Bacchante à demi étendue, et qui presse son sein gauche sur un rhyton terminé par une tête d'aigle. Ces deux figures reposent sous des ceps chargés de raisins. Un Hermès de Pan et quelques attributs bachiques décorent le fond. Vers le bas, sous une espèce de mascaron, est gravée la sentence suivante :

Natura fovet quæ necessitas urget.

1. On appelait ainsi un bonnet à deux cornes. Isabeau de Bavière, femme de Charles VI, roi de France, introduisit ce genre de coiffure; toutes les femmes l'adoptèrent bientôt, et ce fut à qui aurait les *hennins* les plus riches, les cornes les plus élevées. Les maris se plaignirent de cette coiffure, et les confesseurs, ainsi que les moines entreprirent en vain de la faire passer. Un carme s'avisa de prêcher contre la mode des *hennins :* il ne put la détruire; mais il fit déserter ses sermons. « Après son départ, dit Paradin, les femmes relevèrent leurs bonnets, et firent comme les limaçons, lesquels, quand ils entendent quelque bruit, retirent et resserrent tout bellement leurs cornes; ensuite, le bruit passé, ils les montrent plus grandes que devant : ainsi firent les dames; car les hennins ne furent jamais plus grands, plus pompeux et plus superbes qu'après le départ du carme. »

On voit dans les *Antiquités de la monarchie française* de Montfaucon, et dans les *Antiquités nationales* de Millin, quelques exemples curieux de la hauteur et de la forme des hennins.

Cet ouvrage, exécuté par Donatello [1], était conservé depuis le xve siècle par la famille Del Benino, à Venise, et passa ensuite dans la collection du comte Cigognara. — Diam., 19 cent.

1609. — Écritoire de forme triangulaire décorée sur ses trois faces de bas-reliefs représentant les sujets suivants : — 1er, Marche de suivants de Bacchus : l'on y remarque un enfant tombant d'une chèvre sur laquelle il était monté et retenu dans sa chute par deux de ses compagnons; un autre enfant monté sur le dos d'un Satyre; un autre Satyre pinçant de la mandoline; un enfant jouant de la syrinx, etc. — 2e, Silène, ivre, est porté par des enfants : le cortége est précédé d'un Satyre jouant de la flûte. — 3e, Une femme assise et le visage couvert d'un voile tient de la main gauche une épée enfermée dans son fourreau et de la main droite présente aux lèvres d'un enfant, debout devant elle, une coupe d'où s'échappe un serpent. Près de cette figure, qui peut représenter la *Destinée*, est un enfant près d'un laurier réduit à une seule branche et un vase sur lequel on lit : VIR (l'homme).

En arrière de l'enfant soumis à l'épreuve dont on a parlé, est placé le Temps assis sur une peau de lion tenant une massue et un globe sur lequel domine sa faux. Cette composition allégorique est terminée par la Renommée assise et qui écrit sur un bouclier. Près d'elle, à terre, est un sablier renversé. Ce sujet a été gravé dans le *Trésor de Numismatique*. — XVIe siècle.

1610. — Écritoire en forme d'*acerra*. — Son couvercle est orné d'une tête de Méduse placée au milieu d'une couronne de laurier. Sa face principale contient un buste d'homme en partie entouré d'une corne d'abondance, et placé au centre de deux

1. Donato, dit Donatello, né à Florence en 1383, mourut dans la même ville en 1466.

Cet artiste, qui précéda d'un siècle entier la naissance de Raphaël, a laissé dans sa patrie, ainsi que dans la ville de Padoue, un assez grand nombre de beaux ouvrages qui contribuèrent puissamment à amener la grande révolution artistique opérée dans le XVIe siècle. Indépendamment de sa Judith, qui décore maintenant la *Loggia dei lanci*, à Florence, et des quatre anges placés sur le campanile de l'église de *Santa-Maria de Fiori*, on admire particulièrement son saint Marc, à qui Michel-Ange dit un jour : *Marco, perchè non mi parli* (Marc, pourquoi ne me parles-tu pas ?)

groupes représentant deux Centaures qui enlèvent des femmes. Les parties latérales sont décorées de masques de Méduse et de guirlandes de laurier. — Cet objet, imité de l'antique, est doré.

1611. — Marteau de porte formé de deux espèces de Sirènes enlacées. La partie supérieure présente un masque barbu et vu de face. — XVIe siècle.

1612. — Trois flambeaux soutenus par des serres d'aigle. — L'un d'eux appartient au XVIe siècle, et les autres sont moulés sur le précédent.

1613. — Sonnette dont le pourtour est orné de têtes de chérubins, de sphinx et d'arabesques. On y voit aussi un écusson armorié et l'inscription suivante : COSMAS MEDICVS ARCH. GAV. Le haut se termine par une figurine d'enfant. — Ouvrage du XVe siècle.

1614. — Sonnette. — Son pourtour est décoré des sujets suivants, qui paraissent sans liaison entre eux : un cavalier vainqueur d'un dragon ailé ; un lion poursuivi par un chien. — Mercure et une autre divinité ; un enfant, la tête entourée d'un nimbe, posant la main sur un globe ; une autruche. Une inscription allemande surmonte ces bas-reliefs, et le bouton de la sonnette est formé de deux enfants adossés, se donnant la main. — XVIe siècle.

1615. — Sonnette. — Sur son pourtour est la figure d'Orphée, accompagnée d'ornements. Vers le haut on lit : O MATER DEI MEMENTO MEI. Sur le bas : PETRVS GHELNEVS ME FECIT. 1569.

1616. — Lampe représentant un homme barbu, assis à terre et couronné de pampres. Ses mains tiennent devant lui une tête de cheval, dont la bouche ouverte forme la cupule du lumignon. L'anse attachée au dos de ce personnage est composée de deux fragments de ceps réunis par un lien. — Travail italien du XVIe siècle.

1617. — Plaque de serrure ornée de trophées d'armes, de vases et de mascarons. Sur le bas sont placées deux figures représentant des guerriers vaincus. — XVIe siècle.

1618. — Un mufle de lion, la gueule béante. — Ouvrage du XVIe siècle.

1619. — Bas-relief de forme cintrée. — Buste d'un homme barbu, coiffé d'un bonnet et vêtu d'une robe à collet. Au-dessous est inscrit en grec le nom d'Aristote. Ce bronze, ouvrage du XVIe siècle, n'offre aucune ressemblance avec les portraits antiques du philosophe de Stagire.

1620. — Petite plaque de forme carrée; bas-relief doré représentant l'adoration des Mages. — Cet objet a été moulé sur une intaille de Valerio Vicentino, célèbre graveur du XVIe siècle.

1621. — Petite plaque ovale représentant en bas-relief une chasse au lion, d'après Valerio Vicentino, et bas-relief ovale, d'après le même artiste. Le baiser de Judas.

1622. — Statuette. — Amour debout, tenant le bas d'une torche.

1623. — Bas-relief carré. — La mise au tombeau. — Travail italien du XVIe siècle.

1624. — Trois petits bas-reliefs. — L'un d'eux doré, de forme carrée, représente un combat de cavaliers, le second, de forme contournée représente divers personnages, le dernier est ovale.

1625. — Bas-relief de forme rectangulaire. — Le portement au tombeau, composition de dix-neuf figures. — Ouvrage du XVIe siècle.

1626. — Cinq médaillons de forme ronde offrant les portraits vus de profil de Louis XI, de Catherine de Médicis et d'autres personnages historiques. Les reliefs sont dorés.

1627. — Petite plaque oblongue en bas-relief. — Hercule étouffant le lion Néméen; — le même, combattant Achéloüs, etc.

1628. — Plaque carrée. — Bas-relief. — Sacrifice d'un porc au milieu d'un temple rempli d'un grand nombre de personnages.

1629. — Même forme. — Bas-relief. — Hommages rendus

à une statue placée au milieu d'un temple et entourée d'une foule d'adorateurs.

1630. — Quatre petits bas-reliefs de forme rectangulaire et d'égale proportion représentant les sujets suivants : un aigle abattu sur un roc isolé saisit un serpent; un aigle posé sur le sommet d'un pic déchire un chamois; un chien sortant d'un fourré de roseaux donne la chasse à des oiseaux aquatiques; un cerf lancé et traversant une clairière franchit un petit chêne dont le tronc est incliné. — Ces bas-reliefs ont été ciselés par Fauconnier.

1631. — Petit buste du roi Henri IV. Ouvrage du temps. — Haut., 26 cent.

1632. — Petit buste de la reine Marie de Médicis. Cette princesse porte une grande collerette, un filet de perles au cou et un double collier de gemmes passé sur ses vêtements et tombant sur sa poitrine. — Ouvrage du temps. — Haut., 25 cent.

1633. — Buste de grandeur naturelle de Henri IV, roi de France, lauré, cuirassé, et portant une écharpe. Ce buste est moulé sur l'original de Prieur, conservé au musée du Louvre.

1634. — Buste de grandeur naturelle du duc de Berry, moulé sur le marbre exécuté par M. Bosio.

Les deux bustes qui précèdent sont placés sur des piédestaux en acajou, garnis de bronzes.

1635. — Six bustes d'hommes et de femmes d'après l'antique. — Ils seront vendus séparément.

1636. — Buste d'un jeune homme portant une chevelure longue. Sur sa poitrine est gravé le nom d'Annibal. — Par M. David, d'Angers, membre de l'Institut.

1637. — Main moulée sur l'une de celles de feu madame la princesse Pauline Borghèse.

1638. — Autre main de femme tenant une coupe.

1639. — Lampe de Saint-Michel, par Mademoiselle Félicie de FAUVEAU. — La composition de cette lampe est le développement des psaumes *orate et vigilate*, appuyé sur le culte des saints Anges Gardiens.

L'archange saint Michel, debout sur une *cathedra* et revêtu de l'armure des chevaliers de son ordre, veille le feu bénit, en s'appuyant sur une longue épée à lame flamboyante. A ses pieds, sur les bords d'une vasque de forme hexagone, sont les quatre écuyers d'office d'un chevalier banneret, remplissant les fonctions de porte-lance, de poursuivant d'armes, de porte-heaume et de simple écuyer.

La base de la *cathedra* est ornée de pilastres auxquels sont suspendus les écus chargés des pièces honorables de la milice céleste. La vasque, destinée à contenir la lumière, est ornée d'une corniche angulaire, sur laquelle sont gravées les paroles du psaume déjà cité, et le vieux cri d'alarme si connu : *Vaillant, veillant; veillant, vaillant.* Chaque angle de la corniche abrite un chien de garde qui soutient un ruban qui entoure la circonférence entière du monument.

Le culot formant le bas de ce fanal est terminé par trois grues d'espèces diverses, qui expriment une commune pensée de vigilance, en saisissant ensemble un même caillou[1], dont la chute pourrait déceler leur retraite, et afin que le sommeil ne les livre point à leurs ennemis.

Sur la partie inférieure du panneau en chêne sculpté, sur lequel est appliqué cet ouvrage, ont lit : *Non dormit qui custodit*[2].

1640. — Base de forme ronde, entourée d'un bas-relief. — Un vieux Silène, ivre, et soutenu par des Satyres, s'avance au milieu d'un Bacchant et d'une Bacchante qui dansent en jouant de la double flûte Devant ce groupe sont deux compagnes d'Égipans, assises à terre et jouant avec leurs enfants. — Ce bronze a été moulé sur un ouvrage en ivoire. Moulures en marbre jaune de Sienne. — Haut., 19 cent.

1. Ce caillou, de forme ovale, est en lapis-lazuli. Quelques parties du monument sont peintes et dorées.

2. Ce petit monument a été publié sous le titre suivant : *La Lampe de Saint-Michel, sujet tiré de l'histoire du* XIIIe *siècle, par mademoiselle de Fauveau.* Paris, 1832.

ARMES OCCIDENTALES

1641. — Casque du XVIe siècle en fer repoussé, décoré de sujets de bataille d'une très-belle exécution. La crête est ornée de mascarons et le colletin de trophées d'armes.

1642. — Deux pièces en fer repoussé et damasquiné d'or, provenant du devant d'une selle. Elles offrent deux figures allégoriques. — Beau travail du XVIe siècle.

1643. — Grand bouclier rond en fer repoussé à ombilic saillant se terminant en pointe. Il offre des combats de Centaures et d'animaux chimériques se terminant par des rinceaux à feuillages. Grande et belle composition exécutée par WECHT, dont le talent remarquable est très-connu.

1644. — Une très-belle paire d'éperons garnis de leurs boucles et richement recouverts de figures et d'ornements. — XVIe siècle.

1645. — Eperon en fer, couvert d'ornements en argent de rapport ainsi que de figures et de mascarons. — XVIe siècle.

1646. — Épée. — La garde formée d'enroulements en fer bleui est enrichie, ainsi que le pommeau, de plaques en argent gravé et découpé à jour; la lame, à nervures saillantes, porte des écussons armoriés.

1647. — Dague de l'épée qui précède et de travail analogue; le fourreau est garni en argent gravé à arabesques.

1648. — Epée à lame flamboyante. — Pommeau et garde ornés de pommes de pin. — XVIe siècle.

1649. — Epée dont la garde et le pommeau figurent des chaînons attachés à des masques. — XVIe siècle.

1650. — Poire d'amorce en corne de cerf sculptée représentant Hercule terrassant l'Hydre, et, plus bas, Hercule et le lion de Némée; monture en argent. — XVIe siècle.

1651.—Poire à poudre en corne de cerf sculptée, le bas-relief représente Hercule étouffant Antée; le fond offre des trophées d'armes. —XVIe siècle. — Monture en argent doré de travail moderne.

1652. — Trousse en cuir gaufré doré en partie, figurant un poisson; elle renferme sept pièces, couteaux et fourchettes en fer doré avec appliques en argent niellé à figures et blasons.

1653. —Couteau de chasse dont la poignée et la garde en ivoire sculpté sont formés par des groupes d'enfants dans le style de F. Flamand.

1654.—Couteau de chasse accompagné de ses couteau et fourchette, dont les manches, en bois sculpté, sont formés par des groupes d'animaux. — Ouvrage allemand du XVIIe siècle. Monture et garniture du fourreau en bronze doré.

1655.—Couteau à lame gravée et virole en fer ciselé à feuillages et dorés; manche en cristal de roche garni en argent doré, et fourreau en cuir gaufré.

1656. —Couteau à large lame à sujets mythologiques gravés et dorés; manche en agate d'Allemagne. Il est accompagné de sa fourchette, de travail analogue.

1657. —Couteau avec virole en fer incrusté d'ornements en relief en argent; manche en agate et fourreau en vache marine.

1658.—Couteau à manche en argent se terminant par une tête de bélier. Travail moderne d'après l'antique.

1659.— Poignard à lame striée.—Son manche et son fourreau en fer sont couverts de reliefs représentant des masques, des enfants et des ornements divers. — Surmoulé sur un ouvrage du XVIe siècle.

1660. — Poignard à lame striée et percée à jour.—Son pommeau et le croisillon qui forme sa garde, sont ornés de figures, de masques et d'arabesques. — Surmoulé sur un ouvrage du XVIe siècle.

1661. — Miséricorde à poignée en fer ciselé à ornements.

1662. — Poignard à lame striée et percée à jour. — Sa poignée et la garniture du fourreau sont en bronze ciselé et doré, et représentent saint Georges terrassant le dragon. — Travail de mademoiselle de Fauveau.

ARMES ORIENTALES

1663. — Poignard malais, dit Cris; fourreau en or repoussé et ciselé à ornements; la poignée en ivoire sculpté et la virole en or enrichie de rubis.

1664. — Poignard malais avec lame flamboyante richement incrustée de feuillages en or; le fourreau en bois peint et doré est recouvert en partie par une gaîne en bas or uni; la poignée en or repoussé représente une idole du pays.

1665. — Poignard persan; la poignée, la lame et la garniture du fourreau sont en damas ronceux et richement incrustés d'ornements en or.

1666. — Poignard indien; la poignée avec garde évidée dans la masse et la garniture du fourreau, sont en jade verdâtre, entièrement couverts de fleurs en relief.

1667. — Poignard indien; la poignée en jade gris verdâtre, ornée de fleurs sculptées en relief est incrustée d'or et de rubis; la lame, en damas noir, est couverte d'ornements et d'inscriptions damasquinés en or. Le fourreau en velours cramoisi est garni en argent repoussé et doré.

1668. — Poignard indien; la poignée en jade verdâtre représente une tête de cheval enrichie d'incrustations en or et rubis; la garniture du fourreau est en vermeil.

1669. — Poignard indien; poignée en jade verdâtre, gravée en relief; garniture moderne en vermeil gravé.

1670. — Couteau-poignard de sultane; lame en damas, poignée en cristal de roche se terminant par une tête de bélier enrichie d'incrustations en or avec rubis et émeraudes. Le fourreau est couvert en peau de requin et garni en argent doré.

1671. — Poignard circassien; poignée en vache marine incrustée d'ornements en or; lame en damas gris damasquiné en or. Le fourreau en velours vert est garni en filigrane d'argent enrichi de turquoises.

Ce poignard, envoyé en cadeau par un prince du pays à l'empereur Napoléon Ier, n'a pas été accepté faute de lettre d'envoi.

1672. — Couteau albanais en forme de yatagan. Poignée et garniture en vermeil ciselé, enrichies d'ornements niellés avec chaîne en argent.

1673. — Autre couteau albanais de même forme, avec fourreau et poignée en argent repoussé.

1674. — Poire d'amorce en jade verdâtre à fleurs et feuillages sculptés. — Travail indien. Garniture en argent doré.

1675. — Trois arcs et un carquois garni de flèches. — Travail indien.

FERS

1676. — Clef du XVIe siècle. — Le haut de la tige est formé par un chapiteau qui supporte une double cariatide avec mascarons.

1677. — Tête de clef d'une forme analogue à celle qui précède, mais plus petite.

1678. — Paire de ciseaux, dont les branches sont formées par deux figures affrontées et des ornements.

1679. — Fermoir d'escarcelle en fer ciselé et doré, à branchages et mascarons.

1680. — Une aumônière en velours, dont la monture en fer ciselé présente trois cartouches renfermant les figures de Mars, de Bellone et de deux hommes à demi couchés près d'un mascaron vu de face. — Surmoulé sur un ouvrage de XVIe siècle.

1681. — Figurine représentant un enfant assis, portant sa main droite à sa joue, et dirigeant son autre main en avant de lui. Cette figure a été découverte dans les fouilles faites pour la construction du palais de la Bourse. — XVIIe siècle. — Haut., 19 cent.

1682. — Une paire de chenets. Leur décoration consiste en une tige centrale ornée de pommettes enrichies de rosaces dorées, et séparant deux figures arabesques sonnant de la trompette. Sur la partie inférieure du chenet servant de base aux objet décrits, est un écusson nu surmonté d'une couronne fleurdelisée. — Travail du XVIe siècle.

1683. — Un coffret de forme carrée, exécuté à jour et doublé en bois noirci. Cet objet, qui a conservé sa serrure, est garni de quatre anneaux attachés sur ses parties latérales. — Travail du XVe siècle.

TERRES ÉMAILLÉES

DE LUCCA DELLA ROBBIA

1684. — Haut-relief. — Chairs réservées en terre. Vêtements et attributs émaillés.

Sous un portique à plein cintre, soutenu par des pilastres ornés de fruits, se trouve la figure de la Vierge assise sur un trône, tenant son divin fils debout sur ses genoux.

A droite et à gauche de ce groupe sont placées les figures de deux saints personnages debout. L'un d'eux tient une crosse et l'autre une fleur de lis.

La base est enrichie de cinq figurines de saints personnages dans diverses attitudes.

Bordure en bois noir à moulures. — Haut., 1 m. 80 cent. — Larg., 1 m. 25 cent.

1685. — Haut-relief sans fond, émaillé blanc. — La Vierge vue à mi-corps, tenant son divin fils dans ses bras. — Haut., 75 cent. Larg., 50 cent.

1686. — Bas-relief de forme ronde. — Figures émaillées blanc sur fond bleu.

La Vierge et l'enfant Jésus entre deux têtes de chérubins. — Diam., 70 cent.

1687. — Haut-relief de forme cintrée. — Fond émaillé en bleu et les figures en blanc.

La Vierge agenouillée regarde tendrement l'enfant Jésus à demi couché à terre. Sur un plan supérieur sont quatre anges en adoration, et le cintre, d'où descendent des rayons d'or, est occupé par le Saint-Esprit.

Le cul-de-lampe est orné d'une tête de chérubin. — Haut., 1 m. — Long., 44 cent.

FAIENCES ITALIENNES

1688. — Fabrique de Gubbio. — Coupe ronde à reflets métalliques rouges très-vifs. Elle représente Diane poursuivant les filles de Niobée.

Au revers se trouvent une inscription et le monogramme de M° Giorgio. — Diam., 27 cent.

1689. — Même fabrique. Petit plat à reflets métalliques, offrant au centre une armoirie et au pourtour des arabesques fantastiques sur fond bleu. — Diam., 27 cent.

1690. — Même fabrique. Plat rond à reflets métalliques rouge vif, représentant Joseph et la femme de Putiphar. Sujet imité en partie d'après la composition de Raphaël. — Diam., 34 cent.

1691. — Même fabrique. Petite coupe à reflets métalliques. Dans le fond, on y a représenté une tête de chérubin au-dessus d'un vase surmonté de trois fruits et reposant sur un socle portant la date de 1520.

A l'extérieur se trouvent quatre losanges séparés par des dauphins arabesques. Au-dessous un panier de fruits. — Diam., 16 cent.

1692. — Même fabrique. Petit plat à fond creux, orné de la lettre B, composée d'arabesques. Le reste du champ est occupé par des losanges et d'autres ornements à reflets métalliques. — Diam., 27 cent.

1693. — Même fabrique. — Coupe à bossages et à reflets métalliques. — Au centre, un homme debout regarde une tête de mort déposée à terre. —Diam., 22 cent.

1694. — Même fabrique. — Coupe ronde à bossages, décor à reflets métalliques. — Sur le centre est peint un pélican qui se déchire la poitrine pour nourrir sa couvée. — Diam., 195 mill.

1695. — Même fabrique. — Petit plat à fond creux. — Au centre un lapin couché. Le pourtour est couvert d'ornements à reflets métalliques. — Diam., 25 cent.

1696. — Faïence d'Urbino, à reflets métalliques. — Petit plat, dont le fond, qui est creux, contient un écusson armorié surmonté d'une croix rayonnante. — Sur les premiers plans un ange, enlaçant un arbre, détourne sa vue d'un guerrier tombé à terre, et d'un vieillard, qui ont tous deux les yeux fixés sur lui.

Sur l'arrière du plat on lit: *Quanto rovinia el F. dei Troppo Sforzati*. Le reste du champ contient quelques ornements à reflets métalliques, ainsi que la date de 1535. — Diam., 18 c.

1697. — Même fabrique. — Petit plat, dont le fond est creux. — La descente d'Orphée aux enfers. Sur le fond on lit: *Fra.* X *ato* A *de Rovigo Urbino*. Au-dessous sont des ornements tracés en rouge, et la date de 1532. — Diam., 26 cent.

1698. — Même fabrique. — Petit plat. — Jupiter et Léda. Naissance des Dioscures. Au revers, ornements peints en rouge et la date de 1545. — Diam., 24 cent.

1699. — Même fabrique. — Petit plat. — On y voit une femme

assise à la porte d'une maison ; une autre femme dans une baignoire, et deux hommes nus, dont l'un jette son filet à l'eau — Au revers, se trouve le monogramme de Fra Xanto et la date de 1535. — Diam., 25 cent.

1700. — Même fabrique. — Coupe ronde sur laquelle est peinte une tête de femme accompagné du nom : *Philomena*. — Diam., 215 millim.

1701. — Même fabrique. — Coupe de même forme et de décor analogue. Elle porte le nom : *Portia bella*. — Diam., 215 millim.

1702. — Même fabrique. — Autre coupe ronde avec tête de femme et nom : *Dianora bella* avec date de 1546. — Diam., 215 millim.

1703. — Même fabrique. — Coupe de même forme et décor, avec nom : *Cornelia B*. — Diam., 215 millim.

1704. — Même fabrique. — Grand plat, dont le centre est occupé par le sujet suivant : le fleuve Achéloüs raconte à Thésée et à ses compagnons l'histoire des cinq Naïades, changées en îles, et celle de la belle Périmèle, dont il avait été l'amant [1]. Le bord du plat est orné d'une frise circulaire représentant Neptune et quelques divinités marines portées sur les eaux. — Diam., 40 cent.

1705. — Même fabrique. — Plat. — Sur le fond, Vénus debout pose l'une de ses mains sur la tête de l'Amour, qui lui tend les bras. Ce tableau est entouré d'un double encadrement couvert de figures arabesques et d'autres ornements. — Diam., 27 cent.

1706. — Même fabrique. — Gourde de forme aplatie, garnie de deux anses formées par des masques de Pans. — Sur l'un de ses côtés est peint Apollon poursuivant Daphné. Au revers est figuré le même dieu, devant lequel fuit une autre femme. — Haut., 30 cent.

1707. — Même fabrique. — Vase piriforme renversé. — Il est garni d'une anse surélevée et d'un goulot décoré d'un

1. OVIDE, *Métamorph.*, liv. VII, fab. 5 et 6.

mascaron. Sur son pourtour sont représentés Vénus, l'Amour, et un homme endormi, tenant une syrinx. — Diam., 25 cent.

1708. — Même fabrique. — Coupe. — La mort d'Orphée déchiré par sept femmes. Près de l'infortuné chanteur est placé un violon. Le fond représente une ville dominée par des montagnes. — Diam., 23 cent.

1709. — Même fabrique. — Coupe et son couvercle. — Sur le fond est peint un homme vu de dos, dans un site orné de fabriques. Au revers, paysage semé d'habitations.

Sur le couvercle, est figurée une femme tenant un enfant et assise près d'une crèche ; près d'elle se présente un autre enfant portant sur l'épaule un panier suspendu à un bâton. Autour de cette scène règne une guirlande de feuilles et de fruits. L'intérieur est orné d'une grisaille représentant l'Amour qui vole en tenant son carquois. — Diam., 20 cent.

1710. — Même fabrique. — Plat à fond creux. — Persée, vainqueur de la Gorgone, dont il présente la tête à Atlas qui se change en montagne. Sur le fond est un enfant portant un lièvre suspendu à un bâton. — Diam., 26 cent.

1711. — Même fabrique. — Plat creux. — Vulcain assis forge un dard en présence de Vénus et de son fils. Le fond représente une rivière et des fabriques. — Diam., 26 cent.

1712. — Même fabrique. — Petit plat de forme ovale. — Une femme nouvellement accouchée est soignée par cinq autres femmes, dont l'une lave l'enfant nouveau-né.

Au revers de ce sujet sont quatre mufles de lion exécutés en demi-relief. Au centre est une tête laurée, et le reste du fond est rempli par des poissons, des oiseaux chimériques et d'autres arabesques. — Grand diam., 19 cent. Petit diam., 15 cent.

1713. — Même fabrique. — Vase de forme ronde surbaissée. — Ce vase, qui représente un sujet analogue au précédent, est orné à l'intérieur par de très-jolis arabesques. — Diam., 17 cent.

1714. — Même fabrique. — Plateau, dont le centre est occupé par Vénus et l'Amour portés sur des dauphins. Le bord est enrichi d'ornements et d'arabesques fantastiques. — Diam., 30 cent.

1715. — Même fabrique. — Coupe d'accouchée dont les bords sont recourbés à l'intérieur. — On y voit représentée une scène d'accouchement qui rappelle les sujets précédemment indiqués. Le pourtour est couvert en partie d'une couronne composée de fleurs et de feuillage. Au-dessous est peinte une autre couronne, et sous la partie inférieure de la coupe se voit un Amour porté sur des nuages et tenant un vase. — Diam., 20 cent.

1716. — Même fabrique. — Petite coupe. — Sur le fond est peint un enfant portant sur l'épaule des oiseaux suspendus à un bâton. Au revers sont des arabesques, et au-dessous une tête juvénile, vue de profil. — Diam., 12 cent.

1717. — Fabrique de Faenza. — Plaque carrée représentant la résurrection du Christ, d'après Albert Durer.

Très-belle peinture en grisaille rehaussée de bleu et de jaune Au revers se trouve le monogramme T. B. — Haut., 24 cent. Larg., 20 cent.

1718. — Même fabrique. — Plat creux. — Dans le fond, une génisse couchée. Sur le pourtour est représenté un homme nu, lié et agenouillé dévant un tribunal où siége un roi pourvu de deux oreilles d'âne, et entouré de deux femmes et d'un guerrier. En arrière du patient se voit un flambeau allumé jeté à terre, et plus loin trois femmes, dont l'une, qui est nue, paraît être la Vérité. — Diam., 27 cent.

1719. — Fabrique de Pesaro. — Grand plat à reflets métalliques, dont le fond est occupé par un buste de femme vu de profil. — Derrière la tête s'élance une tige de plante. Devant le visage est une banderolle chargée d'une inscription. Bordure à imbrications. — Diam., 40 cent.

1720. — Fabrique de Deruta. — Plat à reflets métalliques sur lequel est figurée la fable de Cénéus. Les personnages sont ombrés en bleu ; le reste est nuancé en jaune et en vert.

Revers. — Quatre entrelacs composés de losanges, séparés

par des ornements cuivrés et grossièrement tracés, ainsi que la description du sujet et la date de 1545. — Diam., 38 cent.

1721. — Même fabrique. — Décor gravé sur angobe. — Plat creux, élevé sur un piédouche. — Au centre, un jeune homme et une jeune dame, assis aux côtés d'un arbuste et à la porte d'un pavillon, paraissent se livrer au plaisir d'un doux entretien. — Le dessous du plat ainsi que le piédouche sont décorés de sept cartouches, dont l'un est rempli par une fleur de lis. — Haut., 16 cent. Diam., 30 cent.

1722. — Fabrique de Castelli. — Assiette. — La Justice, assise et armée d'une épée, est accompagnée de trois génies, dont l'un tient des balances. Sur le bord supérieur est placé un écusson armorié. Peinture rehaussée d'or.

1723. — Même fabrique et même forme. — L'Amour, les yeux bandés, luttant avec un Satyre.

1724. — Même fabrique et même forme. — Jupiter et quatre déesses portés sur un nuage.

1725. — Même fabrique et même forme. — L'enlèvement de Proserpine.

1726. — Même fabrique. — Tasse et sa soucoupe décorées de sujets allégoriques.

FAIENCE DITE DE HENRI II

1727. — Vase de forme élevée, garni d'un goulot, de deux anses latérales et d'une anse supérieure courbée en arc au-dessus de l'orifice, qui est fermé par deux demi-couvercles tournant sur une même charnière.

Ce vase est presque entièrement décoré d'entrelacs très-délicatement tracés, les uns en noir et les autres en jaune pâle, bordé de deux lignes noires. Les seuls reliefs qu'il présente, sont : un petit épagneul couché sur le haut de l'anse principale ; deux petites coquilles servant à soulever les demi-couvercles; un cartel chantourné appliqué au-dessous du goulot, et, enfin, trois mascarons, têtes de Méduse, vus de face, employés à orner la partie inférieure qui avoisine le piédouche.

Sur la partie extérieure de chacune des petites anses est répété trois fois, en ligne verticale, l'écusson de France, surmonté d'une couronne fleuronnée; près de là est répété quatre fois l'un des chiffres de Diane de Poitiers, tandis que les croissants de Diane sont placés sur l'écusson en relief qui décore la face principale du vase.

Cet ouvrage, l'un des plus précieux parmi ceux qui perpétuent le souvenir de cette belle fabrication, joint encore à son intérêt historique, le mérite d'une parfaite conservation. — Haut., 26 cent.

FAIENCES DE BERNARD PALISSY

1728. — Grand plat de forme ovale. — La Fécondité; une femme nue, à demi couchée sur des coussins et des draperies de diverses couleurs, tient sur son sein un enfant qui semble la caresser; à gauche se trouvent quatre enfants également nus.

Le pourtour du bord est garni de huit cavités, rondes et ovales, séparées l'une de l'autre par des masques et des corbeilles remplies de fruits.

Grand diam., 50 cent. Petit diam., 40 cent.

1729. — Plat de forme ovale. — Le fond est occupé par une couleuvre qui pose en partie sur un îlot; près d'elle sont deux poissons et une écrevisse. Sur le bord du plat, qui est semé de coquillages et de plantes aquatiques, se voient une autre écrevisse, une grenouille et un lézard. — Grand diam., 48 cent. Petit diam., 36 cent.

1730. — Plat de forme ovale. — Sur le fond, une Nymphe assise au milieu d'une masse de roseaux, et près d'un chien qui accourt à elle, appuie son bras gauche sur une urne jaillissante. Bord à palmettes et marguerites. — Grand diam., 30 cent. Petit diam., 25 cent.

1731. — Plat rond. — Persée délivrant Andromède. — Composition de quantité de figures. — Diam., 25 cent.

1732. — Plat rond. — Jeune Bacchus et ses compagnons faisant les vendanges. Bord à palmettes et marguerites. — Diam., 29 cent.

1733. — Plat de forme ronde. — Le fond est occupé par un riche ornement, et le pourtour, orné de six masques vus de face, est accompagné de fleurons. — Diam., 25 cent.

1734. — Corbeille de forme ronde. — Son centre est couvert de rosaces et d'ornements découpés à jour. Son bord représente une bordure de fleurs. — Diam., 30 cent.

1735. — Salière de forme monumentale. — Autour de sa cavité sont quatre têtes de chérubins. Chacune des faces est surmontée d'un fronton brisé, soutenu par deux espèces de cariatides représentant une femme et un Pan unis ensemble par une guirlande de fleurs et de fruits. Entre les chapiteaux dont ils sont les appuis, est placée une tête ailée vue de face. Le reste de l'ornementation consiste en oves, rais de cœur, etc. — Haut., 17 cent.

1736. — Aiguière à fond blanc, ornée de coquilles, de plantes et de deux lézards qui grimpent, et garnie d'une anse formée par une couleuvre.

La monture supérieure et inférieure représente des roseaux exécutés en cuivre ciselé et doré. — Haut. totale, 34 cent.

1737. — Saucière de forme oblongue et sans anses.

Dans sa partie intérieure sont figurés Bacchus et Cérès tenant des pampres et des épis. Sur le bord extérieur, au-dessus de leurs têtes, sont six fleurons. — Long., 20 cent.

1738. — Petit plat ovale à reptiles et coquillages. — Grand diam., 33 cent. Petit diam., 24 cent.

1739. — Plat ovale en hauteur présentant le sacrifice d'Abraham. — Haut., 30 cent. Larg., 25 cent.

GRÈS DE FLANDRES

1740. — Grand cruchon émaillé en brun, à panse ornée de médaillons en relief renfermant des bustes de souverains et leurs armoiries.

1741. — Un autre émaillé de même, avec frise ornée de sujets tirés de l'Ancien Testament. Il porte la date de 1584.

1742. — Pot à bière offrant en relief les figures des apôtres émaillées en couleur. Couvercle en étain.

1743. — Pot à tabac à six pans ornés d'un réseau émaillé blanc et bleu et rehaussé d'or.

1744. — Salière et petit cruchon en grès gris rehaussé d'émail bleu.

1745. — Deux tasses en faïence hollandaise brune, rehaussée de dessins en or.

ÉMAUX ET OBJETS DITS BYSANTINS

1746. — Émail cloisonné de fabrique bysantine. — Tableau de forme carrée. — Saint Georges, debout et cuirassé, frappe de sa lance un dragon qui expire à ses pieds. En arrière du saint est figurée la partie antérieure de son cheval, attaché à un arbre. Le fond est couvert d'espèce de ramaux arabesques, et le nom du personnage est placé près de son visage. Ce tableau, dont les couleurs sont très-vives, est exécuté à l'aide de larges filets de cuivre doré, qui encadrent les contours extérieurs du saint, du cheval et de l'arbre, tandis que d'autres filets, très-minces et également dorés, dessinent chacun des détails, et limitent les formes et l'étendue des teintes, qui, la plupart craquelées par l'effet du temps ou de la cuisson, se présentent à l'œil sous l'aspect d'une mosaïque. La bordure en cuivre doré qui contient cette composition est exécutée au repoussé. Sa décoration consiste en arabesques, qui alternent avec quelques médaillons représentant des saints. — Cette plaque provient de la couverture d'un évangéliaire du XIe siècle. C'est un spécimen de la plus grande rareté. Cité par M. De Laborde dans sa *Notice sur les émaux du Louvre*, page 102. — Haut., 23 cent. Larg., 21 cent.

1747. — Bassin de chapelle. — Au centre un guerrier tenant un gonfanon de la main droite et le bras gauche chargé d'un écu portant une fleur de lis, monte un cheval dont le caparaçon est fleurdelisé. Ce personnage passe sur un pont formé de trois arches. Autour de ce médaillon est gravée une inscription tracée en relief très-faible et maintenant illisible, ainsi que des médaillons renfermant des figures d'anges.

L'extérieur offre sept écussons armoriés, mais non émaillés, parmi lesquels on distingue le blason de France fleurdelisé. Une ligne sinueuse contourne le pourtour de ce bassin. dont le goulot représente une petite tête de lion. Travail du XIIIe siècle. Cette pièce est citée par M. de Laborde dans sa *Notice sur les émaux du Louvre*, page 51.

1748. — Plaque de forme oblongue provenant d'un reliquaire. — Deux anges vêtus et ailés y sont représentés; ils portent un encensoir à la main. Les figures sont traitées entièrement en émail et se détachent sur un fond de fleurons d'or. — Ouvrage du XIIe siècle. Collection Debruge. — Haut., 11 cent. Larg., 22 cent.

1749. — Plaque de forme rectangulaire en cuivre champlevé et émaillé, à rosaces en couleur sur fond bleu. — Elle présente le Christ en croix et les saintes femmes, réservés et dorés; la figure du Christ et les faces des autres figures sont en relief et dorées. — Travail du XIVe siècle. — Larg., 115 mill. Haut., 24 cent.

1750. — Châsse bysantine de forme rectangulaire se terminant en forme de toit surmonté d'une galerie à jour dorée. — Elle offre sur sa face principale la figure de Dieu le Père ainsi que les attributs des quatre évangélistes; le Christ en croix et des figures de saints et d'anges. Les faces latérales présentent des figures de saints et le revers est décoré de rosaces. Le tout champlevé et émaillé en couleurs, avec figures réservées et faces saillantes. — Long., 23 cent. Haut., 20 cent.

1751. — Custode de forme ronde à couvercle décoré de figures d'anges vus à mi-corps, et de rinceaux à feuillage sur fond émaillé.

1752. — Crosse pastorale dont la volute, terminée par une fleur à cinq pétales, prend naissance au centre de la couronne d'un saint personnage ailé qui tient le livre des Évangiles et dont le costume est enrichi d'émaux en relief et translucides.

Le nœud offre quatre figures d'anges à têtes saillantes, et la douille, des oiseaux fantastiques gravés. — Travail du XIIIe siècle d'une belle conservation.

1753. — Nœud de crosse formé de huit dragons chimériques en relief repercés à jour. La douille est ornée d'écailles gravées et d'une bande émaillée. — XIIIe siècle.

1754. — Deux porte-cierges s'emboîtant l'un dans l'autre. — Sur chacun de leurs pieds sont répétés deux fois les écussons émaillés d'Espagne et d'Angleterre. Travail du XIIIe siècle.

1755. — Fermail de chappe. — Il est formé de la réunion de cinq plaques d'émail, qui présentent l'aspect d'un quatre-feuilles. La plaque du milieu de forme rectangulaire, sert de point d'appui aux quatre autres qui ont la forme d'une demi-circonférence.

Dans la plaque du milieu, un saint personnage, suivi de trois disciples, marque du TAV symbolique le dessus de la porte d'un édifice. Les sujets qui remplissent les quatre plaques semi-circulaires sont tirés de la vie de saint Jean l'Évangéliste.

Dans ces plaques, les sujets sont expliqués par des inscriptions en vers latins.

M. du Sommerard a publié cette belle pièce dans son Album, 9e série, planche XVI. Elle appartient à la fin du XIIe siècle. Coll. Debruge. — Haut. de la plaque centrale, 65 mill. Larg., 9 cent. Diam. des autres, 8 cent.

1756. — Deux pièces : La Vierge tenant l'enfant Jésus sur ses genoux et Christ en croix conservant des traces de dorure.

1757. — Flambeau gothique en bronze, formé par une femme montée sur un lion dont elle ouvre la gueule en détournant la tête à gauche. Son vêtement consiste en un corsage étroit, festonné du bas, et une robe courte et ouverte en arrière. Entre ses épaules s'élève une fleur à huit pétales sur laquelle s'implantait un cierge. — Cette pièce conserve des traces de dorure. — Haut., 24 cent.

1758. — Bouilloire en bronze formée par un lion. — Travail du XIVe siècle. — Haut., 32 cent.

1759. — Deux flambeaux de forme basse en bronze doré. — Leurs pieds sont formés de trois espèces de palmes renversées, servant de siéges à un même nombre d'anges qui tiennent des livres ouverts sur leurs genoux. Au-dessus de ces derniers, est une boule travaillée à jour et servant de base au porte-cierge. Le tout repose sur trois griffes de lion. — Imitation d'un travail bysantin.

ÉMAUX DE LIMOGES

1760. — Plaque carrée. — Peinture en émaux de couleur sur fond bleu.

Portrait de Henry d'Albret, roi de Navarre, vêtu de noir, décoré de l'ordre de Saint-Michel et coiffé d'une toque ornée d'une plume blanche.

Il porte les initiales L. L., sigle de Léonard Limousin et la date de 1556.

Ce bel émail est cité par M. de Laborde dans sa *Notice sur les émaux du Louvre*, p. 183. — Haut., 195 mill. Larg., 14 cent.

1761. — Triptyque dont les peintures sont exécutées en grisaille, avec chairs teintées et détails rehaussés d'or.

Tableau central. — Jésus-Christ, agenouillé dans le jardin des Oliviers, est prêt à recevoir le calice d'amertume qu'un ange lui apporte, et s'abandonne à une profonde tristesse. A quelque distance du Sauveur, et sur deux plans différents, sont étendus à terre les apôtres endormis. Le cintre qui domine cette composition est occupé par Dieu le père, accompagné de trois anges, et regardant avec douleur l'agonie de son fils. Au bas du tableau, près de la figure de saint Pierre, sont tracées les lettres P. R. formant les initiales du nom de Pierre Raymond.

Volet gauche.—Jésus-Christ ressuscité apparaît aux apôtres; Thomas, encore incrédule, s'approche et touche l'une des plaies du Sauveur. Sur le demi-cintre supérieur sont placées les armes accolées de Philippe de Bourbon[1] et de César Borgia, duc de Valentinois. — Cet écusson, dont les émaux sont coloriés, est soutenu par un ange.

Volet droit. — Jésus, tenant un étendard surmonté d'une croix, a brisé les portes des limbes et délivré les justes et les patriarches qui s'y trouvaient renfermés jusqu'au triomphe de la nouvelle loi. Sur une des portes renversées à terre se roule un démon d'un aspect hideux, tandis que deux de ses compagnons cherchent encore à s'opposer à la volonté divine. Sur le demi-cintre supérieur, un ange assis sur des nuages soutient l'écusson de Philippe de Bourbon.

Cet ouvrage, l'un des plus beaux de ce genre, est d'une conservation parfaite. Les six pièces qui le composent sont enchâssées dans son ancienne monture en bois noirci avec encadrements dorés. Coll. Didier-Petit. — Haut., 49 cent. Larg., 60 cent.

1762.—Coupe sur pied à balustre, garnie d'un couvercle,

1. Philippe de Bourbon, chevalier, seigneur de Busset, de Puisagut, Coutoge et Saint-Priest; gouverneur des vicomtés de Carlat et de Murat; lieutenant de la compagnie de cinquante lances du duc d'Étampes; tué à la bataille de Saint-Quentin, le 10 août 1557.

Sa femme était Louise Borgia, dame de la Mothe-Fueille et de Neves, en Berry, fille unique de César Borgia, duc de Valentinois, et de Charlotte d'Albret.

dite de *Marie-Stuart*.—Grisaille à chairs teintées et détails en or.

Couvercle. — Diane, assise sur un char traîné par des cerfs, précède deux Amours chargés de liens. Le reste du cortége consiste en une Renommée sonnant de la trompe et en trois Nymphes, l'une dirigeant l'attelage du char, la seconde donnant du cor, et la dernière tenant des chiens en laisse. Devant les cerfs dont on vient de parler est placé l'Ecusson d'Ecosse[1], surmonté de la couronne dauphine de France[2]. Au revers sont quatre médaillons ovales renfermant les têtes de deux femmes et de deux guerriers, l'un lauré et l'autre casqué.

Fond de la coupe. — Le festin des dieux : composition de onze figures, imitée en partie d'après Raphaël. Sur le sol, en avant de la table, on lit : A LYMOGES PAR IEHAN·COURT DIT VIGIER, 1556.

L'extérieur de la coupe et le pied sont chargés d'ornements du meilleur goût et d'une exécution parfaite. Sur le bord du piédouche, dont le dessous est semé de fleurs de lis d'or, se voit répété l'écusson de Marie Stuart, à qui ce beau vase a dû être présenté lorsque cette princesse n'était encore que la fiancée de François II, qu'elle épousa le 24 avril 1558.

Cette pièce, aussi remarquable sous le rapport de l'art que par l'intérêt historique qu'elle doit inspirer, est citée par M. de Laborde dans sa notice sur les émaux du Louvre (page 278), comme un chef-d'œuvre. — Haut., 17 cent.

1763. — Coupe à pied garnie d'un couvercle; grisaille sur fond noir et détails en or.

Couvercle orné à l'extérieur de quatre médaillons de forme ovale, relevés en bosse, et contenant chacun, dans un encadrement de laurier, les têtes conjuguées d'un homme et d'une femme. Entre ces médaillons sont deux trophées militaires,

1. D'or, au lion de gueules enclos dans un double trescheur fleuré et contre-fleuré de même.

2. En vertu du titre de roi d'Écosse apporté à François II par Marie, ces époux reçurent très-souvent les noms de roi et de reine dauphins.

l'écusson d'un cardinal et un petit cartel portant la date de 1544.

La décoration intérieure de la même partie consiste en quatre médaillons placés sous ceux déjà décrits. Deux d'entre eux offrent des portraits de femmes, et les autres des têtes d'hommes. L'intervalle qui les sépare est chargé d'arabesques peints en or.

Ce couvercle est dominé par une figurine de Mars, en argent doré. Cette figurine, d'un travail très-fin, repose sur une espèce de rosace en feuilles d'acanthe, et paraît avoir toujours appartenu à cette coupe.

L'intérieur de la coupe offre une peinture représentant un Satyre et un guerrier se disputant une femme à demi nue, vers laquelle accourent quelques hommes armés.

L'extérieur est très-richement couvert d'arabesques en grisaille et or. Sur le piédouche est répété l'écusson déjà indiqué et les initiales de Pierre Raymond (P. R.). — Haut. totale, 25 cent.

1764. — Coupe élevée sur un pied et garnie d'un couvercle. Grisaille, dont les chairs sont teintées et les détails rehaussés d'or.

Couvercle. — Le frappement du rocher : composition de quatorze figures dispersées dans un paysage, où est assis le camp des Hébreux. L'intérieur de ce couvercle est orné d'une rosace centrale et de quatre cartouches contenant les figures d'un fleuve, d'un triton et de deux Amours montés sur des dauphins.

Intérieur de la coupe. — Moïse, siégeant sur un tribunal placé au milieu d'un camp, rend la justice aux Hébreux.

L'extérieur et le pied sont ornés de figures et d'arabesques. Sur des cartels qui enrichissent le montant du pied, on voit les initiales de Pierre Raymond (P. R.) et la date 1572. — Haut., 22 cent.

1765. — Bassin de forme ronde. — Grisaille légèrement teintée sur fond noir.

Sur l'ombilic qui servait à placer l'aiguière, est peint le portrait d'une jeune femme vue de deux tiers. Sur le pourtour intérieur sont peints divers sujets de l'histoire d'Adam et Eve, tirés de la Genèse.

Les bords de ce beau plat sont ornés de quatre cartels séparés par des arabesques rehaussés d'or. Deux de ces cartels contiennent les initiales de Pierre Raymond (P. R.) et la date de 1558.

Revers. — Au-dessous de l'ombilic est placé un écusson armorié. Le pourtour est presque entièrement couvert par une couronne de lauriers entourée d'attaches sur lesquelles sont peints des mascarons et des têtes d'anges. Le bord extérieur est orné d'entrelacs.

Cette belle pièce est montée dans un guéridon en acajou. — Diam., 45 cent.

1766.—Plat de forme ovale, très-richement émaillé sur paillon, et rehaussé d'or.

Intérieur. — Moïse étend une verge d'or sur la mer Rouge, qui engloutit l'armée de Pharaon. Le peuple hébreu, assemblé sur le rivage et sur lequel est dirigé l'Esprit-Saint, regarde avec admiration le miracle qui assure sa délivrance. — Cette belle composition contient quelques figures empruntées à Raphaël.

Les bords du plat sont ornés de deux médaillons contenant les portraits d'un empereur et d'une impératrice. Le reste du champ est orné d'animaux fantastiques, de mascarons et d'imitations de pierres précieuses.

Le revers, exécuté en grisaille teintée, présente des termes et d'autres arabesques, ainsi que les initiales J. C., qui sont celles de Jean Courtois (ou Courteis). — Long., 54 cent. Larg., 41 cent.

1767. — Aiguière. — Email colorié sur paillon, avec détails dorés, accompagnant le plat ci-dessus.

Partie supérieure avoisinant le col.—Bacchus, monté sur un bouc, tient à la main un rameau d'or. Le jeune dieu est précédé de cinq autres enfants, l'un tenant aussi un rameau, le second portant un étendard, le troisième sonnant de la trompette, et les deux autres battant du tambour. La marche est fermée par six personnages également jeunes, livrés à la joie, et représentés dans des attitudes variées.

Panse du vase. — A la vue de l'armée égyptienne engloutie sous les flots de la mer Rouge, Moïse détache une branche de palmier et prend ainsi possession de la Terre promise. Un groupe de femmes, pinçant de la harpe, célèbre le miracle qui les délivre des craintes de l'esclavage.

Le piédouche est orné de figures arabesques, et le dessous semé de fleurs de lis d'or. — XVIe siècle. — Haut., 27 cent.

1768. — Plat de forme ovale. Grisaille teintée sur fond noir.

Jean, ravi en esprit, assiste à l'ouverture du livre fermé de sept sceaux rompus par l'Agneau. Au même instant, les vingt-quatre vieillards se prosternent en présentant des couronnes, et les quatre animaux restent en adoration[1].

Sur les bords de ce plat sont les médaillons d'un empereur et d'une impératrice, séparés par des animaux fantastiques et un écusson armorié.

Revers. — Grisaille en or sur fond noir. — Ornements enlacés, et les initiales de Jean Courtois (J. C.). — Ce plat est entouré d'une bordure en argent. — Long., 52 cent. Larg., 40 cent.

1769. — Assiette. — Grisaille dont les chairs sont teintées et les détails en or.

Sur le haut du fond est placé le signe de la Balance; au-dessous sont représentés un homme foulant la vendange, un enfant tenant une coupe, et un homme accompagné d'une femme apportant des raisins. Sur le cuvier on lit : *septembre*. — Cette assiette est décorée d'un écusson armorié.

Le revers est orné de mascarons et d'entrelacs. — XVIe siècle. — Diam., 18 cent.

1770. — Assiette. — Grisaille dont les chairs sont teintées et les détails en or.

Le Cancer ; près de lui est écrit : *octobre*.

1. *Apocalypse*, ch. V.

Sur le fond, un laboureur qui ensemence un champ reçoit une coupe que lui présente une femme assise. Ce sujet est entouré d'une bordure ornée de masques, de fruits et d'autres arabesques. Au bas est peint un écusson semblable à celui qu'on remarque sur l'assiette précédente. — Revers analogue. — XVIe siècle. — Diam., 18 cent.

1771. — Coupe à pied. —Grisaille avec détails dorés. — Attribuée à P. Pénicaud.

Sur le fond, Vénus anime Galathée debout sur un socle et près de Pygmalion. Au-dessus de cette scène, l'Amour, porté sur un nuage, tient deux couronnes. L'extérieur de la coupe est décoré de masques, de guirlandes, etc. — Diam., 22 cent.

1772. — Salière en forme de piédouche. — Grisaille dont les chairs sont teintées et les détails en or.

Cavité. — Buste de femme diadémée et voilée, vue de trois quarts.

Pourtour. — Trois Amours, chargés de liens, marchent à la suite de cinq Nymphes tenant des attributs de chasse. — XVIe siècle. — Haut., 105 mill.

1773. — Salière faisant pendant à la précédente.

Cavité. — Buste d'homme barbu, vu de profil. Au-dessous sont des cartels sur lesquels sont peintes des pierres précieuses et des amas de fruits.

Pourtour. — Diane, assise sur un char attelé de deux cerfs, est accompagnée de Nymphes, et précédée d'une Renommée sonnant de la trompette. — XVIe siècle. — Haut., 105 mill.

1774. — Petit tableau de forme carrée. — Email colorié sur paillon, avec détails dorés.

La visite de sainte Elisabeth à la Vierge; ouvrage de Jean Limousin (I. L.). — Haut., 10 cent. Larg., 8 cent.

1775. — Tableau de même forme, faisant pendant au précédent. — L'adoration des bergers (I. L.). — Haut., 10 cent. Larg., 8 cent.

1776. — Coupe à pied. — Grisaille avec détails rehaussés d'or.

Frise circulaire représentant Bacchus assis sur un char traîné par deux panthères; composition dans laquelle on remarque quelques emprunts faits habilement à différents maîtres.

Cet émail, dont les figures sont un peu relevées en bosse, est signé de Jean Laudin [I. L.]. — Haut. 9 cent., Diam. 23 cent.

1777. — Petite coupe à bossages, garnie de deux anses. — Grisaille rehaussée d'or.

Sur le fond, Flore, vue à mi-corps, est assise et tient un bouquet à la main. Cette coupe est richement ornée sur toutes ses parties. — Jean Laudin [I. L.]. — Diam., 12 cent.

1778. — Tasse et soucoupe. — Émail colorié, avec ornements en relief et détails dorés.

Tasse. — Ses faces opposées sont couvertes par deux médaillons : l'un représente Judith tenant la tête d'Holopherne, et l'autre Jahel tenant un marteau et le clou qu'elle va enfoncer dans la tête de Sisara.

Au fond est placé le monogramme du Christ, surmonté d'une croix accompagnée de deux étoiles, et dominant un cœur percé de trois clous. Sous la tasse on lit : *Laudin au faubourg de Manigne à Limoges.* Au-dessus sont tracées les lettres initiales du même artiste [I. L.].

Soucoupe. — Sur le fond, l'Amour décochant une flèche sur un cœur déjà percé d'un dard. Au-dessus est écrit : UNE SEULE ME BLESSE. Au-dessous : I. L. — Haut. de la tasse, 8 cent. Diam. de la soucoupe, 14 cent.

1779. — Tasse et Soucoupe. — Émail colorié avec ornements en relief.

La tasse est également ornée de deux médaillons : sur l'un est l'Amour marchant et portant une corbeille remplie de cœurs. A ses pieds est un arc détendu. Sur le bas on lit : PEU S'ÉCHAPE DE MA MOISSON.

Le second médaillon représente un enfant couronné de pampres, présentant un anneau d'or à une femme assise sur une draperie. Au-dessous sont répétées l'inscription et les initiales qui se lisent sur la précédente.

Soucoupe. — Sur le fond, l'Amour pêchant un poisson. Au-dessus on lit : JE MEURS OU JE M'ATTACHE.

Au-dessous sont les initiales : I. L. — Haut. de la tasse, 85 milli. Diam. de la soucoupe, 14 cent.

1780. — Tasse et soucoupe. — Émail colorié avec ornements en relief et détails dorés.

Tasse. — Les deux grands médaillons qui décorent ses faces opposées, représentent Zénobie et Jahel. Entre ces encadrements et au centre d'ornements en relief, sont les têtes de deux empereurs romains. Au-dessous de la tasse sont reproduites les initiales déjà remarquées sur la tasse précédente.

Sur le fond de la soucoupe, Artémise éplorée tenant la coupe qui contient les cendres de son époux. — Haut. de la tasse, 8 cent. Diam. de la soucoupe, 13 cent.

1781. — Tasse. — Émail colorié avec ornements en relief et détails dorés.

Cette tasse est décorée de deux médaillons. L'un représente Polyphème assis sur un rocher, et jouant de la syrinx ; près de lui est un chien gardant un troupeau. Sur l'autre, Acis et Galathée, assis à l'ombre de quelques arbres, paraissent s'entretenir de leurs amours. Au bord intérieur de la tasse sont les initiales de Jean Laudin [I. L.]. — Haut., 8 cent. 1/2.

1782. — Écritoire. — Intérieur en grisaille, et extérieur colorié.

Intérieur. — Les quatre évangélistes portés sur des nuages. Monogramme P. N. [Pierre Nouailher.]

Extérieur. — Huit enfants terminés en rinceaux qui s'enlacent avec les autres ornements dont le champ est décoré. — Diam., 195 milli.

1783. — Tableau de forme rectangulaire. — Grisaille rehaussée d'or.

Saint Jérôme assis, la main gauche appuyée sur une tête de mort, et tenant un caillou de l'autre main, élève son regard vers un rayon qui descend du ciel. Devant le saint est placé un livre ouvert. — Ouvrage du XVIIe siècle. Derrière est écrit : *P. Nouailher, esmaillieur à Limoges.* — Haut., 22 cent. Larg., 16 cent.

VERRERIE DE VENISE

1784. — Vase à une anse, en verre bleu décoré d'imbrications en émaux de couleur rehaussés d'or. — XVᵉ siècle. — Haut., 22 cent.

1785. — Coupe ronde à piédouche, en verre bleu, décorée d'une frise à feuillages dorés enrichis d'émaux de couleur. — XVᵉ siècle. — Diam., 24 cent. Haut., 17 cent.

1786. — Coupe de même forme à nervures saillantes en spirales; verre blanc décoré d'imbrications en émaux de couleur rehaussées d'or. — Diam., 27 cent. Haut., 16 cent.

1787. — Verre dont le pied élevé est formé par des serpents enlacés filigranés de blanc et de rouge.

1788. — Autre verre à peu près semblable.

1789. — Verre à champagne dont le pied est formé d'entrelacs filigranés blanc et rouge.

1790. — Grand verre à couvercle sur pied formé de serpents enlacés; le tout en verre opalin d'une belle nuance.

1791. — Verre de forme évasée et à bossages, décoré d'un réseau en émail blanc.

1792. — Vidrecome de forme cylindrique à couvercle, en verre filigrané d'émail blanc.

1793. — Petite coupe ronde sur piédouche en verre filigrané d'émail blanc en spirale.

1794. — Autre coupe à peu près semblable.

1795. — Vase à oignon; verre incolore filigrané de filets blancs entrecroisés.

1796. — Coupe de forme basse et évasée à filets d'émail blanc entrecroisés.

1797. — Coupe ronde filigranée d'émail blanc.

1798. — Coupe ronde à piédouche, filets blancs entrecroisés en spirale.

1799. — Bassin de forme orientale, filigrané d'émail blanc.

1800. — Deux gobelets à filets d'émail blanc, dont un à anse.

1801. — Gobelet à filigrane d'émail blanc et bleu turquoise.

1802. — Flacon en forme de petit baril en verre bleu chevronné blanc et rose.

1803. — Grand plat rond à filets d'émail blanc entrecroisés.

1804. — Petit vase forme bouteille; la panse à bossages et godrons; filigrané blanc et bleu.

1805. — Vidrecome à bossages en verre violet et nœud réservé en blanc.

1806. — Petite coupe basse à deux anses dont le bord est orné de filets jaunes en relief.

1807. — Petit seau à anse mobile en verre craquelé.

1808. — Vidrecome allemand en verre émaillé à figures et date de 1600.

1809. — Trois pièces : un flacon, une coupe et un vase à anse, en verre filigrané de couleurs.

1810. — Deux peintures sur verre, l'une de forme carrée, représentant l'Annonciation, l'autre ronde, représentant l'adoration des Mages. — Travail italien du XVIe siècle..

Ces deux pièces sont citées par M. de Laborde dans sa notice sur les émaux du Louvre, page 143.

VITRAUX

1811. — Homme debout, l'arquebuse sur l'épaule, placé près d'une femme qui lui présente à boire dans un gobelet doré. — Sur les angles inférieurs sont peints deux écussons armoriés. — Date de 1620.

1812. — Pendant du précédent. — Homme portant également l'arquebuse sur l'épaule, debout près d'une femme qui lui présente un verre à boire. Entre ces personnages, mais sur un plan éloigné, est placé un jeune garçon debout, tenant son bonnet à la main. — Date de 1590.

1813. — Écussons armoriés du duché de Wurtemberg. — Date de 1520.

1814. — Pendant du précédent. — Un homme et une femme debout, séparés par un monogramme. — 1560.

1815. — Deux hommes debout et armés, placés aux côtés d'un écusson chargé d'un pic et d'une houe passés en sautoir et surmonté d'un singe. — Date de 1539.

1816. — Pendant du précédent. Deux personnages armés, debout, aux côtés des écussons du canton de Soleure et des villes libres impériales. — 1539.

1817. — Deux lions, l'un tenant une épée et l'autre un étendard, gardent un écusson chargé de l'aigle bicéphale qui caractérise les villes impériales. — 1533.

1818. — Pendant du précédent. — Deux hommes armés gardant l'écusson du canton de Glaris. Au-dessous est placé celui des villes libres impériales. — 1655.

1819. — Saint Georges, patron de Lucerne, tenant l'étendard de cette ville.

1820. — Cinq petits vitraux, dont quatre de forme ronde et un carré; l'un d'eux représente Dieu séparant les éléments.

1821. — Deux vitraux. — Un ange debout, se détachant sur un fond fleurdelisé appuie sa main gauche sur un écusson armorié; son pendant représente un ange debout tenant un écusson chargé d'une penture garnie de clous.

1822. — Saint Jean-Baptiste. — Vitrail carré portant la date de 1532.

1823. — Deux anges debout, dont l'un tient une crosse pastorale, supportent ensemble un écusson chargé de deux poissons contrepassés.

1824. — Pendant du précédent. — Religieux en prière abrité sous des arbres chargés de petits anges qui jouent de divers instruments. Aux pieds du saint personnage se voit un écusson renfermant un monogramme.

1825. — Le serment des trois Suisses. — Au-dessus sont inscrits des vers allemands en l'honneur de ces héros. Sur le bas du tableau est peint un repas.

1826. — Pendant du précédent. — Un homme cuirassé, appuyé sur une hallebarde est en regard d'une femme qui s'approche et tient un vase d'or sur sa main droite. Aux pieds de ces personnages sont placés leurs écussons.

1827. — Blason de France entouré du cordon de l'ordre de la toison d'or et placé au-dessus de la Salamandre de François Ier.

1828. — Saint Pierre et saint Paul. — Vitrail carré portant la date de 1578.

1829. — Blason de la commune de Spiis en Suisse, flanqué de deux figures debout. — Date de 1556.

1830. — Vitrail carré représentant un sujet curieux, composition de quantité de figures.

1831. — Martyre de sainte Catherine.

1832. — Paravent dont les deux feuilles sont garnies de quantité de beaux vitraux anciens représentant divers sujets religieux et profanes. Monture en bois d'acajou.

1833. — Paravent analogue à celui qui précède, mais un peu plus petit.

MATIÈRES PRÉCIEUSES

1834. — Cristal de roche. — Vase à pied, dont le calice, taillé à huit godrons, est entièrement couvert de gravures en creux, représentant des ceps et des rinceaux très-délicatement exécutés.

Ce vase est garni de deux anses en forme de dragons ailés, et d'un piédouche également gravé. Ces diverses parties sont rapportées à l'aide de montures en or émaillé. — Travail du XVIe siècle. — Haut., 16 cent. Diam. 125 milli.

1835. — Cristal de roche. — Vase ovale et de forme élevée, soutenu par un pied. — Sa décoration, gravée en relief, représente une peau de lion, et des feuilles d'acanthe contournent son culot. Monture en argent doré avec virole en or émaillé. — Travail du XVIe siècle. — Haut., 20 cent., Diam., 85 milli.

1836. — Cristal de roche. — Vase en forme de tube élargi du bas et dont le pourtour est décoré d'ornements gravés en creux. Son culot, taillé à canaux creux, qui est rapporté, ainsi que ses anses et son piédouche, sont montés en argent doré. — Ouvrage du XVIe siècle. — Haut., 235 milli. Diam., 86 milli.

1837. — Cristal de roche. — Gobelet taillé à pans coupés et son couvercle. — Cette pièce est enrichie de deux anses représentant des Sirènes ailées, et d'un pied très-bien exécuté en vermeil, avec parties émaillées et incrustées de grenats.

Cette riche monture, exécutée par M. Morel, a été faite à l'imitation de celles qui appartiennent au XVIe siècle. — Haut., 28 cent. Diam., 18 cent.

1838. — Cristal de roche. — Coupe de forme longue et dont les bords se recourbent vers l'intérieur. — Sur ses extrémités opposées sont gravés un dauphin, un crabe, une sauterelle et deux autres insectes. — Haut., 43 milli. Diam., 108 milli.

1839. — Cristal de roche. — Style à écrire garni d'un manche rapporté, et serti par une monture d'or ornée de petits rubis. — XVIe siècle. — Long., 19 cent.

1840. — Cristal de roche. — Belle sphère provenant d'un lustre. — Diam., 125 milli.

1841. — Cristal de roche. — Autre sphère de même provenance. — Diam., 118. milli.

Ces deux sphères reposent sur des trépieds en bronze doré à têtes de lion.

1842. — Cristal de roche. — Petit vase sur piédouche droit et élevé. — Haut., 113 milli. Diam., 76 milli.

1843. — Cristal de roche. — Sceptre de mandarin dont la partie recourbée est de teinte violette passant à l'améthyste. — Monture en cuivre doré. — Travail chinois. — Long., 35 cent. Larg., 25 milli.

1844. — Cristal de roche. — Tête d'aigle. — Haut., 10 cent.

1845. — Cristal de roche. — Boîte de forme carrée, taillée à cuvette, et garnie de son couvercle. — Toutes ses parties extérieures sont gravées en losanges exécutés en relief. — Monture en argent ciselé et doré. — Haut., 36 milli. Diam., 68 milli.

1846. — Cristal de roche enfumé. — Boîte taillée à cuvette, garnie de son couvercle, et de forme contournée. — Monture à gorge et à charnière en or. — Haut., 7 cent.

1847. — Cristal de roche. — Petit verre taillé à pans et posant sur un culot. — Haut., 5 cent. Diam., 44 milli.

1848. — Cristal de roche. — Autre verre de forme semblable au précédent. — Haut., 5 cent. Diam., 43 milli.

1849. — Cristal de roche. — Plaque hexagone offrant une cavité centrale et huit autres qui l'entourent. — Diam., 27 milli.

1850. — Cristal de roche. — Tasse très-bien évidée, accompagnée de sa soucoupe. — Diam., 11 cent.

1851. — Sardonyx orientale. — Tabatière de forme rectangulaire, dont le couvercle est orné de deux plaques réunies formant un papillon. — Monture en or.

1852. — Agate orientale herborisée. — Boîte à cuvette montée en or ciselé. — Époque Louis XIV.

1853. — Agate orientale mamelonnée et à reflets laiteux. — Coupe sans anse, posant sur un culot. — Haut., 48 milli. Diam., 134 milli.

1854. — Agate orientale mamelonnée et légèrement blonde. — Coupe dont l'anse et les sertissures du haut et du bas sont modernes et en argent doré. — Haut., 56 milli. Diam., 118 milli.

1855. — Agate blonde et mamelonnée. — Coupe sans anse, très-bien évidée. — Haut., 52 milli. Diam., 102 milli.

1856. — Agate orientale légèrement blonde. — Tasse dont le pourtour extérieur est incrusté d'ornements orientaux en or. Sous le culot est gravée une fleur épanouie.

Elle repose sur un piédouche en cristal de roche, garni en or émaillé.

1857. — Agate blonde et mamelonnée. — Coupe de forme ronde, très-finement évidée. — Haut., 20 milli. Diam., 62 milli.

1858. — Agate orientale blonde et mamelonnée. — Coupe ronde, posant sur un culot. — Haut., 23 milli. Diam., 55 milli.

1859. — Agate orientale blanche et mamelonnée, tachetée et rubanée. — Coupe de forme ovale allongée, garnie à ses extrémités de deux anses ou boutons pris dans la masse. — Haut., 16 milli. Diam., 93 milli.

1860. — Agate orientale blonde et mamelonnée. — Tasse ronde, traversée par des filets d'onyx. — Haut., 60 milli. Diam., 75 milli.

1861. — Agate orientale variée et mamelonnée. — Tasse ronde posant sur un culot, très-finement évidée. — Haut., 34 milli. Diam., 64 milli.

1862. — Agate orientale blonde et tachetée. — Tasse dont la forme générale imite le calice d'une fleur épanouie. Elle est garnie de deux anses prises dans la masse. — Travail chinois. — Haut., 55 milli. Diam., 120 milli.

1863. — Agate orientale mamelonnée et tachetée d'herborisations. — Soucoupe de forme ronde. — Haut., 16 milli. Diam., 96 milli.

1864. — Agate orientale mamelonnée. — Tasse de forme ronde posant sur un culot. — Haut., 38 milli. Diam., 75 milli.

1865. — Agate blonde orientale mamelonnée et tachetée d'herborisations. — Tasse ronde posant sur un piédouche. — Haut., 25 milli. Diam., 62 milli.

1866. — Agate blanche orientale, mamelonnée et tachetée. — Soucoupe posant sur un culot. — Haut., 32 milli. Diam., 83 milli.

1867. — Agate blanche orientale. — Coupe dont le haut, qui est évasé et de forme presque carrée, est composé d'espèces de feuilles d'eau. — Cette coupe est garnie de deux anses prises dans la masse, et formées de petites branches terminées du haut par une fleur. — Travail chinois. — Haut., 40 milli. Diam., 13 milli.

1868. — Agate blanche orientale, mamelonnée et tachetée. — Coupe dont la forme est à pans coupés arrondis. — Haut., 35 milli. Diam., 92 milli.

1869. — Agate blanche orientale et tachetée. — Tasse dont les deux anses imitant le bambou, sont prises dans la masse. — Haut., 35 milli. Diam., 105 milli.

1870. — Agate orientale mamelonnée et tachetée. — Soucoupe dont le bord est taillé à pans. — Haut., 13 milli. Diam., 92 milli.

1871. — Agate orientale très-blonde et mamelonnée. — Coupe de forme ronde. — Haut., 29 milli. Diam., 97 milli.

1872. — Agate orientale mamelonnée et légèrement blonde.

— Coupe de forme ronde, posant sur un culot. — Haut., 13 milli. Diam., 91 milli.

1873. — Agate orientale légèrement enfumée et traversée par des veines blanches. — Tasse de forme ronde. — Haut., 80 milli. Diam., 101 milli.

1874. — Agate orientale mamelonnée et œillée, peu translucide et à reflets laiteux. Coupe de forme ronde. — Haut., 65 milli. Diam., 103 milli.

1875. — Agate blonde orientale. — Coupe de forme ovale, dont les bords sont évasés. — Haut., 40 milli. Diam., 14 cent.

1876. — Agate accidentée de parties cristallines, et semée de taches rouges entourées de cercles blancs. — Coupe élevée sur un pied. — Monture ancienne en argent doré. — Haut., 130 milli. Diam., 90 milli.

1877. — Agate orientale teinte sardoine. — Tasse garnie d'un couvercle dont le bouton est formé d'un onyx, et montée en vase à parfums. — Ce vase est élevé sur un socle en bronze ciselé et doré, orné d'un cercle d'agate. — Haut., 98 milli. Diam., 80 milli.

1878. — Agate orientale blonde tachetée. — Coupe oblongue évasée, dont le pourtour est découpé en huit godrons bordés d'arêtes séparées par des retraits en creux. — Travail de l'Inde. — Haut., 44 milli. Diam., 147 milli.

1879. — Agate orientale mamelonnée et tachetée. — Coupe de forme oblongue, garnie d'un couvercle en même matière, et formant une cassolette. — Monture en cuivre doré du temps de Louis XVI et socle en brocatelle. — Haut., 70 milli. Diam., 100 milli.

1880. — Agate orientale blanche, blonde et mamelonnée. — Tasse en forme de demi-pêche, garnie d'une branche fleurie, sur laquelle elle repose. — Travail chinois. — Haut., 32 milli. Diam., 100 milli.

1881. — Agate orientale tachetée et mamelonnée. — Vase en forme de coquetier. — Haut., 57 milli. Diam., 48 milli.

1882. — Agate arborisée et mamelonnée, du plus riche échantillon. — Même forme que le précédent. — Haut., 55 cent. Diam., 47 cent.

1883. — Agate orientale tachetée et mamelonnée. — Forme de même genre que les précédents, et dont le piédouche est renflé à sa partie supérieure. — Monture inférieure en cuivre doré. — Haut., 78 milli. Diam., 38 milli.

1884. — Agate orientale blanche veinée de noir. — Soucoupe. — Diam., 118 milli.

1885. — Agate d'Allemagne violacée. — Coupe de forme ronde, montée sur une patte d'aigle en argent. — Haut. totale, 120 milli. Diam., 97 milli.

1886. — Agate orientale blanche, mamelonnée et arborisée. — Coffret composé de six plaques montées en argent ciselé. — Haut., 103 milli. Larg., 117 milli.

1887. — Agate orientale mamelonnée, partie blonde tachetée de brun et ponctuée. — Coffret composé de six plaques montées en cuivre ciselé et doré, et soutenu par quatre pattes de lion. — Haut., 168 milli. Larg., 143 milli.

1888. — Agate orientale mamelonnée, rubanée et ponctuée. — Plaque de forme carrée à pans coupés. — Long., 120 milli. Larg., 90 milli.

1889. — Agate orientale de même genre que la précédente. — Autre plaque analogue à celle qui vient d'être décrite. — Long., 110 milli. Larg., 90 milli.

1890. — Jaspe héliotrope de nuances variées. — Tasse de forme ronde, montée en argent doré. — Haut., 62 milli. Diam., 90 milli.

1891. — Jaspe héliotrope passant au jaspe fleuri. — Coupe en forme de saucière, ornée en arrière d'un mascaron et dont la surface est couverte d'enroulements pris dans la masse. Le piédouche est serti par un cercle d'or émaillé. — XVIe siècle. — Haut., 15 cent. Long., 19 cent.

1892. — Jaspe fleuri. — Coupe en forme de coquille. Le piédouche est attaché par un cercle d'or émaillé, enrichi de diamants-tables et de rubis. — XVIe siècle. — Haut., 70 milli. Diam., 104 milli.

1893. — Agate de l'Inde avec parties violacées. — Coupe de forme oblongue et taillée en huit godrons. — Haut., 30 milli. Diam., 170 milli.

1894. — Jade vert. — Coupe décorée à l'extérieur de quarante-quatre godrons séparés par des nervures perpendiculaires qui s'appuient du haut et du bas sur des bandes circulaires formées de feuillages. — Travail de l'Inde. — Haut., 58 milli. Diam., 153 milli.

1895. — Jade vert clair. — Coupe garnie d'un couvercle, et dont les anses, prises dans la masse, représentent deux cônes de pin. Sa forme extérieure, qui est taillée à côtes, est ornée à sa base par des feuilles d'acanthe, dont deux, s'élevant au-dessus des autres, viennent s'attacher aux anses, qui s'inclinent sur elles.

Le dessous de cette pièce est recouvert d'une rosace qui entoure une fleur. Le couvercle, dont le centre est également enrichi d'une rosace entourée d'acanthe, et qui a pour bouton une fleur qui s'entr'ouvre, est divisé en douze parties égales correspondant aux côtes de la coupe, dont elles suivent parfaitement le contour. — Travail de l'Inde. — Haut., 68 milli. Diam. en dedans des anses, 158 milli.

1896. — Jade vert foncé. — Coupe de forme ovale à quatre lobes, et dont l'anse, prise dans la masse, représente le haut d'un dragon. L'extérieur et l'anse sont ornés d'arabesques de style mauresque gravés et incrustés d'or. Son intérieur présente huit arabesques peints en or. — Ancien travail oriental. — Haut., 61 milli. Diam., 133 milli.

1897. — Jade verdâtre. — Vase de forme ovale et élevé, dont le fût semble être ceint de deux cercles, dont l'un est orné de têtes d'animaux tenant des anneaux mobiles et ménagés dans la masse. — Ce vase, qui présente en outre quatre rangées d'arêtes perpendiculaires, est chargé sur toutes ses parties d'ornements en relief, gravés en creux. — Haut., 120 milli.

1898. — Jade blanc verdâtre. — Boîte de forme ovale et aplatie, garnie de son couvercle, dont le bouton est formé par le calice d'une fleur. Les autres parties de cet objet sont délicatement décorées d'ornements et de fleurs exécutés en relief. — Travail de l'Inde. — Haut., 33 milli. Larg., 112 milli.

1899. — Jade laiteux. — Petite boîte dont le couvercle a la forme d'une feuille lancéolée. Son intérieur est creusé en deux cavités, et son pourtour est couvert d'un ornement en relief. — Travail indien. — Haut., 13 milli. Long., 80 milli.

1900. — Jade gris. — Fruit en forme de trèfle, coupé transversalement et dont l'intérieur est creusé en trois cavités. Son dessous et son culot sont couverts d'ornements en relief. — Travail de l'Inde. — Haut., 15 milli. Larg., 65 milli.

1901. — Jade verdâtre. — Couvercle de boîte en forme de trèfle, décoré d'ornements en relief. — Diam., 90 milli.

1902. — Jade gris. — Tasse garnie de deux anses détachées à jour et prises dans la masse, enrichies de chimères. — Travail chinois très-ancien. — Haut., 56 milli. Diam., 170 milli.

1903. — Jade olive foncé et tacheté de quelques points métalliques. — Coupe de forme ovale, garnie à l'extérieur d'une espèce de moulure. — Haut., 53 milli. Diam., 163 milli.

1904. — Jade gris. — Tasse entourée par trois lézards taillés dans la masse et en partie détachés du fond. — Sur l'une des portions du champ qui ne sont pas couvertes, et au milieu d'un petit disque, est gravée en relief une inscription chinoise. — Haut., 45 milli. Diam., 130 milli.

1905. — Jade gris. — Tasse en forme de pêche entourée de rameaux et de fleurs évidés de la masse.

1906. — Jade verdâtre. — Tasse de forme ronde, garnie d'une anse. — Haut., 55 milli. Diam., 110 milli.

1907. — Jade gris. — Tasse en forme de fleur entourée de

branchages en relief, taillés dans la masse. Son anse, qui est d'argent, se termine par un Amour. — Haut., 30 milli. Diam., 100 milli.

1908. — Jade gris. — Plaque en forme de feuille. — Elle est découpée sur ses faces par des ornements travaillés à jour. — Haut., 8 milli. Diam., 51 milli.

1909. — Jade. — Plaque de ceinture bordée de perles. — Sur son fond, travaillé à jour, sont gravés en relief deux oiseaux et d'autres ornements. — Long., 94 milli.

1910. — Jade olive. — Boucle traversée verticalement par un montant pris dans la masse et orné de seize petits rubis sertis en or. — Haut., 65 milli.

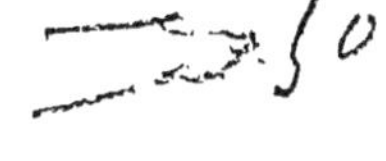

1911. — Jade gris nuagé de rouge. — Coupe en forme de fleur de nénuphar dont la branche forme l'anse; le bord est garni de dragons. — Travail chinois.

1912. — Jade blanc. — Support de pinceaux en forme de rocher. — Travail chinois.

1913. — Jade vert. — Petite plaque de forme triangulaire. — Travail chinois.

1914. — Jade vert. — Deux idoles de la mer Pacifique.

1915. — Silex jaunâtre. — Tête d'homme barbu exécutée de ronde-bosse et placée sur un socle de marbre rose d'Ecosse tacheté de brun. — Ouvrage du XVIIe siècle.

1916. — Cristal de roche. — Cachet de forme triangulaire.

1917. — Lapis-lazuli. — Coupe ayant la forme d'une coquille. — Haut., 4 cent. Long., 9 cent. Larg., 65 milli.

1918. — Lapis-lazuli. — Petit flacon en forme de courge, sur laquelle sont attachées deux feuilles. — Haut., 55 milli.

1919. — Prime d'Améthyste. — Boîte formée par une tête de dogue dont les yeux sont en rubis. Sur le couvercle en même matière, et gravé en relief, est représenté un cerf couché au pied d'un arbre. — Monture en or. — Haut., 55 milli. Diam., 7 cent.

1920. — Prime d'Améthyste. — Deux piédestaux de forme carrée, montés en cuivre doré. — Haut., 4 cent.

1921. — Marcassite (sulfure de fer). — Bas-relief. — Tête de femme, vue de profil. — Travail remarquable, tant à cause de la dureté de la matière que de la difficulté de rencontrer un morceau d'une dimension semblable. — Travail italien du XVIe siècle. — Cadre en ébène à baguettes en cuivre doré.

1922. — Aérolithe. — Petite urne ovoïde taillée dans un morceau d'aérolithe tombé à l'Aigle en 1802; le premier légalement constaté en France. — Sur piédestal en jaspe rubané.

1923. — Bois pétrifié. — Deux petits piédestaux montés en cuivre doré. — Haut., 37 milli.

1924. — Jaspe brun. — Petite salière de forme octogone. — Diam., 45 milli.

1925. — Cornaline d'Allemagne. — Coupe ovale.

1926. — Porphyre de Suède. — Deux salières à pans.

1927. — Serpentine noble. — Sceptre de mandarin, représentant une branche chargée de fleurs et de fruits, d'où se détache une branche plus mince, se terminant du haut par une plaque en forme de fruit à demi couvert de feuillage et de fleurs. — Travail chinois. — Haut., 42 cent.

1928. — Serpentine noble. — Rocher de forme élevée. — Travail chinois.

1929. — Pierre schisteuse à plusieurs couches. — Ecran sculpté en bas-relief représentant des rochers, des bambous et des oiseaux exécutés à la manière des camées. — Travail chinois.

1930. — Pierre schisteuse. — Deux bas-reliefs de même genre, mais plus petits.

1931. — Schiste compacte noir. — Grande pierre sonore sur laquelle est gravé un poisson. — Travail chinois.

1932. — Schiste compacte noir. — Autre pierre sonore en forme d'équerre. — Travail chinois.

1933. — Pierre de lard verte. — Rocher sur pied de même matière. — Travail chinois.

1934. — Cristal de roche. — Deux aiguilles naturelles.

1935. — Pierre de lard jaune. — Groupe de figures sculptées. — Travail chinois.

1936. — Pierre de lard rose. — Petite coupe, à anse branche de pêcher. — Travail chinois.

1937. — Pierre de lard grise. — Cachet chinois de forme carrée.

1938. — Schiste compacte. — Pierre à broyer l'encre.

1939. — Albâtre oriental. — Pierre sonore en forme de poisson volant.

MOSAIQUES

1940. — Petit tableau de forme ronde, exécuté en émaux colorés. — Ancienne fabrique italienne. — Buste de sainte Catherine d'Alexandrie, vu de profil, et près de l'instrument de son martyre. — Diam., 18 cent.

1941. — Pierres diverses. — Bas-relief. — Bustes, vus de profil, de la Vierge et de saint Jean, exécutés en pierres de couleur et incrustés dans un encadrement de mosaïque, de jaspe, de lapis-lazuli et de marbres divers. — Travail de Florence. — Haut., 13 cent. Larg., 17 cent.

1942. — Petit médaillon rond; mosaïque en relief représentant un petit pâtre endormi, appuyé sur un bœuf, exécuté en jaspe sur un fond de lapis-lazuli. — Travail florentin du XVIe siècle.

1943. — Deux plaques en marbre de Florence, l'une entourée de mosaïque et l'autre avec peinture.

ÉMAUX ET MINIATURES

1944. — Peinture sur émail par Petitot. — Portrait en buste de madame de Grignan, vue de deux tiers. — Monture en or émaillé sur boîte ronde en écaille à gorge en or.

1945. — Peinture sur émail. — Tête de femme, montée en médaillon d'or de forme carrée, et placée sur une boîte d'écaille noire doublée en or.

1946. — Peinture sur émail d'après Petitot. — Portrait de Ninon de Lenclos; médaillon monté en or et placé sur une boîte d'écaille noire doublée en or.

1947. — Peinture sur émail. — Portrait d'homme du temps de Louis XIV, dans un médaillon entouré de perles et monté en or sur une boîte d'écaille noire doublée d'or. — Au-dessous est enchâssé un camée représentant un homme lauré montant un char attelé de trois chevaux. — Près de lui se lit le nom supposé du graveur Aulus (AYΛOY).

1948. — Miniature ovale sur vélin par Petitot. — Portrait de madame de Borcèle. — Monture en bronze doré.

1949. — Miniature ovale sur vélin par Petitot. — Portrait de madame de Dreux. — Monture en bronze doré.

1950. — Miniature ronde sur vélin attribuée à Campana. — Léda et le Cygne.

1951. — Miniature sur ivoire par Arlot, de Genève. — Portrait de feue madame la comtesse de P***, placé sur une boîte d'écaille blonde montée en or avec parquet de cheveux.

ORFÉVRERIE

1952. — Couvert argent, doré en partie. — Son cuilleron est fixé aux pieds d'un homme nu, dominé par deux Nymphes qui soutiennent elles-mêmes une figure de femme terminée en arabesque.

Fourchette. — Le haut de son manche est formé par un homme nu, ceint de pampres, tenant une coupe et une grappe de raisin. Ce personnage bachique s'élève sur trois Satyres sans bras, qui posent eux-mêmes sur une espèce de branche richement décorée, et d'où sortent deux longs becs de grue formant les dents de la fourchette.

Ces pièces d'orfévrerie, aussi remarquables par le caprice de leur composition que par la finesse de leur ciselure, sont attribuées à Benvenuto Cellini.

1953. — Couvert en cristal de roche et argent. — Son cuilleron, qui est en cristal, est attaché par une figure d'ange en argent doré. Le manche, formé de cristal, se termine du haut par une poire d'émail bleu et une perle.

Fourchette. — Un ange dont on ne voit que la tête, les ailes et les bras, paraît tenir les deux dents de cet instrument. Le reste de l'ornementation ressemble en partie à celui de l'objet précédent. — XVe siècle.

1954. — Couvert d'argent, doré en partie, et dont le cuilleron, qui est ponctué, s'adapte au manche de la fourchette. — A la base des dents de cette dernière est un mufle de lion, auquel est adossé un pélican nourrissant sa couvée. L'extrémité supérieure du manche est ornée d'un animal chimérique, et sur le manche même sont deux espèces de capucines dont l'une est ornée de grenats.

Le nid du pélican, ainsi que la chimère, servent à former deux cavités, destinées sans doute à contenir des épices, ainsi qu'on le voit à d'autres objets du même genre. — XVIe siècle.

1955. — Cuiller en argent. — L'extérieur du cuilleron est enrichi d'ornements gravés, et son manche se termine par une figure de femme debout, composée en arabesque. — XVIe siècle.

1956. — Cuiller en argent. — L'extrémité de son manche est ornée d'une figure vêtue de long, portant une croix fleuronnée, et la tête chargée d'un disque sur lequel est gravé un Saint-Esprit. — XVIe siècle.

1957. — Reliquaire en argent doré. — Sa partie antérieure est ornée d'un nielle sur argent. On y voit représenté Jésus-Christ déposé au tombeau et adoré par les anges. Sur le cercueil est écrit : *Mors mea, vita tua.* Le fond contient une croix et tous les instruments de la Passion. Sa monture, qui est circulaire, présente des têtes de chérubins alternées avec des étoiles, entourées de petits nuages. Au revers, au fond d'un médaillon ovale, on voit un très-petit fragment de toile brune au-dessous duquel on lit : *De velo....* Cette relique est conservée sous un dais surmonté d'une couronne, et décoré de diverses fleurs, réunies du bas par un même lien. — XVIe siècle.

1958. — Cuivre doré. — Reliquaire de forme hexagone et de travail gothique, flanqué à ses angles de six tourillons attachés par des arcs-boutants à un couronnement composé d'un petit édifice surmonté de la croix; les deux faces principales de ce reliquaire sont divisées chacune en six compartiments, et contiennent les objets suivants : — Fragments d'os du Cid et de Chimène, recueillis dans leur sépulture, à Burgos. — Fragments d'os d'Héloïse et d'Abailard, extraits de leurs tombeaux, au Paraclet. — Cheveux d'Agnès Sorel, inhumée à Loches, et d'Inès de Castro à Alcaboça. — Partie de la moustache de Henri IV, roi de France, trouvée entière lors de l'exhumation des corps des rois, à Saint-Denis, en 1793. — Fragment du linceul de Turenne. — Fragments d'os de Molière et de La Fontaine. — Dent de Voltaire. — Cheveux du général Desaix.

Deux des faces latérales de ce reliquaire sont remplies : l'une par la signature autographe de Napoléon, l'autre face contient un morceau ensanglanté de la chemise qu'il portait à l'époque de sa mort, une mèche de ses cheveux, et enfin une feuille du saule sous lequel il a reposé à Sainte-Hélène.

Ce reliquaire, qui paraît appartenir au XVIe siècle, provient de la collection de feu M. le baron Denon.

1959. — Coffret en cuivre repoussé et doré. — Sur sa face principale sont figurés les amours de Jupiter et de Léda. Le revers est orné d'un mascaron se détachant sur un cartel, et les côtés présentent des mufles de lion tenant des anneaux. Ce coffret, qui doit avoir servi à renfermer des bijoux, et dont le travail appartient au XVIe siècle, est garni à ses angles de quatre colonnettes à jour, et repose sur quatre sphinx couchés. — Long., 18 cent.

1960. — Argent doré. — Vidrecome en forme d'ananas. Le bouton de son couvercle est formé par un bouquet de fleurs. Le pied est orné de la figure de Bacchus. — Époque Louis XIII. — Haut., 40 cent.

1961. — Argent. — Vase à couvercle, repoussé à bossages et enrichi d'ornements découpés. — Époque Louis XIII.

1962. — Argent doré. — Gobelet décoré de deux écussons armoriés, dont le pied, formé par un vase à trois anses, repose sur un piédouche enrichi d'ornements repoussés.

1963. — Argent. — Petit entonnoir enrichi d'ornements repoussés. — Travail flamand du temps de Louis XV.

1964. — Argent. — Christ sur croix d'ébène. — Travail italien.

1965. — Argent doré. — Coffret de forme longue à couvercle cintré et fermant à clef. — Toutes ses parties sont couvertes d'ornements en relief de style oriental. — Haut., 90 cent. Larg., 15 cent.

1966. — Argent. — Tasse à vin, forme longue et à godrons, garnie d'une anse. Sur son fond est un groupe de fruits exécuté au repoussé.

OBJETS EN ÉTAIN

1967. — Aiguière et son bassin par François Briot. — Ces deux pièces sont couvertes d'arabesques et de médaillons renfermant divers sujets allégoriques ainsi que les vertus théologales.

Le revers du plat offre le portrait de l'artiste.

1968. — Canette garnie d'une anse et d'un couvercle. — Son anse est formée par une figure de femme, terminée en gaîne. Le couverche est chargé d'ornements.

Sur la panse de la canette sont trois cartouches renfermant les figures de la Patience, de l'Industrie, etc. — Ouvrage français du XVIe siècle.

1969. — Petit plateau. — Au centre : Guillaume Tell abat la pomme placée sur la tête de son fils. — Autour de ce sujet sont placés les écussons des treize cantons suisses.

1970. — Petit plateau. — Au centre : figure équestre de Ferdinand II, empereur d'Allemagne, monté sur le trône en 1619. Autour sont des cartels contenant les images à cheval de onze empereurs d'Autriche.

1971. — Petit plateau. — Au centre : un empereur d'Allemagne, monté à cheval et tenant le sceptre à la main. Autour de ce médaillon sont placées les figures équestres des électeurs de l'empire, accompagnées de leurs écussons.

1972. — Petit plateau. — Au centre : l'aigle impérial. — Sur le pourtour, six enfants jouent à l'ombre d'une vigne qui contourne le bord du plateau.

1973. — Bassin à bords plats, de forme ronde. — Son intérieur est très-richement orné d'appliques et d'incrustations en or, ainsi que de rubis et turquoises. — Travail oriental.

DIVERS

1974. — *Compilationes historiarum Veteris Testamenti que in Biblia continentur ab Adam usque ad Christum et ejus apostolos.*

Rouleau de vélin ayant cinq mètres de longueur sur 45 cent. de largeur; dessins à la plume; initiales rehaussées d'or. Il est renfermé dans un étui de mouton maroquiné.

Ce manuscrit, entièrement écrit en latin et daté de 1341, commence par une dédicace adressée au révérend père en Dieu dom Beltrando, par l'auteur, frère Jean de Utino, de l'ordre des Frères mineurs. La compilation du frère ne comprend pas seulement l'histoire sainte, comme son titre paraîtrait l'indiquer; rédigée en forme de tableau chronologique, elle embrasse aussi l'histoire des principales nations du monde.

En tête du manuscrit, un arbre vigoureux étale ses branches d'or chargées d'oiseaux, au milieu desquels se tient un pélican, symbole de l'Église. Deux losanges, qui renferment les noms d'Adam et d'Ève, couvrent le pied de l'arbre. De ces losanges sort un nouveau tronc qui, divisant le vélin en deux colonnes, projette de chaque côté des rameaux sur lesquels se déroule la chronologie des peuples.

Henri VII de Luxembourg, élu roi des Romains en 1308, est le dernier des souverains nommés.

Dans le tronc principal, saint Pierre suit le Christ, et, à la suite du prince des apôtres, tous les papes jusqu'à Benoît XII, qui monta sur le trône pontifical à la mort de Jean XXII, en 1334.

Ce manuscrit provient de la bibliothèque de M. James Rignon (*Cat.* de M. Leblanc. Paris, 1837; n° 1407) et de la collection Debruge-Duménil.

1975. — Traité du Blason. — Manuscrit du XVe siècle sur papier, avec blasons et lettres majuscules enluminés.

1976. — Terre cuite. — Figurine d'enfant assis; dans la manière de François Flamand. Socle en serpentin d'Égypte.

1977. — Terre cuite. — Figurine d'enfant nu couché; dans la manière de Clodion.

1978. — Terre cuite. — Figurine analogue à celle qui précède, mais plus petite.

1979. — Terre cuite. — Vase en terre rouge, à mascaron en relief. — XVIe siècle.

1980. — Terre cuite. — Bas-relief carré, attribué à Clodion, la marchande d'amours.

1981. — Grande coupe, sur piédouche élevé, en porcelaine de Sèvres moderne, décorée de médaillons représentant divers sujets ayant trait à l'histoire de l'art et enrichie de figurines, d'animaux et d'arabesques en relief réservés en biscuit et rehaussés d'or. — Diam., 39 cent. Haut., 33 cent.

1982. — Petit boîte à couvercle cintré en vernis de Martin sur tôle.

1983. — Petit reliquaire en filigrane d'argent avec peintures sur cristal de roche représentant deux saints personnages. — Ouvrage italien.

1984. — Cuivre doré. — Anneau pontifical, orné d'un doublet imitant le rubis. — Sur sa monture sont figurés en relief les symboles des quatre évangélistes, le trirègne, les clés de saint Pierre et l'écusson du pape Pie III, de la famille Piccolomini.

1985. — Cuivre doré. — Plaque sur laquelle est figurée un petit édifice soutenu par quatre colonnes torses, et d'où l'on descend un homme à l'aide d'un panier suspendu à des cordes. Sur le fond on lit : VIRGILE. Cet objet, dont l'emploi nous est inconnu, et dont la fabrique nous semble appartenir au XVIe siècle, a été découvert près du château de Bandeville, propriété appartenant à M. le comte de Pourtalès-Gorgier.

1986. — Deux cassolettes à trépied en bronze doré en partie et bois d'acajou, du temps de Louis XVI.

1987. — Groupe en porcelaine de Saxe. Jeune garçon et chèvre.

DESCRIPTION

DES

OBJETS DE LA CHINE

ET DU JAPON

Faisant partie des Collections

DE FEU

M. LE COMTE DE POURTALÈS-GORGIER

LAQUES

1988. — Cantine de voyage dont les panneaux et les tablettes sont supportés par quatre montants imitant des tiges de bambou. Elle contient une boîte à quatre compartiments, un plateau et un réservoir d'eau figurant un tronçon de bambou. Le tout est couvert de dessins riches et variés sur fonds d'or et aventuriné.

1989. — Boîte à trois compartiments, à couvercle à recouvrement. Les boîtes superposées sont fond d'or, décorées d'oiseaux et rosaces en or de couleur ; l'une d'elles renferme deux petites boîtes. Le couvercle est fond noir décoré d'éventails en or.

1990. — Boîte ronde fond or, à cartouches ornés de fleurs et d'animaux ; intérieur aventuriné avec plateau.

1991. — Pitong à quatre lobes en laque usé offrant des paysages avec kiosques.

1992. — Boîte à couvercle, de forme carré-long, avec plateau à l'intérieur, fond aventuriné à dessins d'or.

1993. — Boîte forme losange, fond noir à dessins d'or en relief. Le couvercle enveloppant toute la boîte est orné de cartouches représentant des oiseaux et des fleurs ; celui du dessus offre un sujet mystique. L'intérieur aventuriné renferme un plateau et quatre petites boîtes ornées de grues dorées.

1994. — Deux grands bols et leurs plateaux. Les bols à couvercles et à côtes, sont couverts d'un décor en or de couleur sur fond noir représentant des oiseaux et des fleurs. Les couvercles sont surmontés d'une petite branche de fleurs sculptées et laquées.

Les plateaux, de forme ronde à bordures festonnées, sont en laque noir, à dessins d'or en relief ; au milieu sont représentés un coq et une poule avec leurs petits.

1995. — Couvercle de boîte à six pans, à dessin d'or en relief, représentant une plante grimpante chargée de fruits de différentes couleurs en pierre, métal et ivoire.

1996. — Petit plateau de même forme, fond aventuriné à dessins d'or et s'adaptant sous l'objet précédent.

1997. — Plateau carré long à angles arrondis, fond noir à dessins en relief ; le milieu du médaillon représente une femme assise entourée de fleurs et de fruits métalliques et de couleur.

1998. — Trois boîtes de forme carré long, en laque usé, représentant un paysage avec kiosque.

1999. — Petit socle fond noir à dessins d'or de couleur en relief.

2000. — Petit plateau carré monté sur quatre pieds en cuivre.

2001. — Grand vase à deux anses, fond noir, à dessins d'or formant des entrelacs avec rosaces.

2002. — Petite boîte à couvercle, forme losange, fond noir, à dessins d'or et d'argent en relief.

2003. — Boîte à thé en forme de double pêche, avec couvercle à charnière et serrure en or. Laque du Japon fond noir à dessin d'or en relief représentant des arbustes et des fleurs de nacre de perles ; l'intérieur contient deux boîtes en porcelaine de Chine avec couvercles, montées en bronze doré.

2004. — Vase à parfums à cinq lobes, fond or, orné d'appliques en or ; l'intérieur est garni en argent doré. Socle en bois de fer.

2005. — Boîte carré long à angles rentrants, fond noir à dessins dorés, partie en relief et le dessus en laque usé.

2006. — Boîte en laque usé figurant un instrument de musique ; elle renferme ce qu'il faut pour écrire.

2007. — Boîte carrée à angles rentrants sur pied en forme de table. Elle contient cinq petites boîtes et un plateau ; les peintures en or sont en partie en relief.

2008. — Plaque ovale fond or, bouquet de fleurs en nacre.

2009. — Support en forme de table, fond noir à dessins d'or.

2010. — Deux boîtes pareilles, de forme carré-long en laque usé à dessins de paysages.

2011. — Boîte fond noir ornée de rosaces ; sur le couvercle se trouve un médaillon représentant un paysage à chute d'eau, avec figures.

2012. — Deux petits vases à parfums fond or, ornés de rosaces en or de couleur et garnis intérieurement de cuivre doré.

2013. — Boîte carré-long à trois compartiments et plateau, avec couvercle à recouvrement ; le tout, fond noir à dessins d'or en relief.

2014. — Boîte carrée à couvercle fond or aventuriné, à rosaces d'or appliquées.

2015. — Deux pièces : Plaque de forme carré long à angles rentrants fond noir à dessin de paysage en or, et petite boîte ornée de deux plaques dont les deux faces sont décorées de personnages et d'animaux sur fond d'or.

2016. — Boîte à quatre lobes, couleur bronze pailleté d'or; sur le couvercle six personnages richement vêtus jouent au Colin-Maillard ; à l'intérieur se trouvent cinq boîtes à dessins variés sur un plateau.

2017. — Grande boîte carrée à couvercle, fond aventuriné or, décorée de fleurs et de rosaces en or rehaussées d'appliques.

2018. — Petit meuble en laque usé fermant à deux portes et surmonté d'une galerie à jour ; il est décoré, sur toutes ses faces, de peintures en or, représentant des paysages ornés de figures variées.

2019. — Boîte de forme contournée à couvercle fond noir, à dessins d'or représentant des paysages ornés de figures.

2020. — Aiguière fond noir, couverte de fleurs et de feuillages en or et burgau.

2021. — Petit plateau carré à angles rentrants, fond noir décoré de fleurs et de fruits en relief de différentes matières.

2022. — Plateau de forme carré long à angles rentrants, fond aventuriné or avec médaillon fond noir et décor d'or.

2023. — Tasse à huit pans et à couvercle, fond noir, dessins or variés sur chaque pan, et soucoupe ronde, fond noir, à dessins en relief.

2024. — Bol fond noir à dessins d'or représentant des nuages, des chauves-souris et des fleurs.

2025. — Boîte de forme sphérique aplatie à couvercle, en laque rouge de Pékin, couverte d'ornements sculptés représentant des fleurs et des ustensiles très-finement exécutés. Intérieur noir.

2026. — Pipe en argent damasquiné en or, dans un étui en laque. — Travail japonais.

BRONZES CHINOIS

2027. — Vase ayant la forme de deux bouteilles accolées, dont les panses se confondent et dont les cols sont ornés de dragons en relief. Patine rougeâtre.

2028. — Animal chimérique dont le bronze rougeâtre est rehaussé de dorures. Sur socle en bois sculpté.

2029. — Groupe représentant un personnage chinois à longue barbe, assis sur un buffle et tenant un rouleau.

2030. — Pagode ou idole chinoise assise à l'orientale; bronze fin. Cette figure est remarquable par une espèce de perle figurée sur le front.

2031. — Petit vase forme bouteille dont le métal rougeâtre est taché de jaune.

2032. — Vase à brûler des parfums, élevé sur trois pieds; les anses et le couvercle figurent des branches de fleurs.

2033. — Vase en forme de bouteille dont le col est orné d'un dragon exécuté en relief; plusieurs parties du vase sont dorées.

2034. — Mandarin assis sur un cerf, orné de branches de fruits et de fleurs. Socle en bois sculpté.

2035. — Vase de forme ronde et basse à deux anses et trois pieds; avec inscription chinoise et socle en bois sculpté.

2036. — Deux vases à eau qui servent à broyer l'encre de Chine.

2037. — Petite figurine agenouillée; bronze indien.

2038. — Grand vase à parfums de forme carrée, élevé sur quatre pieds droits et cylindriques. Le couvercle est surmonté d'une chimère. — Haut., 57 cent.

BRONZES DU TONKIN

2039. — Vase en forme de fontaine à trois robinets avec deux anses et trois pieds, orné de médaillons richement ciselés et dorés.

2040. — Deux tasses en forme de fruits et dorées; les soucoupes sont ornées de dessins gravés et de fleurs ciselées en relief.

2041. — Deux soucoupes et une tasse à deux anses ornées de fleurs en relief, couleur bronze sur fond d'or.

2042. — Bol orné de trois médaillons à fleurs en relief sur fond doré.

2043. — Boîte ovale à couvercle à charnière, ornée de fleurs en relief dorées.

PORCELAINES

2044. — Deux vases imitant des troncs de bambou, fond jaune nankin, enrichis d'animaux et de plantes marines en relief. — Monture rocaille en bronze doré.

2045. — Plateau rond en porcelaine du Japon, fond rouge et bleu, décoré d'arabesques et d'un médaillon avec figures.— Monture en bronze doré.

2046. — Très-petit vase à parfums avec couvercle et à deux anses et trois pieds, fond bleu céladon rehaussé d'or. — Sur socle en bois.

2047. — Bouteille en forme de gourde en céladon, traversée par des bandes d'émail craquelé; le haut est fond blanc à dessins bleus.

2048. — Sucrier fond blanc à dessin bleu, orné de figures en ronde-bosse en biscuit. — Pièce rare.

2049. — Deux coupes à anses avec plateau, émaillés de couleurs et dessins variés, et ornés de dragons en relief. — Ces trois pièces sont serties en argent.

2050. — Bouteille forme gourde à dessin bleu et bord brun.

2051. — Petite figure de femme couchée.

2052. — Grand plat fond rouge jaspé; au milieu un coq, et au pourtour des cartouches de fleurs émaillées.

2053. — Quatre petites tasses et leurs soucoupes décorées de figures et d'animaux émaillés.

2054. — Petit bol décoré de dragons rouges et verts avec rehauts de bleu.

2055. — Deux bols, fond violet, décorés du dragon impérial jaune rehaussé de blanc. — Une inscription en indique l'époque très-reculée.

2056. — Deux grandes soucoupes décorées du dragon rouge, sur fond bleu figurant des vagues.

2057. — Deux petites tasses et leurs soucoupes fond vert, avec arabesques en creux, décorées de fleurs de couleur.

2058. — Tasse et soucoupe fond blanc à dessins bleus; la tasse est à double fond à jour, et la soucoupe a son bord repercé de même.

2059. — Coupe à anse formée par un dragon et à double fond à jour; le tout émaillé de fleurs.

2060. — Deux petites bouteilles forme gourde décorées de fleurs.

2061. — Deux petites tasses à couvercles et soucoupes avec dessins en or, bleu et rouge.

2062. — Bol à couvercle couvert d'inscriptions très-fines et de riches bordures en couleur à dessins gravés.

2063. — Quatre tasses avec leurs soucoupes imitant des fleurs dont les branches en relief forment les pieds et les anses.

2064. — Deux très-petites bouteilles en céladon à dessins bleus.

2065. — Vase en forme de soulier chinois.

2066. — Bol fond jaune impérial décoré de fleurs de couleur à l'extérieur et de chauves-souris à l'intérieur.

2067. — Autre bol en céladon vert décoré de la même manière.

2068. — Cheval couché bridé.

TERRES ÉMAILLÉES DE LA CHINE

2069. — Deux singes assis tenant des fruits. — Terre brune.

2070. — Figure de mendiant couché, tenant une canne à béquille et le coude appuyé sur sa gourde.

2071. — Figure de Poussah assis, dont les chairs sont réservées en brun et les vêtements émaillés.

2072. — Vieillard assis les jambes croisées, les vêtements fond vert céladon et le chapeau brun.

2073. — Deux figures debout à longue barbe.

2074. — Mendiant chinois assis à terre, ayant une grenouille sur la tête; barbe blanche et vêtement en céladon vert.

2075. — Autre figure de mendiant debout, appuyé sur un bâton; vêtement vert céladon.

2076. — Groupe d'animaux chimériques, sur plateau en cuivre doré.

2077. — Vase à eau à l'usage des peintres; il représente une branche de fruits dans une large feuille.

2078. — Autre vase de même genre, représentant un crabe dans une feuille verte.

TERRES DE BOCCARO

2079. — Deux vases à brûler des parfums, dont les couvercles, découpés à jour, sont formés de branchages.

2080. — Deux petites tasses avec soucoupes en terre rouge ornée de fleurs et d'oiseaux en relief.

2081. — Deux petites coupes en terre grise et rouge, en forme de fleurs.

2082. — Théière en terre rouge, à anse surélevée, ornée de branches de fleurs et d'animaux en relief.

2083. — Autre théière, même terre et anse surélevée ; le couvercle et le goulot sont en vermeil, dans le goût du pays.

2084. — Petit vase à eau en terre de trois couleurs, représentant une branche de fruits.

2085. — Théière en terre rouge figurant deux fruits accouplés.

2086. — Autre théière, terre grise, à anse surélevée et ornée de grecques et de fleurs en couleur.

PEINTURES

2087. — Dessin colorié sur soie représentant la fille de l'empereur de la Chine se rendant de Péking au palais de Yuen Ming Yuen.

2088. — Petit tableau peint sur soie, représentant une lutte en présence d'un grand nombre de spectateurs. — Bordure en bambou.

2089. — Peinture très-fine sur verre, représentant une femme chinoise montrant sa gorge à découvert.

2090. — Peinture pareille, représentant une femme chinoise tenant une rose.

2091. — Volume grand in-folio, contenant treize peintures chinoises à l'aquarelle sur papier.

2092. — Volume grand in-folio, relié en maroquin rouge, contenant trente-trois peintures persanes et indiennes, rapportées de l'Inde par le général Potier.

2093. — Volume petit in-folio, relié en maroquin rouge, contenant vingt-quatre peintures persanes et indiennes.

DIVERS ORIENTAUX

2094. — Émail cloisonné. — Grand bassin décoré intérieurement et extérieurement de fleurs et d'animaux en couleur sur fond bleu turquoise. — Diam., 46 cent.

2095. — Émail cloisonné. — Petit bol de même travail.

2096. — Émail cloisonné. — Plateau festonné, décoré de fleurs et d'oiseaux en couleur.

2097. — Ivoire. — Confucius debout et vêtu de long, tenant en main une branche d'arbre. — Haut., 30 cent.

2098. — Ivoire. — Figurine de mandarin assis, près de lui un dragon. — Socle en bois de fer.

2099. — Ivoire. — Boîte à thé, en partie découpée à jour, avec cartouches de fleurs. — Socle en bois de fer.

2100. — Ivoire. — Lunettes en filigrane d'or dans un étui en ivoire d'une ornementation très-riche et compliquée. Le tout, de travail indien, dans un étui en bois sculpté, avec charnières et fermoirs en argent.

2101. — Ivoire. — Quatre plaques provenant d'un coffret, entièrement couvertes d'entrelacs, d'animaux et ornements divers profondément fouillés. — Travail indien.

2102. — Ivoire. — Casse-tête chinois, dans sa boîte carrée, en ivoire sculpté.

2103. — Cylindre à brûler des parfums, formé d'une tige de bambou, sculptée et découpée à jour.

2104. — Bâton d'encre de Chine figurant un instrument de musique.

2105. — Ivoire. — Plateau sculpté, découpé à jour et colorié.

2106. — Pâte de riz. — Petit flacon en forme de fruit, entouré de branches fleuries de couleurs diverses.

2107. — Boîte ronde en filigrane d'argent.

2108. — Cassolette ayant la forme d'une fleur, en filigrane d'argent.

2109. — Deux petites coupes en bois sculpté, représentant des rochers entourés d'arbres.

2110. — Compteur chinois en bois de fer, garni de tous ses grains en verre opale.

2111. — Deux sceptres de mandarin en bois d'aloès sculpté, figurant des branches.

2112. — Coupe en corne de rhinocéros, figurant une feuille de nénuphar entourée de fleurs.

2113. — Coupe analogue, figurant un rocher entouré d'arbres et d'animaux.

2114. — Grand vase de forme carrée aplatie, en bambou, entièrement évidé, avec anses à jour.

2115. — Miroir métallique carré, dans sa boîte en laque.

2116. — Miroir métallique ayant la forme d'un disque; le revers est décoré d'un bas-relief.

2117. — Autre miroir pareil, mais avec manche.

2118. — Deux figures de mandarins chinois en encre de Chine, dorés et coloriés.

2119. — Deux boules sympathiques en cuivre.

2120. — Cuiller turque en écaille, ivoire et corail.

2121. — Bol à couvercle sur son présentoir, en émail fond bleu, décoré de fleurs sur réseau d'or.

2122. — Tasse et soucoupe en émail fond bleu, ornées de cartouches à bouquets.

2123. — Boîte carrée en bois des îles; le couvercle est décoré d'une mosaïque en relief en nacre de perles, corail et malachite.

2124. — Plateau chinois, à fond de marbre décoré de fleurs et galerie à jour en bois des îles.

MEUBLES ET VITRINES

2125—2130. — Six montres plates en bois noir, vitrées sur toutes leurs faces. — Larg., 1 mètre. — Elles seront vendues séparément.

2131—2132. — Deux montres en hauteur, vitrées sur toutes leurs faces. — Elles seront vendues séparément.

2133. — Vitrine plate, carrée, en bois d'acajou.

2134. — Vitrine de forme carré long, en bois d'acajou.

2135. — Meuble à quatre faces vitrées, à tablettes en glace et montants en acajou.

2136. — Petite vitrine plate en bois d'acajou.

2137. — Console-étagère en bois de palissandre à montants sculptés. — Long., 1 m. 75 cent.

2138. — Console-étagère pareille à celle qui précède, à portes en glace, formant vitrine. — Long., 1 m. 75 cent.

2139. — Deux vitrines-étagères sans fonds, en bois de chêne, à portes et tablettes en glace. — Larg., 1 m. 23 cent.

2140. — Deux vitrines élevées, en bois de chêne, sans fonds et à portes vitrées.

2141. — Vitrine cintrée très-élevée et très-large, en bois de chêne, sans fond et à portes et côtés vitrés.

2142. — Meuble à trois portes vitrées, en bois d'acajou, sans fond.

2143. — Deux vitrines en hauteur, peu profondes et à deux corps, en bois d'acajou. — Les corps du haut n'ont pas de fonds.

2144—2145. — Quatre étagères en bois de chêne, enrichies d'ornements en pâte, de style gothique. — Elles sont accompagnées d'armoires vitrées avec montants en bois de chêne. — Elles seront vendues par deux.

2146. — Deux lustres à dix-huit lumières, en bronze, avec parties dorées au mat. — Ils seront vendus séparément.

2147. — Lustre à dix lumières, analogue à ceux qui précèdent, mais plus grand.

2148. — Petit lustre en forme de vase ovoïde, suspendu à trois chaînes au bronze vert et à six lumières, en bronze doré.

2149. — Socle en bois de citron, garni en bronze doré.

2150. — Glace avec bordure dorée et porte-lampes en bronze.

TABLE DES MATIÈRES

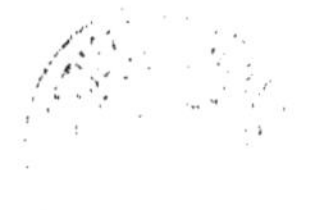

PARIS. — IMPRIMERIE DE PILLET FILS AÎNÉ, RUE DES GRANDS-AUGUSTINS, 5.

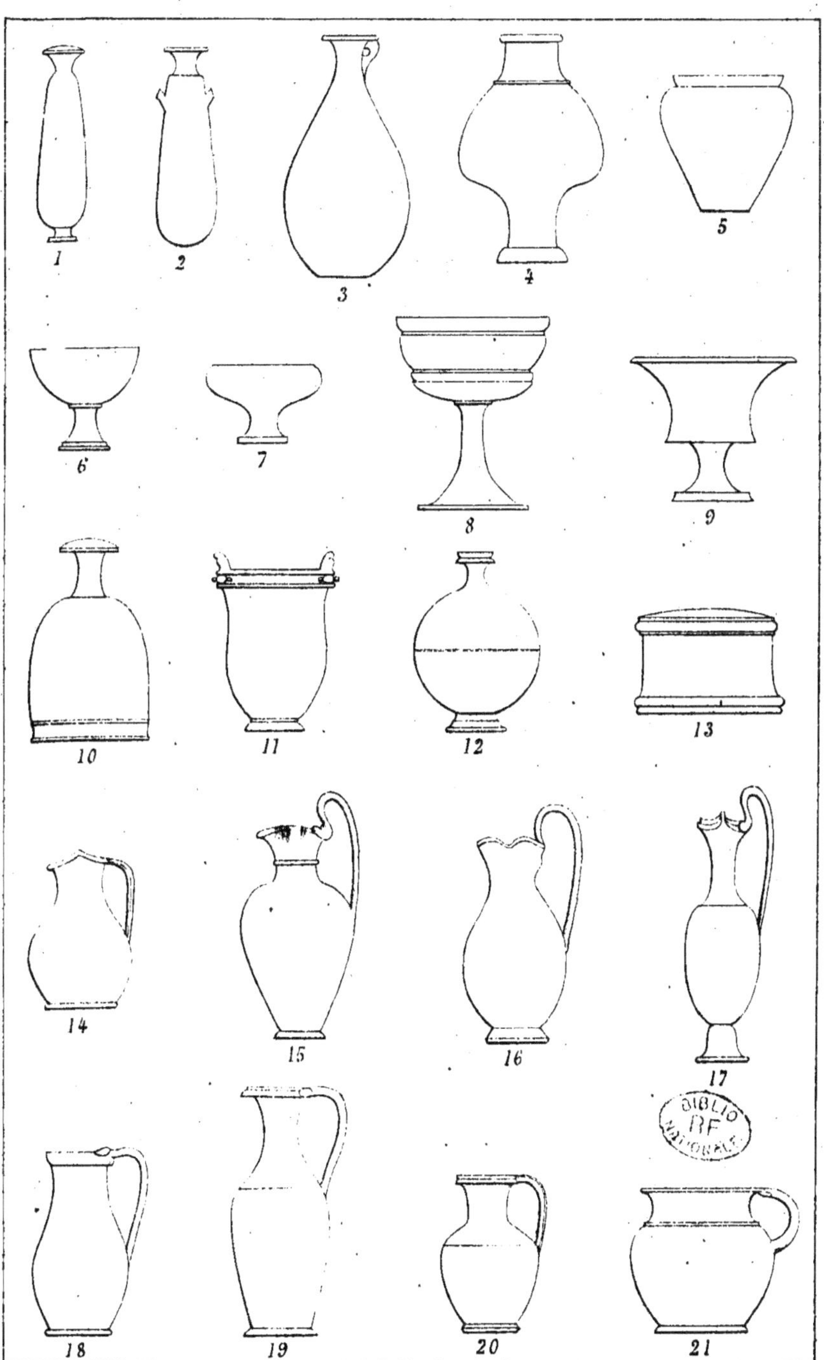
1
2
3
4
5
6
7
8
9
10
11
12
13
14
15
16
17
18
19
20
21

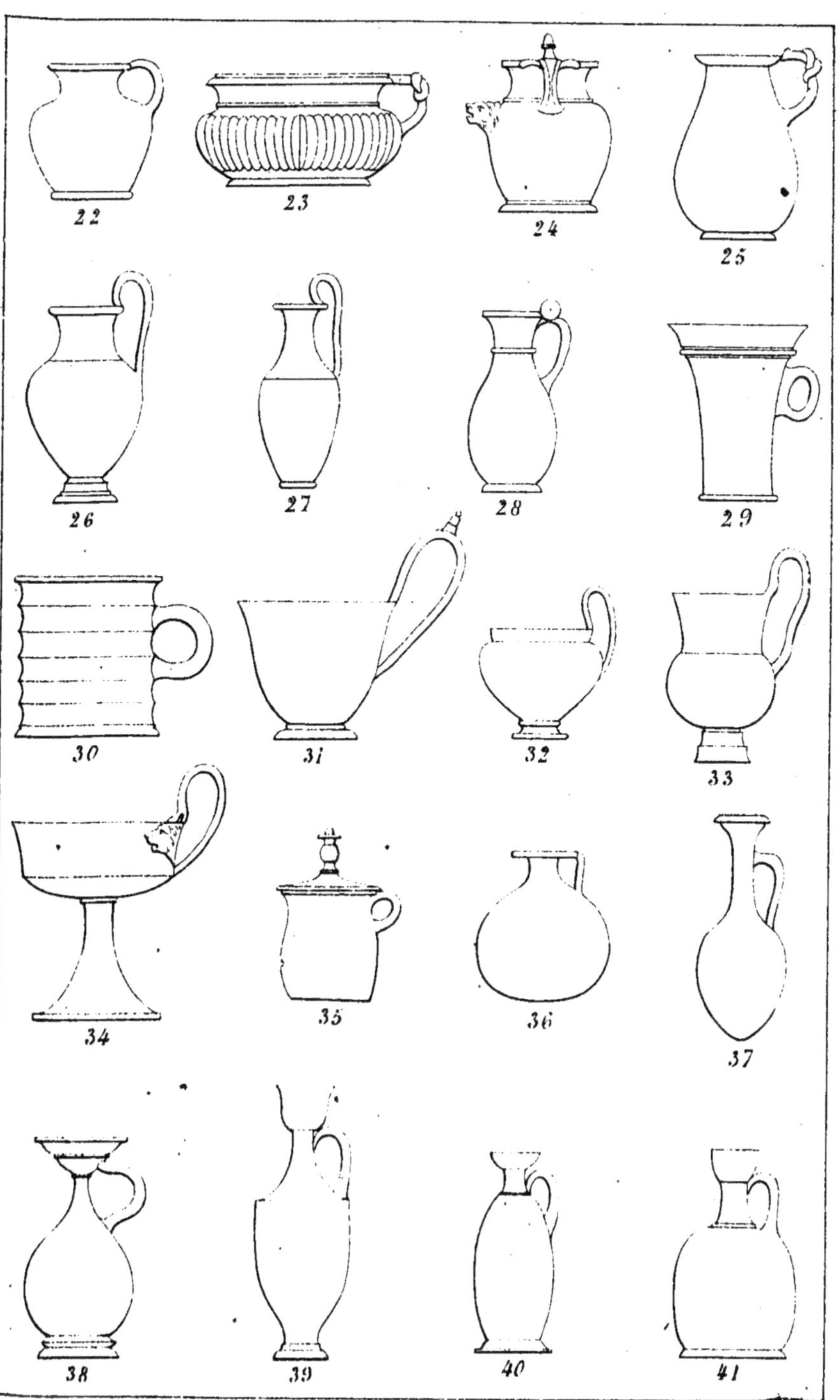
22
23
24
25
26
27
28
29
30
31
32
33
34
35
36
37
38
39
40
41

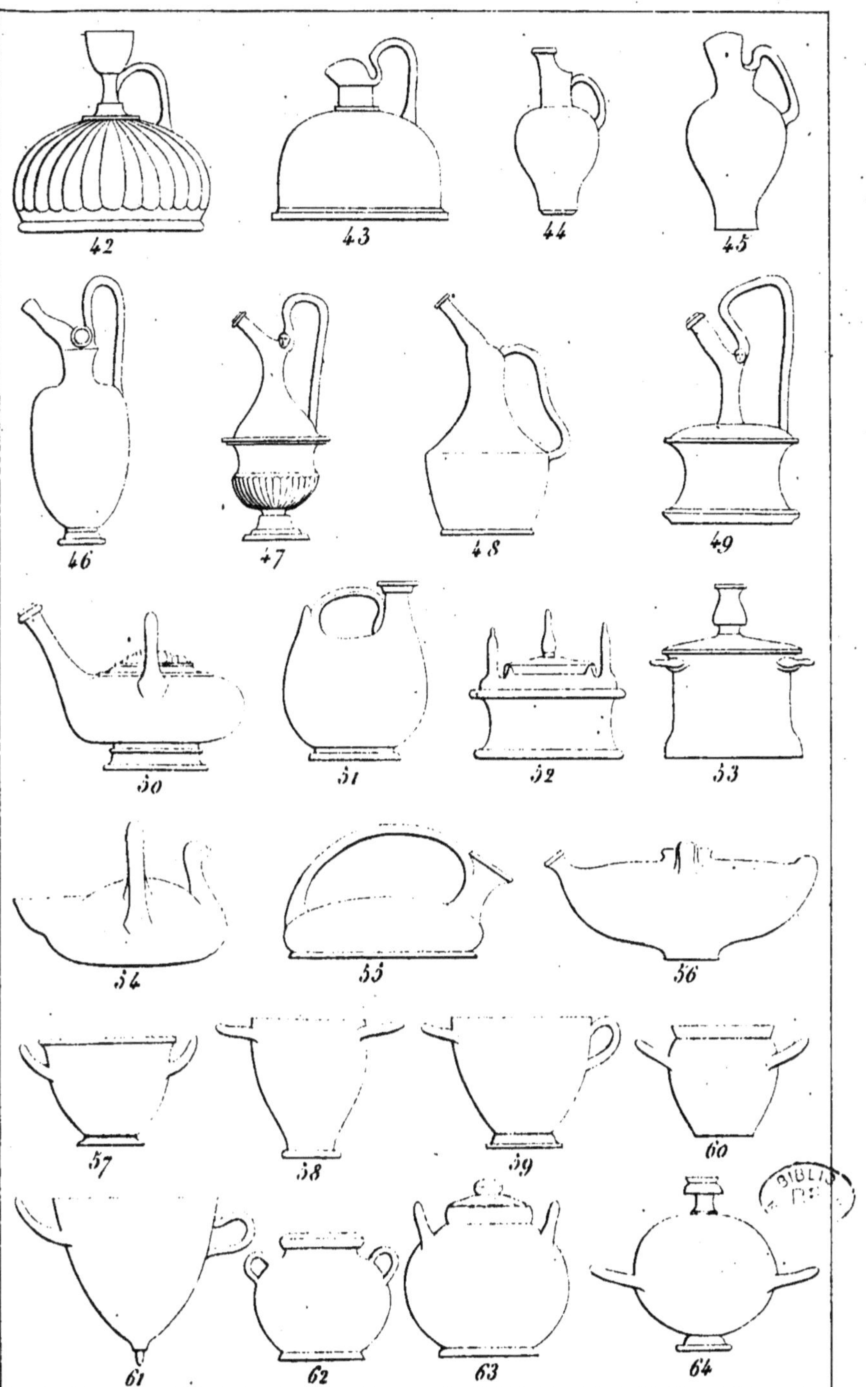
42
43
44
45
46
47
48
49
50
51
52
53
54
55
56
57
58
59
60
61
62
63
64

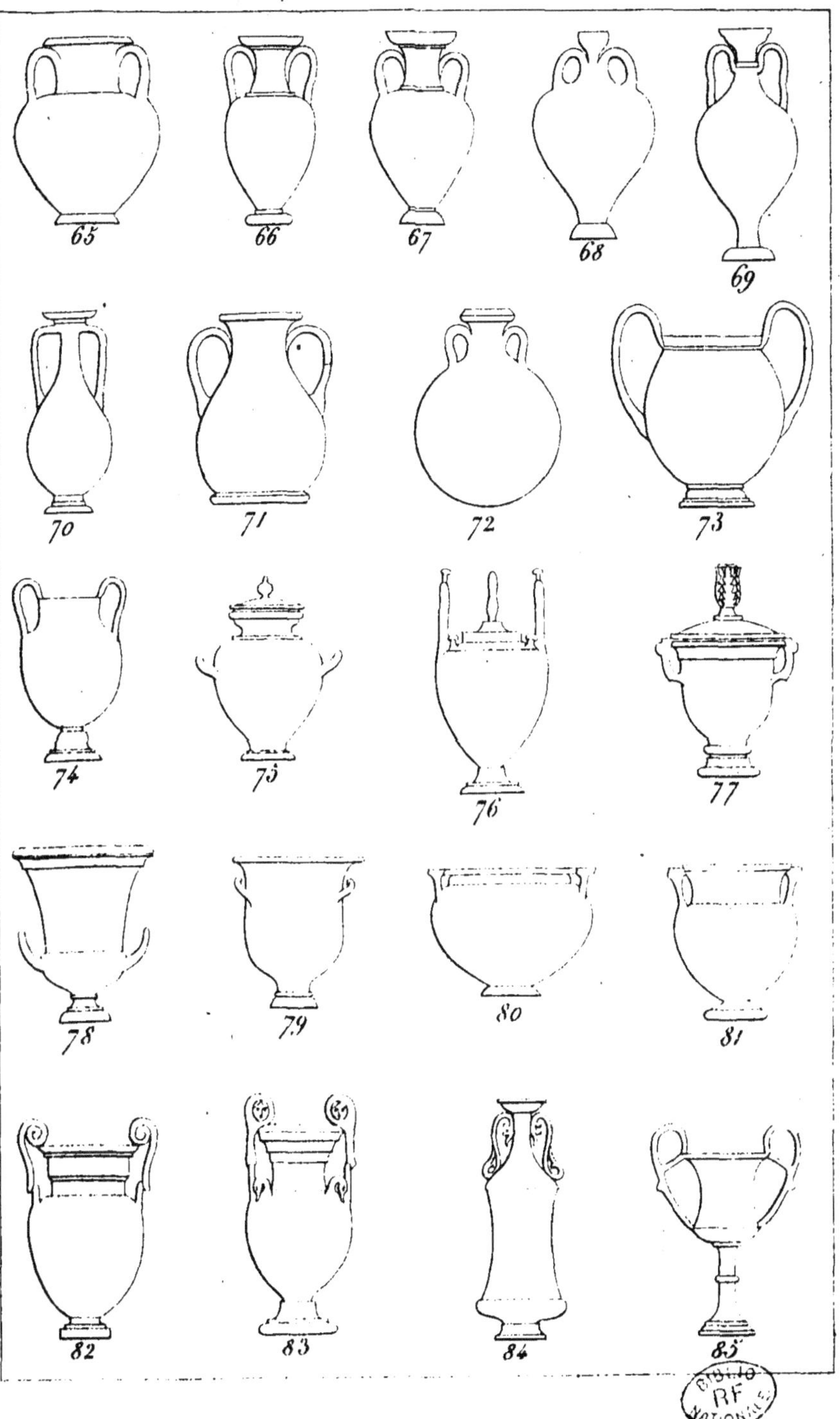
65
66
67
68
69
70
71
72
73
74
75
76
77
78
79
80
81
82
83
84
85

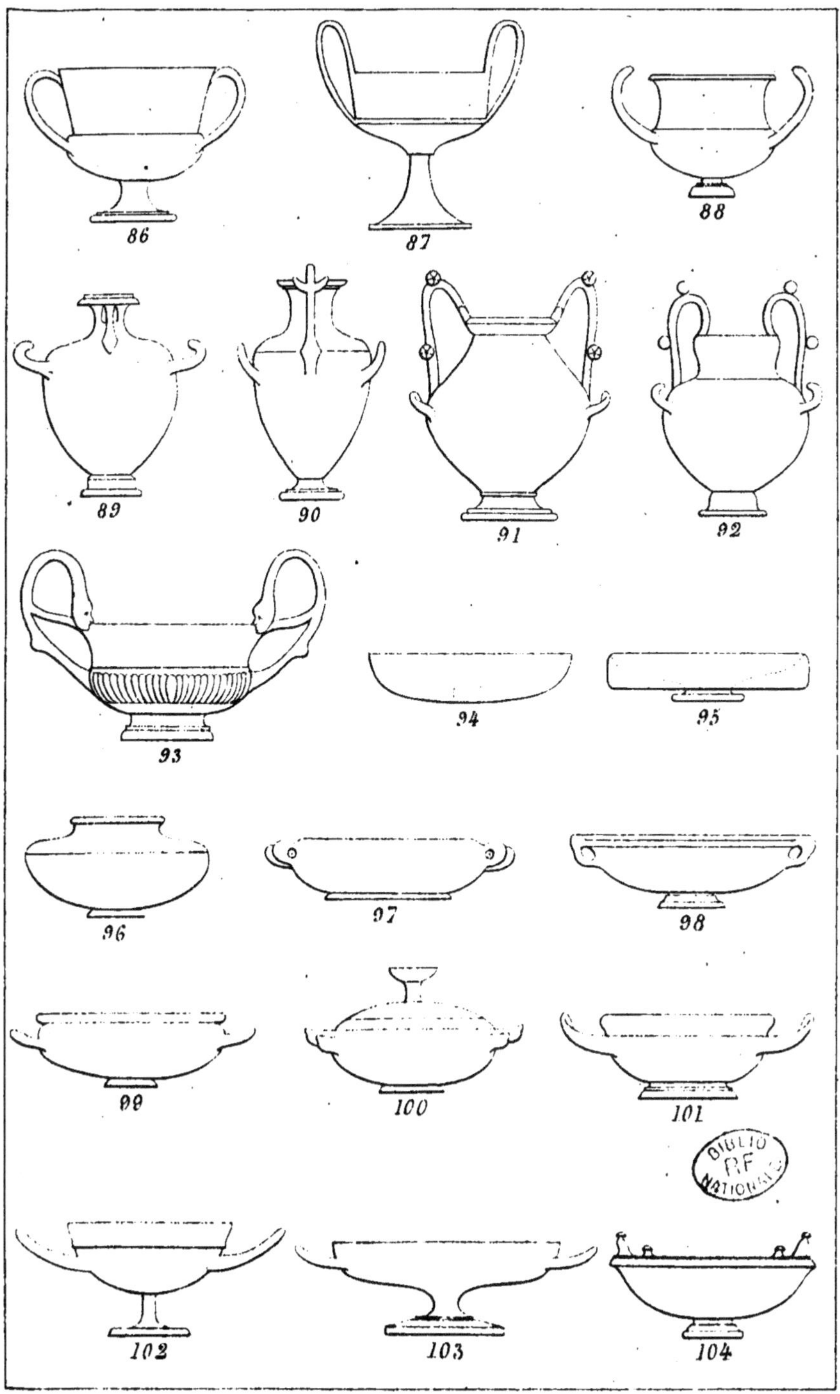
86
87
88
89
90
91
92
93
94
95
96
97
98
99
100
101
102
103
104

PARIS. — IMPRIMERIE DE PILLET FILS AINÉ
Rue des Grands-Augustins, 5.

www.ingramcontent.com/pod-product-compliance
Lightning Source LLC
LaVergne TN
LVHW020618110826
845149LV00002B/521
* 9 7 8 2 0 1 3 7 5 4 9 1 0 *